조선족 차세대 학자의
연구 동향과 전망

조선족 차세대 학자의 연구 동향과 전망

기획 | 한중삼강포럼
엮음 | 전은주
지음 | 강설금 · 김명자 · 김부용
　　　리 민 · 리 위 · 리해연
　　　신선희 · 심란희 · 오창학
　　　장지화 · 전은주 · 조 영

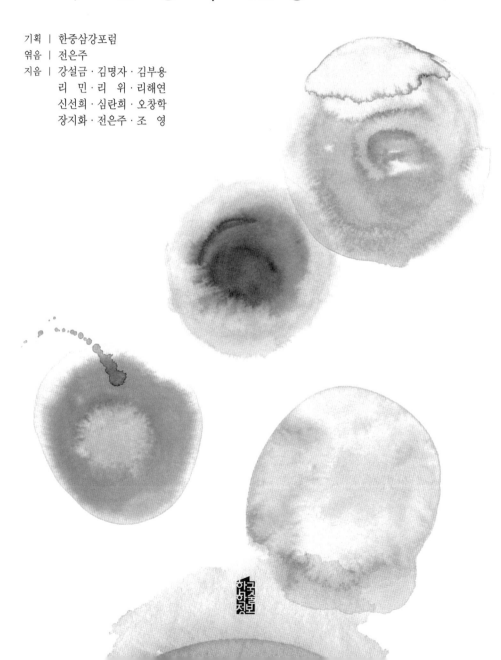

•

축하의 글

우리 삼강포럼이 만들어진 지 어언 7~8년이 되었다. 그사이 우리는 많은 활동을 벌여왔다. 해마다 논문발표회와 좌담회를 여러 차례 개최했으며 〈이주와 통합〉이란 학술지도 10여 기를 발간하였다.

한 가지 유감이라면 본 포럼의 차세대를 제대로 육성하지 못한 것이다. 최근 우리는 차세대 육성에 다소 정력을 기울였으며 그 성과로 마침내 『조선족 차세대 학자의 연구 동향과 전망』이란 이름으로 논문집을 출간하게 되었다. 목차만 보아도 내용이 훌륭한 것 같다. 필자는 이를 대단한 희사라고 생각하며 열렬한 축하를 드리는 바이다.

그사이 필자는 한국의 이러저러한 많은 포럼에 참가하여 보았다. 다수 포럼의 약점이라면 참가자가 모두 60~80대 노인뿐이라는 것이다. 그 원인을 물은즉슨, 해당 포럼은 20여 년 전에 세워졌는데 그때 성원이 40~50대던 것이 지금은 60~80대가 되었다고 한다. 그사이 새로운 젊은 층의 회원을 받아들이지 못하였던 것이다.

이는 한국의 다수 포럼에 현존하는 보편적 현상이며 심각한 문제점이다. 문화, 사회, 정치…각 단체는 20여 년만 존재할 목적으로 세워지지는 않았을 것이다. 그러나 20여 년 만에 연령의 노화로 막을 내려야 하는 불길한 후과에 직면하지 않을 수 없게 된다. 주요 원인은 사물을 보는 표준에 문제점이 있어서이다.

기존 세대는 아무리 봐도 차세대가 자기네만 못한 것 같아 깔보게 된다. 차세대는 혹은 기존세대에 눌려 주눅이 들거나, 혹은 기존세대에 불복하며 그들을 상대하지 않으려 한다. 또한, 같지 않은 연령층의 서로 다른 기호와도 관계될 것이다. 우리 삼강포럼도 만약 이런 문제에 대해 소홀히 하면 위와 같은 악재를 면치 못하게 될 것이 아닌가. 양측이 모두 주관주의의 편파성을 극복하고 상대측의 우점을 중요시하며 약점에 대해 관용하면 문제는 풀린다.

그러므로 우리 삼강포럼은 이런 방법론에 입각하여 젊은 학자들의 참여를 환영한다. 젊은 차세대 학자들이 용약 참여해 주기를 바란다. 삼강포럼이 후계유인後繼有人, 계왕개래繼往開來하며 무궁한 발전이 있기를 기원한다.

삼강포럼 상임고문
전 청화대학교 중어중문학과 교수
정인갑

•

새로운 총서를 축하하며

삼강포럼 3번째 총서로 '조선족 차세대 학자의 연구 동향과 전망' 발간을 진심으로 축하드립니다.

각 전공 분야별 논문을 집필한 젊은 조선족 학자들의 창의적이고 논리적인 논문은 향후 조선족과 관련한 학술연구 및 정책연구에 귀중한 기초자료가 될 것입니다. 더불어 이번 발간된 총서가 대한민국 국민과 관련 분야 연구자, 학생은 물론이고 정책입안자에게는 조선족 사회를 정확하게 이해할 수 있는 자료가 되기를 기대합니다.

지금 저는 학교에서 국제이주와 관련한 강의와 연구를 하고 있습니다. 특히 결혼이주자, 유학생, 다문화 가정, 재외동포 문제에 관해 오랫동안 정책연구를 하면서 정부에 많은 정책 제언을 하고 있습니다.

최근 조선족과 관련한 주요 연구 분야가 국내에서 양적 · 질적으로 많이 증가하고 있습니다. 저는 조선족 차세대 젊은 학자들이 조선족의 문학, 언어학, 역사학, 교육학, 언론학, 문화학, 법학, 정치학, 예술학, 인류학, 사회학, 지리학 등 인문학과 사회과학 분야에서 연구할 일이 산재해 있다고 생각합니다. 현재 국내 많은 학자들이 조선족에 관한 연구를 하고 있지만 많은 자료와 증거 확보 등의 제약 요인이 많은 것이 사실입니다. 조선족 관련된 많은 학문 분야에 관심이 많은 국내 연구자들이 조선족 학자들과 공동 연구의 손길을 기다리고 있습니다. 이러한 상황에서 '조선족 차세대 학자의 연구 동향과 전망' 발간은 이들에게 중요한 나침반 역할을 할 것으로 믿습니다.

본 총서의 발간에 아낌없는 노력과 협조를 보여준 집필진 여러분께 감사를 드립니다. 특히 총서 내용 편집을 전반적으로 해 주신 전은주 박사님께 깊은 감사를 드립니다. 다시 한번 '조선족 차세대 학자의 연구 동향과 전망' 발간을 축하드리며, 삼강포럼 장경률·곽재석 공동대표를 비롯한 삼강포럼 회원 여러분의 건승을 기원합니다. 감사합니다.

2023년 10월 1일
삼강포럼 이사
서울사이버대학교 객원교수
이남철

•

오호라, 바로 이들이다!
– 삼강총서 제3권 발간에 부쳐

2023년 올해 중국 국경절 연휴 기간 이남철 교수로부터 삼강총서 제3권 "삼강포럼 차세대 학자 연구 동향과 전망"이 마무리되어 이제 곧 출판에 교부될 것이란 희소식을 접하고 더없이 기뻤다. 우리 민족의 최대명절 추석 연휴와 중화민족의 최대명절 국경절 74주년을 맞이하여 우리의 차세대들이 멋들어진 한중 친선의 축포를 쏘아 올린 것이다! 실로 크게 경하할 거사이고 특기할 한 페이지가 아닐 수 없다.

우선 이번 "삼강총서 제3권" 집필진의 그 기라성 같은 젊은 신세대들의 면면을 보더라도 그러하다. 그들은 주로 한국에서 석사나 박사 학위를 받고 현재 문학, 언어학, 교육학, 언론학, 문화학, 경제학, 법학, 정치학, 예술학 등 제 분야에서 활동하고 있는 젊은 학자들이다. 이어서 그네들의 특정적인 연구 분야에서 이루어낸 최신성과를 집대성한 논문 11편을 보아도 그러하다. 특히 이들은 80년대 이후에 태어난 젊은 조선족 3세대 연구자들일 뿐만 아니라 모두가 중국과 한국의 대학에서 강의하고 연구 활동을 활발하게 펼치고 있는 미래의 리더 군이라는 점에서 더욱 그 앞날이 희망적이라 하겠다.

전은주 박사는 공동집필자들을 대표하여 올린 머리말에서 이렇게 열변을 토하고 있다. "그대들의 미래는, 재한조선족의 미래는 어떻게 될 것인가?" 이런 질문에 우리는 답할 것이다. "우리는, 여기서, 지금, 이렇게!" 우리 자신과 조선족과 모두의 미래를 꿈꾸고 있다고! 우리는 끊임없이 자기성찰을 통해 노력하고 있다고! 그러므로 이 책이 우리가 꿈꾸는 미래를 향한 하나의 시발점이라고 말이다. 그리고 이제 연구자들만을 위한 연구가 아닌, 활자로만 기록되는 '죽은 연구'가 아닌, 다수를 위한, 조선족사회와 더 나아가서 우리 삶의 현장에 적용할 수 있는, '살아 숨 쉬는 연구'로 어떻게 전환할 것인가? 하는 이런 고민과 실천을 멈추지 않을 것이라고 공언하고 있다. 그래서 더욱 믿음직스럽고 더욱 자랑스럽지 아니한가! 이런 점에서 필자도 전은주 박사가 이 책에 부여한 3대 의의와 가치를 더욱 수긍하게 된다.

"청출어람이승어람(靑出于藍而胜于藍)"이라고 하였던가? 필자도 지난 시기 한국의 이러저러한 많은 포럼에 참가하여 보았다. 다수의 포럼을 보면 참가자의 대다수가 노년층들이었다. 물론 이네들이 해당 포럼을 방금 시작할 때는 한창의 나이였지만, 10년이면 강산도 변한다고 이런 강산이 두세 번 변하고 나니 이들도 고래희가 된 것이다. 문제는 후대양성이 제대로 이루어지지 않은 데서 대가 끊기게 된 것이다. 심각한 문제가 아닐 수 없다. 우리 삼강포럼도 만약 이런 문제를 제때에 감지하고서 중시를 돌리지 않는다면 위와 같은 악재를 면치 못하게 될 것이 아니겠는가! 그래서 이 기회를 빌려 경종을 울리는 것이라 하겠다. 동시에 반드시 가일층 심혈을 기울여 새로운 일대의 양성에 몰입할 것임을 표명하는 바이다. 이번에 전은주 박사님이 주도하여 발간하게 되는 삼강논총 제3권의 출간이 바로 가장 좋은 해답이라고 사료된다!

상기 저서를 적시에 기획하고 추진해온 곽재석 상임대표님을 비롯한 삼강포럼의 임직원들은 이 저서를 펴낸 전은주 박사님을 비롯한 집필진의 모든 조선족 젊은 차세대 학자들에게 심심한 경의를 드린다. 당신들로 하여 우리는 무한한 긍지와 자랑을 만끽한다.

2023년 10월 1일
삼강포럼 공동대표
장경률

•

우리는, 여기서, 지금, 이렇게!

2022년 한중수교가 이루어진 지 30주년을 맞이했다. 이 기간 동안 조선족 디아스포라가 한국사회에 정착한 역사적 과정과 미래지향적 방향성을 성찰하기 위해 삼강포럼 총서 시리즈가 기획되었다.

총서 1 『한중수교 30년의 조선족』은 정치, 경제, 사회, 언론, 문화, 문학 등으로 나눠 각 분야별로 전문가들이 재한조선족의 지난 30년을 정리하고 분석한 논문 11편을 수록했다. 그리고 '한중수교 30년의 회고와 미래전망'이라는 주제로 개최한 각 분야별 전문가 초청 간담회 내용을 정리한 원고가 수록됐다.

총서 2 『중국의 문화와 중국인의 기질』은 정인갑 전 청화대학 중어중문학과 교수가 중국에서 생활하며 몸소 겪은 중국 문화와 중국인의 특징을 저술했다.

이번에 기획한 총서 3 『조선족 차세대 학자의 연구 동향과 전망』은 주로 한국에서 석사나 박사 학위를 받고 현재 문학, 언어학, 교육학, 언론학, 문화학, 경제학, 법학, 정치학, 예술학 등 여러 분야에서 활동하고 있는 젊은 학자들의 논문 11편을 엮은 연구 저서이다. 특히 이들은 80년대 이후에 태어난 젊은 조선족 3세대 연구자들일 뿐만 아니라 모두가 중국과 한국의 대학에서 강의하고 연구 활동을 하고 있다는 점에서 특수성을 찾을 수 있을 것이다.

그런 점에서 이 책은 다음과 같은 의의와 가치를 지닐 것이다.

첫째, 재한조선족의 위상을 변화시키는 계기가 된다.

지난 30년 동안 한국으로 이주한 조선족 2세대들은 주로 정서적으로는 상상 속의 고향을 찾았고, 현실적으로는 개혁개방 정책에 따른 코리안드림에 떠밀려왔다. 그들 대부분은 중국 내 여러 정치적 변혁의 영향으로 제대로 된 대학교육을 받지 못했고, 한국 이주가 자신의 경제적 신분을 상승시킬 기회이기도 했다. 그런 연유로 그들은 불법체류자의 신세도 마다하지 않았다. 물론 그들 중에는 중국에서 교사, 의사, 기자와 같은 전문직에 종사한 경우도 있었지만 그러한 경력은 한국에서 크게 인정받지 못했다. 따라서 모든 조선족은 중국에서 지녔던 신분과 지위를 막론하고 한국에서 똑같이 '외국인 노동자'가 되어야만 했다. 그래서 그들은 한결같이 한국 노동자들이 기피하는 3D 노동을 떠맡아야 했고, 악덕 고용주의 임금 체불과 노동시간의 불법적 연장, 이주를 위한 위장 결혼으로 인한 가정의 파탄, 고향에 두고 온 혈육에 대한 애절한 그리움과 지독한 고독 등의 참담한 시련을 고스란히 견뎌내야 했다. 그러나 이런 가혹한 환경 속에서도 결코 좌절하지 않고, 가리봉동 쪽방 등에서 이를 악물고 견디며, 하루 15시간씩 로봇처럼 공장에서 돌아치기도 하고, 드물게는 선반에 손목이 잘리면서도 각자 처절한 자신만의 방식대로 '한국살이'를 이겨냈다.

2000년대 이후부터, 중국에 남아있던 조선족 이주 3세대들은 한국에서 부모들이 번 노임 덕분으로 경제적으로는 비교적 여유 있는 성장기를 보내며, 대학교육까지 받을 기회도 보장받았다. 한 걸음 더 나아가 한국 유학의 기회를 얻는 조선족 3세대들이 늘어났다. 특히 2008년부터 중국에서 석사 2학기 이상 마친 경우에는 F-4(재외동포) 체류자격을 부여해주는 정책이 실시된 이후, 조선족 유학생의 수효가 급격히 늘어났다. 이들 중의 대부분은 재외동포재단의 장학사업이나 한국학중앙연구원의 동포 학생 지원사업 등을 통해 등록금 부담 없이 학업에만 열중할 수 있었다. 그리하여 그들은 한국에서 석박사 학위를 받고, 그들의 부모세대가 어쩔 수 없이 선택해야 했던 3D 직종이 아닌 교수, 사업가, 변호사, 기자, 애널리스트 등 다양한 직종에 종사하기 위한 기틀을 마련할 수 있었다. 이런 변화는 한국사회에서 재한조선족의 위상을 격상시키는 요인이 되었다. 여전히 대부분의 재한조선족이 '외국인 노동자'의 역할을 떠맡고 있다고 해도 조선족 차세대의 부상은 점차 그들의 사회적 위상을 격상시키는 계기로 작용했을 것이다. 그러므로 이제 차세대를 중심으로 하는 재한조선족은 새로운 차원의 '한국살이'를 통해, 더한층 안정된 정착을 시작하는 계기를 마련하게 될 것이다.

둘째, 재한조선족 출신 학자들이 한국문화에 기여하는 계기가 된다.

이 저서에는 문학, 언어학, 교육학, 언론학, 문화학, 경제학, 법학, 정치학, 예술학 등 9개 분야의 논문 11편이 수록되었다. 여러 학문과 방법론적 관점이 교차하고, 연구자들의 인식과 가치관도 모두 제각각이지만 그들의 학문에 대한 열망과 집념과 노력만큼은 모두 당당하게 각각의 논문에 녹아 있다.

또한, 이 저서의 대부분 집필자가 한국에서 석사나 박사 학위를 받고 현재 한국의 대학이나 중국의 대학 또는 연구소에서 교수와 연구에 종사하는 연구자들이다. 그러므로 이 논문집 출간은 조선족 3세대들이 각자가 소속된 곳에서, 지금 각자 할 수 있는 노력을 다하고 있다는 것을 보여주고 있다.

한 나라나 집단에서 당당하고 떳떳하게 구성원 역할을 하기 위해서는 필요한 여러 조건이 있다. 물론 경제력과 노동력 같은 구성원이 필수적으로 지켜야 하는 의무도 있을 것이다. 그러나 고차원적으로는 그 나라의 문화, 특히 인문과학적 분야나 예술 분야에도 기여하는 것이 무엇보다도 중요하다. 여기에 논문을 수록한 학자들 이외에도 현재 한국 대학의 석박사 과정에서 공부하는 예비 학자들의 수효도 많다는 점에서, 그리고 여기에 수록하지는 못해도 한국에서 소설집이나 시집을 발간하는 작가들도 적지 않다는 점에서도 이 저서의 출간은 무척 고무적이며, 이들의 활동이 개인을 넘어 그들이 속한 사회에도 긍정적인 영향을 끼칠 것임을 전망한다.

셋째, 조선족 사회의 발전적 의미를 지닌 기록으로 남는 계기가 된다.

앞으로 재한조선족 사회는 지금보다 훨씬 더 큰 시련과 도전을 맞이할지도 모른다. 그러나 우리는 그러한 도전을 과감히 헤치고 나갈 준비가 되어 있다. 그 도전의 중심에는 언제나 현세대가 있지만, 그것을 뒷받침하는 것은 발전을 지향하는 차세대가 있기 때문이다. 그러므로 재한조선족 사회의 발전을 위해서는 차세대의 발전을 위한 배려가 반드시 필요하다. 물론 삼강포럼 같은 다양한 연구의 지원이 계속되기를 여망한다. 이는 조선족 연구자 개개인의 연구와 활동이 조선족 사회의 존립과 흥망과 직결되어 있기 때문이다.

쉽게 한자리에 모이기 힘든 조선족 신진 연구자들이 흔쾌히 이 책의 기획을 수락한 데에는 각자가, "우리, 여기서, 지금, 이렇게!" 노력하고 있다는 것을 알려, 기타 재한조선족의 가슴과 머리에도 긍정적인 희망의 등불을 켜고 싶기 때문일 것이다.

그러나 10년, 20년 뒤를 염려하는 현세대들은 이렇게 물을지 모른다.

"그대들의 미래는, 조선족의 미래는 어떻게 될 것인가?"

이런 질문에 우리는 답할 것이다. "우리는, 여기서, 지금, 이렇게!" 우리 자신과 조선족과 모두의 미래를 꿈꾸고 있다고! 우리는 끊임없이 자기성찰을 통해 노력하고 있다고! 그러므로 이 책이 우리가 꿈꾸는 미래를 향한 하나의 시발점이라고 확신한다.

물론 우리에게 주어진 숙제가 있다. 이제 연구자들의 연구성과를 어떻게 실천의 장으로 연결시켜 조선족사회에 환원할 것인가? 연구자들만을 위한 연구가 아닌, 활자로만 기록되는 '죽은 연구'가 아닌, 다수를 위한, 조선족사회와 더 나아가서 우리 삶의 현장에 적용할 수 있는, '살아 숨 쉬는 연구'로 어떻게 전환할 것인가?

우리는 모두 이런 고민을 멈추지 않을 것이다.

이 책을 위해 헌신적으로 지원해주신 삼강포럼의 장경률, 곽재석 두 공동대표님에게 존경과 감사의 인사를 드린다.

2023년 10월 1일
공동집필자를 대표하여 전은주 씀

목차

제1부

문학

제1장 재한조선족 시문학에 나타난 인식의 양상 연구   －전은주

제2장 김금희 소설의 노마디즘과 디아스포라 연구   －리해연

제8부

정치학

제9부

예술학

제1부

문학

재한조선족 시문학에 나타난 인식의 양상 연구

전은주

Ⅰ. 서론

1992년에 이루어진 한중수교가 조선족에게 모국으로 향할 수 있는 귀향의 길을 열어주었다. 그들의 이주는 외적으로는 노동 이주였으나, 내적으로는 민족적 동일성을 확인할 소중한 기회였다. 한국 이주 초기에는 조선족 1, 2세대들이 그들의 귀환에 대한 감동을 만끽한 경우도 있었다. 그러나 시간이 지날수록 점차 귀환의 감동이 잦아들고, 그 자리에 현실 문제가 대두되면서 조선족이 한국사회에서 확인한 것은 '낯선 고향'과 '낯선 한국인'이었다.

한국사회에서도 처음에는 조선족 디아스포라와의 만남을 감격스러워하기도 했지만 그것은 몇 가지 이유로 오래 지속될 수 없었다. 첫째 이질적 이데올로기 문제, 둘째 격차가 큰 경제력 문제, 셋째 한국전쟁 등으로 여전히 한반도가 둘로 나눠진 역사적 트라우마 문제 때문이었다. 그러한 요인들이 서로를 소통하지 못하게 만들었고 한국사회는 점차 동족 상봉을 부담스럽게 받아들이기 시작했다. 이와 더불어 조선족도 점차 한국사회의 달라진, 불편한 시선과 태도를 차별과 냉대로 받아들이게 되었다. 이러한 상황에서 재한조선족 디아스포라가 받은 충격은 '정체성의 혼란'이었다. 그들은 처음에는 당황스러워했지만 점차로 "나는 누구인가?"라는 본질적 질문과 마주하게 된다. 그 과정에서 정서적 유대감을 확인하려고 했던 애초의 욕망은 점차 '코리안 드림'으로 대변되는 '돈벌이'라는 단순 물질적 욕망으로 전환되었지만 그마저도 쉽게 이룰 수 있는 것은 아니었다. 그리하여 오늘날, 70만 명[1]이나 되는 재한조선족 디아스포라 대부분이 정신적으로 국적 국가인 중국과 혈통 국가인 한국을 사이에 둔 '과계민족'의 딜레마에 빠지게 되었다. 더구나 미디어나 영화를 통해 확산되는 한국사회의 여론마저 조선족에 대한 혐오증을 점차 더 부추기고 있는 추세이다.

물론 재한조선족이 겪는 정체성의 혼란은 개별적 경험에 따라 다를 수 있다. 그러나 분명히 그들을 '조선족 집단'으로 폄하하는 현상이 더 심각해진 것이 사실이다. 그럼에도 불구하고 재한조선족 디아스포라 시인들은 그러한 혼란스러운 상황과 정체성의 혼란 속에서도 자기성찰을 통해 '주체되기'라는 돌파구를 모색한다. 그리하여 시인들은 스스로가 인식을 확장하거나 전환하지 않고서는 근본적인 갈등을 해소할 수 없다는 자각에 이른다.[2]

본 연구는 재한조선족 시문학의 형성과정과 그들이 자기성찰을 통해 모색한 '주체되기'와 '네 몫, 내 몫'에 대한 자각의 과정을 살펴보려고 한다. 물론 이와 관련된 선행 연구들이 몇 편 있지만[3] 대체로 사회학적 관점에 집중되어 있고,

---

1　2021년 12월 기준 한국 체류 조선족은 약 63만 998명, 여기에 한국 국적을 취득한 14만 명을 더하면 재한조선족 인구는 70만 명을 훨씬 웃돈다. (한국 법무부 홈페이지 www.moj.go.kr 참조)

2　재한조선족 몇몇 시인들은 고통스러운 시적 대응의 과정을 통해 한국사회와의 갈등 해소의 방안을 자기성찰에 의한 '인식의 확장 또는 전환'으로 보았다. 다시 말하면 그 갈등의 책임인 '각자의 몫'을 본질적으로 해결하는 방안은 인식의 변화를 통해서만이 이루어질 수 있다는 자각이었다.

3　재한조선족의 인적 규모가 커지기 시작하면서 그들에 관한 활발한 연구가 진행되고 있지만 주로 사회학적인 측면에서 이루어졌다. 대표적으로 재한조선족의 집단거주지 형성과정, 정체성의 변

문학적 연구는 드문 편이다.

　재한조선족 몇몇 시인들은 시적 대응을 통해 끊임없이 자기성찰과 인식의 확장을 시도했다. 물론 이는 그들이 절실하게 갈구한 생존 문제와도 직결되어 있다. 그러한 갈망이 모여 재한조선족 문단이 심화되고, 점차 더 큰 기운으로 형성된다.

　본 연구에서는 시인은 그가 속한 집단의 인식을 민감하게 파악하여 반응하는 미뢰(味蕾)라는 점을 전제로 한다. 다시 말하면 시인들은 재한조선족이 당면한 고통스러운 현실 속에서 자신들의 '현재 위치'를 파악하고, 미래에 대한 지향성을 모색하려는 존재라는 뜻이다. 그리하여 시인들이 성찰한 것은 그들 스스로가 '타자의 삶'에서 '주체되기'로 전환해야 할 절대적인 필요성에 대한 것이었다. 본 연구는 그들이 어떤 과정을 통해 돌파구를 마련하고, 현재 어떤 상황에 놓여 있는지, 그리고 그들이 염원하는 이상적 지향점이 무엇인지를 살펴보려고 한다.

모양상, 한국의 재외동포 정책에 따른 재한조선족의 법적 지위의 변화과정 등과 관련된 논문들을 들 수 있다. (지충남, 2014, 「재개발사업이 재한조선족 집거지에 미친 영향: 가리봉동을 중심으로」, 『한국평화연구학회』, 한국평화연구학회 학술회의; 김진열, 조예신, 2017 「재한조선족 정체성 위기와 재편에 관한 연구- 포용적 동화주의 다문화 정책을 중심으로」, 『한민족문화연구』, 58, 한민족문화학회.)

그러나 재한조선족 문학 관련 연구는 많은 편이 아니다. 『동포문학』을 중심으로 재한조선족의 시문학을 유형별로 나눈, 즉 '초국가적 이주와 실향 의식', '글로벌화의 확대와 문화적 혼종성', '이중적 정체성의 확인과 전통의 재영토화'로 분석한 이연승(2017)의 논문과 필자(2017)의 '집 찾기'를 중심으로 '집의 부재', '빈집', '집 짓기'로 나누어 단계적 과정으로 분석한 선행 연구 등이 있다. (이연승, 2017, 「디아스포라, 상상된 공동체로서의 조선족 문학- 재한동포문인협회 동인지 『동포문학』연구」, 『현대문학 이론연구』, 68, 현대문학이론학회; 전은주, 2017, 「재한조선족 디아스포라들의 '집 찾기'」 『비교한국학』, 25-3, 국제비교한국학회.)

Ⅱ. 재한조선족 시문학의 형성

본 연구에서 '재한조선족 문학'을 한국에서 장기 거주하면서 작품 활동을 하는 재한조선족 작가들의 작품으로 규정한다.

물론 '재한조선족 문학'과 '중국조선족 문학'을 명확히 구별 짓기는 쉽지 않다. 이를테면 한국에 거주하지 않지만, 한국에서 출판한 작품집, 한국적 삶을 배경으로 삼은 작품 등을 재한조선족 문학의 범주에 포함시켜야 하느냐 하는 문제 등이다.

2006년 ㈜학술정보 출판사의 기획 시리즈로 중국 조선족의 저명한 시인 이욱, 설인, 김철, 이상각 등의 시집이 한국에서 출판된 적이 있다. 그러나 이러한 작품들은 그들이 중국 연변에서 쓴 작품들을 한국의 독자들에게 선보이는 역할을 했을 뿐 그들의 작품에는 재한조선족의 삶의 현장이나 고뇌가 다루어지지 않았다.

반면에 한중수교 이후 한국을 오가면서 자신들의 한국 체험을 소설화하여 연변과 한국에서 작품집을 출판한 작가들이 있다. 이 범주에 허련순의 『누가 나비의 집을 보았을까?』(2004), 김혁의 『천국의 꿈에는 색조가 없었다.』(2007), 이혜선의 『코리안 드림, 그 방황과 희망의 보고서』(2012) 같은 것들이 있다. 이 작품들은 모두 조선족이 한국에서 체험한 그들의 삶을 바탕으로 삼았다. 그러나 이 작품들은 재한조선족 문학의 시작을 알리는 역할을 담당했다고 보는 편이 타당할 것이다.

2012년 8월 19일, 재한조선족 사회의 유지와 문학인 20여 명이 참여하여 서울 영등포구에서 재한동포문인협회가 정식 출범된다. 본 연구에서는 이 재한동포문인협회의 출범을 구심점으로 재한조선족 문단이 공식적으로 형성되었다고 본다. 당시 재한동포사회에 법률상식, 출입국 관련 상식 등 필요정보를 제공하던《동북아신문》(월 2회 무료 발행)의 편집국장인 소설가 이동렬이 문인협회의 초대 회장이 되었다. 협회가 설립된 후《동북아신문》은 종이 지면 2~3면을 통해 재한조선족 작가 5~6명이 쓴 작품을 꾸준히 싣기 시작했고,《동북아신문》인터넷판에서는 매달 그들의 작품을 30~50여 편씩 실었다.

이듬해인 2013년에 협회에서는 400페이지쯤 되는 분량의 문학동인지『동포문학』[4] 1호를 발행했다. 그리고 2014년에는 출판사 '도서출판 바닷바람'을 설립했고, 재한조선족 작가들의 작품집과 중국 작가들의 번역작품집을 정기적으로 출간하기 시작했다. 또한 협회의 회원들은 '재한조선족 문인특집' 등의 형식으로 한국의 여러 문예지에서 정기적으로 작품을 발표하기 시작했고, 개인 자격으로 '한국문인협회'에 가입하기도 했다. 현재 재한동포문인협회에는 거의 100여 명에 이르는 재한조선족 문인들이 활동하고 있으며, 2023년 기준으로『동포문학』은 총 13호까지 발행되었다.

2014년에 발행된『동포문학』2호는 '집 떠난 사람들'이라는 부제를 달았다. 그 부제는 '고향을 떠난 사람'이라기보다는 '고향을 찾아 나선 사람'이라는 뜻이 더 강했다. '집을 떠난 사람들'은 고향을 찾지 못하고 타향을 떠돌며 사는 각박한 처지가 되고 마는 경우가 많다. 특히 재한조선족 작가 대부분은 전업 작가가 아닌, 한국에서 일용직 노동자, 육체 노동자로 살며 작품 활동을 이어가야만 했다. 그러므로 재한조선족 시인의 작품에는 중국조선족 시인들의 작품과 달리, 집을 찾아 헤매는 이주민들의 생생한 절박함과 간절함, 타향에서 느끼는 애

---

4 『동포문학』은 시, 소설, 수필, 칼럼, 평론 등 다양한 문학 장르를 다 포괄하고 있다. 그중에서도 특히 시가 차지하는 비중이 높다.

수와 절절한 그리움이 담겨 있다. 그러한 절박함과 간절함에는 정체성의 혼란에서 비롯된 자기 혐오, 낯선 고향에 대한 원망이나 분노, 동족들에 대해 지녔던 막연한 기대감이 무너지면서 오는 서러움과 허탈감 등이 내포되어 있다. 물론 자신의 이중 정체성에 대한 자각이나 성찰 및 인식의 확장 양상 등도 담겨 있다.

그런 의미에서 본 연구에서는 재한조선족 시인들의 작품이 곧 재한조선족의 현실적 징후[5]라는 관점에서 이를 구체적으로 담아낸 시작품만을 분석 대상으로 삼았다.

Ⅲ. 정체성의 혼란 : 고향찾기의 좌절

조선족 디아스포라는 갖은 고초 끝에 조선인 이주민에서 중국 조선족으로 지위를 획득했다. 그러나 그들은 오랫동안 중국의 주류 종족인 한족과 일정한 경계를 설정하고, 자신들이 떠나온 모국에 대한 강한 애착을 지니고 있었다, 그리하여 한민족의 고유한 문화와 전통을 유지하고 말과 글을 지켜 '조선족으로 살아남기'에 성공했다. 물론 중국 내 여러 정치적 변혁과 주류 문화의 영향 등으로 혼종화된 부분도 일부 있었지만, 스스로 강력하게 '자기됨'을 지키기 위해 한민족의 얼과 풍습 등을 고수하며 한민족 정체성을 지켜왔고, 언제나 민족공동체를 향한 강한 귀속감을 크나큰 긍지로 삼았다.

①
그 이름 때문이 아니라면 어디에 가서

---

5   옥타비오 빠스, 정현종 역, 1983, 「시와 역사」, 『시의 이해』, 민음사, 112쪽.

누구와 몸을 섞으며 어떻게 살던 무슨 대수랴

먼지 털 듯 훅 털어버리고

잊으면 그만인 것을

잊지 못해 버리지 못해

수십 년 모대기며 살아왔다

비 오고 바람 불고 눈보라 치는 날과

검은 구름 몰려드는 날을 근심하고 걱정하며

강자와는 맞설 엄두조차 못 내고

자신을 낮추기도 하고 감추기도 하고 변명도 하면서

어찌해도 그 이름 하나만을 놓아버리지 않으려고

모지름 써온 날과 날들이여

(중략)

구슬처럼 간직해온

아, 겨레란 이름 하나

— 강효삼, 「그 이름 하나」 부분, 『동포문학』 3, 바닷바람, 2013, 27쪽.

시 ①은 바로 그 민족의 정체성을, '한겨레'란 이름을 지키려고 "비 오고 바람 불고, 눈보라 치는 날과/ 검은 구름 몰려드는 날을 근심하고 걱정하며" 모대기며 살아온 조선족의 눈물겨운 역사를 압축적으로 보여주며, 그들의 강한 의지를 애절하게 노래한다. 중국에서 소수민족으로 살면서도 주류인 한족에 동화되지 않고, 한겨레의 고유한 정체성을 잃지 않으려는 자랑스러운 긍지는 그들에게 '정신적 존재감'이었다. 일제와 중국이 총칼을 들이대며 버리라고 강요하던 것, 또는 누가 강요하지 않아도 뼛속 깊이 새겨 감추어 보듬어 '구슬처럼 간직해온' 생존의 유산이었다. 따라서 한중수교로 시작된 한국으로의 이주는 그들에게 감격스러운 귀향이자, 이국 타향에서 한민족 정체성을 지켜왔다는 긍지에 대한 위로와 보상을 받을 기회였다. 그리하여 한국은 그들에게 "잃어버린

자궁이자 내 가난한 목숨의 비상구"[6]였다.

②
에돌고 에돌며
거스르고 또 거스르는
꿀단지라도 묻어두고 왔나
애인이라도 기다리고 있나

아득히 멀고 먼 가시덤불로 엉킨
온몸은 찢기고 부서지고 헤져
각축전 겪고 난 듯한 모습

설령 종착역 아닌 미완성의
슬픈 나그네 되더라도
이를 악물고 회귀하는
저 몸짓

(중략)
개똥벌레 깜빡이는 아늑한
할아버지의 할아버지 넋이
살아 숨 쉬는
그곳

　　　　　　　　　- 주해봉, 「연어」부분, 『동포문학』 10, 2020, 144쪽.

　　귀환 초기를 시화한 작품들은 할아버지나 아버지의 고향으로 돌아온다는 귀
향의 감격을 온몸으로 벅차하기도 했다. 시 ②는 한국으로 이주하는 조선족들

6　곽미란, 2017, 「지평선」, 『동포문학』 5, 바닷바람, 27쪽.

을 강을 거슬러 고향을 찾아가는 '연어'에 비유한다. "온몸이 찢기고 부서지고 헤져도", "슬픈 나그네 되더라도" 오로지 "할아버지의 할아버지 넋이 살아 숨 쉬는" 고향이라는 이유로 그들은 이를 악물고 회귀한다. 그러나 조상의 땅이자 자신들의 근원지로 돌아왔다는 그 감격은 얼마 가지 못하고 곧 모국의 민낯과 만난다. 태생지로 돌아온 연어를 기다리는 것이 그들을 잡아채는 곰들이나 어부의 작살과 그물과 다름없었다.

③
미국 여권 본 항공 아가씨
고운 눈빛이 반짝
차이나 여권 본 항공 아가씨
경멸의 눈빛 싸늘했지

자유자재 바닷물고기
한 물에서 자랐건만
여권 따라 몸값도 달라
아른아른 어리는
고운 눈빛, 경멸의 눈빛

아, 슬픈 비린내여
　　　　　- 최세만, 「물고기 여권」 부분, 『동포문학』 4, 바닷바람, 2016, 132쪽.

'한 물에서 자란 물고기'지만 어느 나라 어선에 잡히는가에 따라서 한국산 또는 중국산이 되듯이, 같은 혈통을 지녔지만, 한국에서 그들의 신분은 국적에 따라 '중국인'으로 규정될 수밖에 없었다. 그리하여 재한조선족은 한국사회가 그들을 동포가 아닌 외국인으로 간주하고 차별하고 냉대한다고 인식했다. 물론 반만년 동안 단일민족주의를 유지해온 한국인들에게는 '국가=민족=국민'이었기 때문에, 국적을 물으면 자신을 중국인이라고 밝히는 조선족들에게 상당한 당혹감과 이질감을 느꼈을지도 모른다. 물론 그들 사이를 가로막는 것은 그것만이 아니었다. 서로 다른 이데올로기가 빚어내는 역사적 트라우마를[7] 비롯하여, 경제적인 격차 문제 같은 것들은 상상이나 감상적 민족 개념으로 쉽게 극복될 수 있는 것이 아니었다.

이 과정에서 재한조선족은 그들이 지녔던 모국에 대한 그리움이 '상상적 허구'였음을 자각하기 시작했다. 그리하여 그들은 그런 현실적 감성을 시작품에다 좌절감이나 절망감으로 형상화했다. "한 부모 형제건만 어쩐지 서먹하다/ 고국이 타국인 듯 입양아 돌아온 듯/ 이름도 제대로 없다 서글프다 나그네"[8]라며 슬퍼하고, "형제여, 자매여// 나에게 입 구 자 口이 늘어 먹이를 빼앗긴다고 남이라 하십니다"[9]라며 서러워한다. 이는 시간의 경과에 따라 점차 슬픔과 소외의 고통으로 변하기 시작했다. 그리하여 자신을 "슬픈 족속",[10] "성도 이름도 없는 H2",[11] "짝사랑을 안고 가는 노숙자"[12] 등으로 형상화했다.

재한조선족이 모국에서 이루고자 한 '한민족 동일화의 욕망'과 '자본의 욕망'이 모두 실패하자, 그들은 중국 사회에서 겪었던 타자 또는 소수민족으로 겪

---

7   한국인의 역사적 트라우마는 '식민 트라우마'가 근원적 트라우마이고, 거기에 '이산 트라우마'와 '분단 트라우마'가 착종된 구조를 가지고 있다. (건국대학교 통일인문학연구단, 2012, 『코리언의 역사적 트라우마』, 선인, 33쪽.)

8   배정순, 2015, 「동포」, 『동포문학』 3, 바닷바람, 135쪽.

9   김추월, 2017, 「신흥길동조선족」, 『동포문학』 6, 바닷바람, 108쪽.

10   박동찬, 2015, 「슬픈 족속」, 『동포문학』 3, 바닷바람, 62쪽.

11   윤하섭, 2013, 「중국식품가게」, 『동포문학』 1, 예지, 42쪽.

12   이문호, 2016, 「노숙자」, 『동포문학』 4, 바닷바람, 71쪽.

었던 소외감까지 더해져 분노하기에 이르렀다. 그것은 "우리가 남이다!"[13]라는, 모국이 그들을 '타자'로 취급하는 것에 대한 서운함으로 표출된다. 그들이 지켜온 '한겨레'라는 말이 그토록 가슴 아픈 어휘가 될 줄 몰랐을 것이다. 그리하여 그들이 상상 또는 감성으로 구축했던 "우리는 하나다"라는 민족적 동일성은 '낯선 한국'이라는 냉정한 현실과 부딪치면서 "차라리 한글을 몰랐으면 좋겠다"(박수산)라고 한탄하게 한다. 모국에 대한 '상상적 기대'는 서럽고 싸늘하게 식어 이제는 현실적 자기 환멸로 바뀐다. 그리고 그들은 그 혼란과 갈등의 원인을 전적으로 냉담한 한국사회의 탓으로 돌린다. 따라서 시에서도 한국을 '징그럽고 간교한 협잡꾼',[14] '황량한 도시'[15], '낯선 둥지'[16]로 표상한다.

정체성의 혼란과 모국에 대한 분노와 증오 등의 반작용을 통해 일부 조선족 3, 4세대는 그들의 '현실적 고향'인 연변으로 되돌아가기도 한다. 그러나 연변도 이미 '낯선 고향'으로 바뀌고 있었다. "순이는 종적마저 감추었고/ 형님은 소식이 없고/ 누님은 또 서울로 갔고", "작년에 귀국한 금 씨네 큰아들은 간암 말기로 올봄에 죽고/ 고중 다니던 아들놈 대학 가자/ 마누라 찾아 한국 간 맹철이는 웬일인지 혼자 월세 산다"[17]라는, 뿔뿔이 흩어져버린 고향 사람들의 소식만 즐비하다. "임자 없는 제비 둥지"[18]가 된 조선족 마을도 이미 경계가 허물어져 한족들이 들어와 살고 있었다.

---

13   김추월, 2017, 「신흥길동조선족」, 『동포문학』 6, 바닷바람, 108쪽.

14   이문호, 2017, 「모국을 걷다」, 『동포문학』 5, 바닷바람, 58쪽.

15   김추월, 2014, 「실연」, 『동포문학』 2, 바닷바람, 83쪽.

16   전하연, 2014, 「낯선 둥지」, 『동포문학』 2, 바닷바람, 115쪽.

17   해암, 2014, 「겨울밤」, 『동포문학』 2, 바닷바람, 97쪽.

18   허창열, 2015, 앞의 시. 「하늘은 알고 있을까」, 『동포문학』 3, 바닷바람, 122쪽.

간혹 한국에서 고된 노동으로 번 돈으로 아파트를 장만해서 서울의 아파트처럼 "호화로운 이국풍의 인테리어에/ 칸칸이 고급 가구들과 귀한 공예품"[19]으로 장식했어도, 그곳은 이미 가족의 사랑과 온기가 사라져 버린 썰렁한 '빈집'일 뿐이었다.

이처럼 그들은 한국과 연변에서, 모두 상상 속의 고향 또는 고향 집의 해체를 실감한다. 그러나 그들은 좌절하지 않고 다시 일어나 '집(고향) 찾기'에 나선다. 이때 '집 찾기'라는 단어 자체에는 이미 역동성, 주체성, 적극성이 내재해 있다. 이는 태생이 디아스포라인 그들이 지닌 '욕망적 성향' 또는 '태생적이고 무의식적 성향'이라고도 볼 수 있다. 그 바탕에는 그들의 선조들이 북간도의 각박한 상황을 극복해냈던 개척정신이 깃들어 있기도 하다.[20] 그러므로 그들은 자신의 처지를 체념하거나 좌절하여 주저앉지 않고 새로운 길을 모색하기 시작한다. 물론 그것은 자기성찰을 통한 '방향성 찾기'이다.

Ⅳ. 자기성찰 : 주체되기의 필요성 자각

자기성찰은 철저하게 자신을 대상화하는 것에서 출발한다.[21] 다시 말하면 성찰하는 주체와 성찰되는 대상이 분리되어야 한다. 그러므로 자기를 냉정하게 객관화시킬 수 있어야 가능해진다.

---

19 이성철, 2015, 「빈집」, 『동포문학』 3, 바닷바람, 103쪽.

20 전은주, 2019, 「조선족의 '역사적 트라우마' 치유를 위한 시론-이주사와 시작품 다시 읽기」, 『통일인문학』 77, 건국대학교 인문학연구원.

21 이부영, 2002, 『자기와 자기실현』, 한길사, 31쪽 참조.

①

일상의 영양사로 웅결된 고독
하얀 석쇠에 올려놓고 굽다
혼자 구어야 제맛이다, 깊은 야밤
꼬챙이를 들고 조용히 뒤적거린다

자글자글 희로의 기름이 끓고
노릇노릇 애락이 불길에 익는
바라지도 못할, 오지도 않을 그리움을
한 폭의 그림으로 훈향에 떠올린다

타자만이 향수 할 수 있는 이 맛
고독을 굽다, 설익지도 태우지도 않은
짜릿하게 느끼는 한 자락 마음
한 꼬치의 시다!

– 이문호, 「고독을 굽다」 전문, 『동포문학』 3, 2015, 53쪽.

자기성찰이 반드시 가혹하게 표상되어야 하는 것은 아니다. 자신에 대해 객관성을 유지하며, 자신들을 석쇠 위에서 익는 고기처럼 담담하게 그릴 수도 있다. 물론 다 그런 것은 아니다. 한국사회에서 그들이 만난 자신들의 모습은 '남루한 저고리 너펄너펄한 허수아비'로 '유독 불쌍한 건 나'[22]이기도 했다. 이는 시인의 처연한 현실 인식에서 비롯된다. 한국 생활이 힘들어질수록 가족과 친지들에 대한 그리움이 커져 밤마다 꿈속에서도 그들을 불러온다. 그러나 아무리 그리워도 꿈속의 그들을 현실적으로는 껴안지도, 만질 수도 없다. 그러한 꿈의 허망함 뒤에 찾아오는 것은 애절한 '고독'과 처절한 '슬픔'일 뿐이다.

---

22 임금철, 2014, 「가을과 나」, 『고독 그리고 그리움』, 바닷바람, 75쪽.

그러나 시 ①에서 시인은 슬픔이나 고독에 종속된 자신과 그 상황을 만들어 준 현실을 원망하기보다는 자신을 객체화시켜 '양꼬치를 굽듯'이, "일상의 영양사"가 되어 꼬챙이에 그 고독을 굽는 행위를 시적 객관화로 형상화한다. 그는 희로의 기름과 애락의 불길에 익는, "바라지도 못할, 오지도 않을 그리움"의 그 맛은 오로지 "타자만이 향수 할 수 있는 맛"이라고 발화한다. 이는, 타자와 주체를 관조하는 냉철한 현실 인식이 없으면 불가능하다. 타자들은 언제나 그 사회에서 소외되어 외롭고 고독한 존재이다. 그러니까 타자가 된 적이 있는 존재만이, 역설적으로 '고독'을 향수 할 수 있다는 것이다. 물론 한국사회에서 주체 역할을 하는 한국인들에 의한 냉대와 소외가 결코 긍정적인 것은 아니지만, 그것들을 통해 자기성찰을 할 수 있고, 이를 통해 시로 승화시킬 수 있는 것이 바로 고독의 그 '숭고함'일 수 있다. 여기서 말하는 숭고함은 고독 그 자체가 지닌 절대적 가치라는 뜻이 아니다. 오히려 이로써 자기성찰을 지향할 때 얻을 수 있는 가치라는 뜻이다. 그러므로 시인은 우울하거나 절망적일 수도 있는 고독을 통해 감정에 취하거나 빠져들지 않고 냉철하게 성찰함으로써, 그 깨달음을 바로 '한 꼬치의 시'로 승화시킨다.

이는 "한국 땅에 피면 한국화/ 중국 땅에 피면 중국화/ (…) 고국도 있고 조국도 있어/ 타국이 되고 이국이 되어 버린/ 불쌍한 슬픈 조선족 국화"[23]였던 존재로 자신을 바라보며, 그 슬픈 현실을 한탄과 원망으로 형상화하던 것과는 큰 차이가 난다. 이제 시인은 자신이 만난 현실을 그 자체로 수용하며, 그것에 대해 대응하며 나아가는 방향성을 통해 자기성찰의 길로 나아간다. 그러므로 이를 인식의 측면에서 보자면 '불쌍하고 슬픈 조선족'은 그들 스스로가 경계 짓는 이

---

23   박영진, 2017, 「국화」, 『동포문학』 6, 바닷바람, 208쪽.

름일 뿐이다. 한국과 중국이라는 두 집단에서 서로 다른 이질성을 내세워 동시에 배척당하는 존재가 될 것인가, 이와 반대로 두 경계를 넘나드는 자유로운 존재가 될 것인가 하는 것은, 그들이 스스로를 규정짓는 그들의 인식의 지향성과 직결되는 문제이다.[24]

②
여기서도
자기 사람이라 반기고
저기서도
자기 사람이라 모시니
시라도 한번 잘 쓰자
태어난 곳이 무슨 상관이랴
오늘 밤 달은 둥글다

　　　　　　　　　　　- 박춘혁, 「윤동주가 부럽다」, 『동포문학』 9, 90쪽.

시 ②는 바로 '태어난 곳'이 문제가 아니라, 자신들이 규정짓는 인식에 따라서 자신의 존재와 위상이 달라짐을 '윤동주'에 비유하여 노래한다. 이 시는 연변에서 태어났다는 그 상황이 조선족을 '타자'로 또는 '불쌍한 존재'로 만드는 것이 아님을 표상한다. 윤동주는 연변 땅에서 태어났지만 여기서도 저기서도 '자기 사람'이라고 반기고 서로 모셔가기 바쁘다. 조선족 모두가 '윤동주'가 되지 말라는 법은 없다. 그리하여 이 시는 이제 조선족 개개인이 자신들만의 특별

24　벤야민은 '자기규정' 즉 자신이 누구이며 자신이 속해있는 공동체가 어떤 것인가에 관한 탐구는 모든 문화가 실천하는 주요 활동 가운데의 하나라고 했다. 조선족의 자기규정은, 한국사회에서 그들의 삶이 '타자의 삶'인가, '주체의 삶'인가 하는 실제적인 문제와 직결된다. (발터 벤야민 지음, 최성만 옮김, 2008, 『역사의 개념에 대하여 외』, 길, 23쪽 참조.)

한 '윤동주'를 발견해내야 할 것임을 역설한다.

③
다 낡은 대장간
기계가 시 쓴다
스트레스에 취한 손발과
버둥질하는 지친 몸
돌아가는 기계 속에서
피 떨구는 시 꺼낸다
(중략)
지지리 긴 밤에
두만강 마셔보고
진달래꽃에 앉아
어머니도 그려 본다
기인 한숨은 또다시
기계에 소재 집어넣고
뻐얼건 시 길게 뽑아본다.
　　　- 임금철, 「피 묻은 시」부분, 『고독 그리고 외로움』, 바닷바람, 2014, 40쪽.

시 ③의 시인은 자신을 '낡은 대장간 기계'로 표상하지만, 그 기계는 '시'를 쓸 수 있다. '기계'는 누군가의 조종에 따라 종속적으로 굴러가는 것이지만, 시 ③에 등장하는 기계는 시를 쓰는 행위 즉 자기성찰을 선택함으로써 '타자'에서 '주체'로 전환될 수 있다. 시 ③의 기계인 시인은 고통스럽고, 외롭고, 힘든 현실의 모든 순간을 시의 소재로 삼는다. 즉, 그가 만나는 모든 고통의 대상물, 또는 그리움의 대상물들을 객체화시켜 시로 승화시킨다. 그러므로 고된 노동, 힘든 현실이 바로 시가 되고, 외로움이나 그리움이 바로 시로 자각되기 때문에 그것은 더 이상 고통이 아니다. 그러한 것들은 시인에게 시 쓰기로 승화되어 피 묻어서 생생한, 살아 움직이는 작품으로 태어난다. 그러므로 이 '시 쓰기'는 수동적인 삶에서 능동적인 삶으로의 전환이며, 타자의 삶에서 주체의 삶으로의 전환이라고 말할 수 있다.

④
인심 좋고 살기 좋아 마음 편한 곳
터 잡으면 고향이오 이웃인 것을
어차피 하나로 뭉친 한겨레인데
생활의 즐거움 진정 있다면
여기는 내 삶의 보금터라오
　　　　　- 최종원, 「타향도 정이 들면 고향이라오」, 『동포문학』 9, 2019, 127쪽.

재한조선족 시인의 자기성찰에 따른 주체되기의 필요성에 대한 자각은 그들 스스로가 '한국'이라는 동일한 상황을 전혀 다르게 해석하게 만든다. '타자적 인식'을 통해 바라본 한국은 '징그럽고 간교한 협잡꾼'(이문호), '황량한 도시'(김추월), '낯선 둥지'(전하연)였다. 그러나 '주체적 인식'을 통해 바라본 한국은 '인심 좋고 살기 좋아 마음이 편한 삶의 보금터'(최종원)가 되기도 했다. 그러므로 어떤 시공도 시인의 인식에 따라 재구성되는 것이다.[25]

25　이-푸 투안, 구동회·심승희 옮김, 1999, 『공간과 장소』, 대윤, 56쪽 참조.

Ⅴ. 인식의 확장 : 책임과 몫의 각성

　조선족의 역사적 트라우마는 애초 그들이 디아스포라가 된 이유가 조선조의 열악한 상황 탓, 그리고 일제로부터 고향을 빼앗겼다는 '피해의식'에서 출발한다. 이 피해의식은 척박한 중국 땅에서 온몸으로 그들의 삶을 개척해야 한다는 절박함과 그 이후 중국 사회의 급격한 정치적 변화에 대한 두려움과 예측할수 없는 자신의 위상에 대한 불안감과 맞물려 있다. 그리하여 그들은 모든 사태의 원인을 늘 외부에서 찾아왔다. 따라서 한중수교 이후 한국으로 이주한 조선족들은 모국에서 정체성의 혼란을 경험하고, 그 원인을 신자본주의 체제인 한국사회가 지니는 구조적 문제로 보았고, 직접 원인으로 한국사회가 자신들을 '타자화'[26]시켰기 때문이라고 보았다. 이는 어쩌면 너무나 당연하다고 할 수 있다.[27]

　그러나 몇몇 시인들은 그런 종속적 인식으로는 사태를 해결할 수 없다는 것을 깨닫기 시작했다. 다시 말하면, 자신에게 주어진 삶의 고통을, 자신이 주체가 되지 않고 종속적 관계에 매몰된 상태로는 결코 벗어날 수 없다는 것을 자각했다. 나아가서 그들은 자기성찰을 심화시키는 과정을 통해 타자화가 자기 인식이 만들어낸 허상이었음을 자각했다. 이는 본질적으로 객관적 상황이 자신들을 타자화시키는 것이 아니라, 자기 스스로가 자신을 타자화시켰다는 것이다.

26　타자화는 대상의 이질적인 면만 부각하여 공동체에서 소외시키고, 스스로의 목소리를 잃게 만든다. 그리하여 타자화된 대상은 주체 세력 또는 상황에 종속되어 불행한 삶을 살 수밖에 없게 된다. (박종성, 2006, 『탈식민주의에 대한 성찰 - 푸코, 파농, 사이드, 바바, 스피박』, 살림, 29~35쪽.)

27　불행이나 잘못된 결과의 원인을 남의 탓, 외부의 탓으로 규정하는 한 그 관계는 종속적이다. 그러므로 인식이 바뀌지 않는 한, 아무리 격렬하게 저항하고 반발한다고 해도 종속 관계의 도식에서 벗어날 수가 없다. 그러나 거의 모든 사람이 불행이나 잘못된 결과의 원인을 외부의 탓, 남의 탓으로 돌리기 때문에 이 문제는 조선족의 특정 성향에 한정된 것이 아니다.

그러므로 인식의 전환을 통해 타자화의 종속적인 틀에서 벗어나야 한다는 놀라운 각성에 이른다.

①
현장에 일찍 출근해 보면
안전교육장에서 혈압을 재보느라 분주하다
정상으로 나올 때면 아무 말 없다가
간혹 혈압이 높거나 낮으면
저마다 자동혈압계기가 문제가 있다고 우긴다
(중략)
생각해보면
자신을 뒤집어 보지 않고
항상 남을 가해자로 생각하는 우리
그래서 충돌에 휘청거리고
고착에 목을 매고 있지 않을까
깊이 고민해본다

― 박수산, 「혈압 재기」, 『동포문학』 6, 2017, 193쪽.

시 ①의 시인은 혈압을 재는 평범한 행위에서, 그 '우기는 사람들'을 통해 자신들의 편협하고도 완고한 인식을 깨닫는다. 그래서 "항상 남을 가해자로 생각하는 우리"가 혈압기 탓이라고 우기는 사람들과 전혀 다르지 않음을 발견한다. 그리하여 시인은 우리 자신을 억압하는 사태의 원인을 외부에다 두는 것은, 그 사태에 관해 책임을 지지 않으려 드는 무책임한 태도이며, 스스로가 자신을 타자화시켜 그런 결과에 대한 책임에서 도피하려는 인식에서 나왔다는 것을 자각한다. 그 인식에서는 모든 것은 항상 상황 탓이고, 정치 탓이고, 팔자 탓이고, 한국사회의 탓이 된다. 그러나 중요한 문제는 결국 그 과정에서 발생하는 모든

고통을 자신들이 고스란히 받아야 한다는 점이다.[28]

시인은 조선족을 타자화시킨 것이, 자신을 악한 존재인 '가해자'가 아닌 선한 존재인 '피해자'라고 우기는 '자신들의 인식' 때문이었음을 깨닫는다. 주체가 악이고, 객체가 선한 존재라는 인식은 어디에서 나온 것일까? 그리하여 시인은 이제 자신의 태도가 전도되어 있다는 것을 깨닫고 "자신을 뒤집어 보기" 시작한다.

②
나 또한, 어떤 족속인가
싸늘한 새벽녘에 다만
참지 못할 허기를 구실 삼아
잠자고 있는 남의 가택을
비틀어 열고
거리낌 없이 들어갔다가
애꿎은 딜레마에 빠졌다고
동녘을 향해
고래고래 울부짖어야 성에 찰 것일까?

— 박만해, 「국외인」 부분, 『동포문학』 12, 2021, 94쪽.

시 ②의 시인은 '나 또한, 어떤 족속인가'를 자문하며 자신들의 행동에 대해서 객관적 성찰을 시도한다. 자신들의 한국 이주를 한민족 동일성 회복이라는 감성적이고 일방적인 욕망을 통해, "허기를 구실 삼아/ 잠자고 있는 남의 가택

---

28 타자와 주체의 이분법이 본질적으로 허구이듯이, 가해자와 피해자와의 관계도 각자가 지닌 인식의 문제일 뿐이다. 물론 현실 세계에서는 이러한 이분법은 엄연히 존재하는 것처럼 보인다. 그러나 모든 고통에는 이분법으로 나뉘지 않는다. 그런 점에서 그것은 인식의 허구일 것이다.

을 비틀어 열고/ 거리낌 없이 들어"왔다는 표현으로 '행동' 그 자체에 초점을 맞춘다. 그리하여 시인은 우리가 '애꿎은 딜레마'에 빠진 것은 스스로가 남의 가택을 열고 들어왔기 때문인데도 그것을 외면하고 "동녘만 향해 고래고래 울부짖는다"라고 형상화한다. 이는 자신들이 지닌 피해의식 때문에 모든 상황을 '남 탓'이라고 우기는 자신들의 인식에 대한 진지한 자기성찰이다. 이러한 성찰을 통해 시인은 주관적인 인식에서부터 한국사회를 배제하지 않으면서도 객관적인 관점에서 자신의 모습을 바라볼 수 있게 된다. 이는 그들이 한국사회에 대해 가졌던 '일방적인 기대'를 되돌아보고, 한국사회와 재한조선족과의 관계를 진지하게 되돌아보는 계기가 된다. 그것이 바로 '너와 나'가 각기 지닌 '몫'[29]의 문제이다. 이 몫의 차원에서는 너와 나는 본질적으로 평등하다. 그러므로 몫의 문제를 자각하는 것은 아주 중요한 깨달음이다.

③
역사란 무엇일까
가지런히 마주 봄이다

평화란 무엇일까
북에서 남으로 남에서 북으로

---

29 '몫'은 피제수를 제수로 나눈 것이다. 물론 모든 제수의 자격을 동등하게 보아야 한다. 즉, 한국인과 조선족은 인간이라는 점에서는 동등한 시공에서 존재한다. 그러나 조건에 따라 몫의 크기는 다를 수 있다. 그러므로 여기서 중요하게 말하는 것은 몫의 크기가 아니라, 몫을 바라보는 기본 가치관의 문제이다. 즉, 조선족에게는 자신의 몫을 동등한 것으로 받아들일 '자유와 선택'이 있다는 것이다. 이때 '자유와 선택'은 소통과 화합을 근본 목표로 삼고 출발해야 한다. 몫의 다른 말이 '자신의 할 일'이기 때문이다. 그러므로 자신의 몫, 자신의 할 일은 자신만이 책임질 수 있다는 점에서 우리는 모두 평등하다. 그런 점에서 타자와 주체의 구분이 허상이라고 보면 내 몫과 네 몫도 본질적으로는 허상이 된다.

(중략)

사랑이란 무엇일까

역사와 평화가

무엇인지 알지를 못해

다만 한뿌리에서 키워 올린

송이송이 노란 꽃

널리 씨앗 맺는 일이다

　　　　　　　　　　　- 전유재, 「판문점의 봄」 부분, 《동북아신문》, 2018. 04.

시 ③의 시인은 '사랑'은 일방적인 것이 아니라, 가지런히 마주 봐야 하는 것임을, 마주 봄이 소통이라는 것을, 각자가 자신의 몫을 다할 때, 서로에 대한 이해와 평화가 찾아오는 것임을 형상화한다.

시 「건너편」의 시인은 "이웃 동네 바라보듯이" 보던 북한과 DMZ에서 "쓸쓸한 달밤에/ 조각달 쳐다보듯이" 북한을 바라보는 것과의 차이를 실감한다. 연변에서 바라보던 북한은 언제든지 자유자재로 넘나들 수 있는 공간이었다면, DMZ 남쪽에서 바라보는 북한은 목숨을 걸어야만 넘어갈 수 있는 땅이었다.

이 과정에서 시인은 한국사회가 지닌 분단 트라우마[30]에 대해서 다시 성찰하며, 자신들과 한국사회가 지닌 분단 트라우마가 서로 같으면서도 각기 다르다는 것을 발견한다. 그 발견은 본질적으로는 허구일지 모르나 현실 세계에서 엄연히 존재하는 불평등처럼 여겨질지도 모른다. 이를 통해, 그동안 이해하려 들지 않았던, 한국사회가 지닌 인식에 대해서도 주체의 눈으로 성찰하기 시작한

30　분단 트라우마는 민족이 곧 국가라는 욕망이 좌절된 한반도의 독특한 경험의 장에서 발생한 집단적 상처이다. 이는 증오와 적개심의 사회적 심리를 지니고 있다. (건국대학교 통일인문학연구단, 2012, 『코리언의 역사적 트라우마』, 도서출판 선인, 50~59쪽 참조.)

다. 이러한 실천적인 모색은 곧 조선족 자신들과의 소통이자 한국사회와의 소통으로 이어진다. 그리하여 "북에서 남으로, 남에서 북으로" 서로가 각자의 몫을 다하며 서로 이해하고, 소통하여 "노랫소리 춤 자세 서로 다르지만/ 너 나 없이 한마음 바다로 흐르"[31]는 소통과 화합의 장이 열리기를 염원한다.

재한조선족 시인들의 이러한 인식의 변화는 그들에게 내재화되었던 호미 바바의 '기괴한 낯섦의 능력'을 상기시킨다. 이것은 어디에서나 그곳을 고향처럼 만들 수 있는 능력인데 그들의 선조들은 이 능력을 통해 낯선 중국 땅에 연변이라는 자신들만의 '고향'을 만들었다. 그러므로 재한조선족도 이 능력을 통해 한국사회를 낯설게 규정한 그 인식에서부터 벗어나 스스로 '친숙한 것'을 찾아내고, 다름에서 같음을 받아들이기 시작하려고 한다. 그리하여 "연길강 같은 무심천을 보고", "우리말을 하면서 모아산 같은 우암산에 오르기"도 하며 "고향이 어딘가 물으니 저도 모르게 청주"[32]라고 답하기도 한다. 이처럼 자신이 주체의 자리에 서는 연습을 통해, 그 공간은 낯선 한국이 아닌 친숙하고 익숙한 '새로운 고향'으로 거듭나기 시작한 것이다.

④
강을 넘어
북상한 이들은
폭풍과 추위를 헤가르며
밭을 갈고 씨앗을 뿌렸다

한숨 돌리기 전

---

31 임금철, 2014, 「강」, 『고독 그리고 그리움』, 바닷바람, 8쪽.

32 임금철, 2014, 「내 고향」, 『고독 그리고 그리움』, 바닷바람, 28쪽.

터전 잃은 투사들은
대흥안령, 청산리, 백두에서
총성을 울리고 피를 흩날렸다
(중략)

다시 남하한 후손들은
대림의 12번 출구에서
판소리 여섯 마당을 일궈낸다

조상의 뿌리와
후손의 정동이 만나
디아스포라 숲의 신록이
우거져가고 있다.

시 ④에 등장하는 재한조선족은 더 이상 "7호선 대림역 12번 출구/ 박춘봉은 이곳에 없다/ 이곳의 모두는 박 아무개가 되었다/ 불쌍한/ 불안한/ 그리고 불편한 사람"[33]들이 아니다. 그동안 그들이 '박 아무개'인 듯 웅크리고 살았던 것은 한국사회가 그들을 '박춘봉'과 동일시한다고 여기고, 자신들의 불행을 전적으로 한국사회의 탓으로만 돌리며, 자신의 '몫'을 스스로 각성하지 않았기 때문이다. 그 모든 책임을 '네 몫'이라고 떠미는 순간 조선족은 한국적 상황에 종속된 타자로 전락하여 '내 몫'을 인지하여 누리고 해결할 능력마저 잃어버리게 된다. 그러나 몇몇 시인을 중심으로 시작된 자기성찰과 '내 몫'과 '네 몫'에 대한 각성은, 조선족 스스로가 지닌 개척정신과 삶의 주체적 능력을 되찾게 했다.

그리하여 시 ④의 재한조선족은 "폭풍과 추위를 헤가르며/ 밭을 갈고 씨앗

---

33   박동찬, 2015, 「대림, 그리고 조선족」 부분, 『동포문학』 3호, 바닷바람, 61쪽.

을 뿌"려 고향을 건설했던 그들의 선조들로부터 강인한 개척정신을 물려받은 자랑스러운 '후손'들로 등장한다. 이제 그 후손들은 조상의 뿌리와 만나 나란히 손잡고 새로운 판소리 한마당을 뽑아내고 있다.

재한조선족의 자각 여부와 상관없이 애초에 그들의 귀환 목적이 지리적 실체로서의 고향 공간으로의 귀환이나 자본의 축적만이 아닌, 민족 동일성 회복을 통한 존재론적 위상을 되찾기 위함이었다는 것을 간과할 수 없다. 그러므로 그들이 염원하던 고향 땅에 도착하였거나, 또는 부를 축적하여 '조선족 타운'이라고 일컫는 물리적 공간인 대림동 등을 지배한다고 해도, 그들의 인식의 확장이나 전환이 이루어지지 않으면 한국사회와의 충돌과 혼란으로 소외와 갈등은 끊임없이 계속될 것이다.

그런 점에서 몇몇 시인을 중심으로 시작된 이러한 자기성찰과 인식의 확장은 재한조선족의 시간과 공간의 차원을 변화시키는 시작점이 되리라 예상한다. 그리하여 변화된 인식을 통한 '내 몫 찾기'는 그들에게 내재해 있는, 상황을 개척하고 능동적으로 대처하는 능력을 상기시켜 주고, 더 나아가서 그들 자신을 타자의 위치에서 주체의 위치로 전환할 수 있게 해 줄 것이다. 그리고 이를 통해 재한조선족 디아스포라는 긴 여정 속에서 자신의 '정체성'을 재정립할 수 있게 될 것이다.

Ⅵ. 결론

한중수교 30년이 흘렀고, 이제 재한조선족은 70만 명을 넘어섰다. 한국사회의 언론과 미디어가 부추기고 국제 정치가 빚어내는 갈등은 재한조선족과 한국

사회와의 갈등을 더 심화시키고 있다. 이러한 와중에 재한조선족 시인들은 문학적 대응으로, 소통과 화합으로 새로운 돌파구를 모색해야 한다는 필요성에 공감했다.

본 연구는 시인들이 시도한 시적 대응을 구체적으로 분석하고, 본질적인 갈등을 해소하기 위한 방안을 마련하기 위하여 이를 두 가지 항목으로 살펴보았다.

우선, 재한조선족 시문학의 규정과 그것의 형성과정을 분석했다. 재한조선족 문학은 한중수교 이후 한국을 오가면서 작품 활동을 한 조선족 문인들의 창작 활동을 시작으로 전개되어, 2012년의 재한동포문인협회의 발족을 기점으로 집단적이고 체계적인 문단이 형성된다. 그리하여 종전의 연구들이 중국조선족 문학과 재한조선족 문학을 구분 없이 사용해왔지만 본 연구는 재한동포문인협회를 중심으로, 한국에 장기 거주한 재한조선족 작가들의 작품 활동으로 국한하는 것을 원칙으로 삼았다.

다음, 재한조선족 시인들의 작품에 나타나는 인식의 여러 양상을 세 가지 항목으로 나누어서 분석했다.

첫째, 그들이 겪은 정체성의 혼란과 한국에서의 고향 찾기의 좌절에 대한 애환을 분석했다. 그들은 한민족 동일성의 확인이라는 욕망이 실패하자, 한국사회의 냉대와 차별에 대해 서러움과 슬픔을 토로한다. 나아가서 그러한 정서는 한국사회에 대한 분노와 환멸로 형상화된다. 이는 역사적 트라우마가 주는 '피해의식'과 연결되어, 그들은 혼란과 고통의 원인을 전적으로 한국사회의 탓으로 돌린다.

둘째, 정체성의 혼란을 극복하기 위해 시인들은 자기성찰을 통해 타자의 삶에서 '주체되기'의 필요성을 자각하기 시작한다. 그 성찰을 통해 자기 스스로를 객관적으로 바라보기 시작하면서, 자신들의 현실적 상황을 있는 그대로 수용하기 시작했다. 그 결과, 모든 갈등과 대립의 원인이 자신들이 규정한 자기 인식과 연결되어 있음을 자각한다.

셋째, 시인들은 자기성찰과 인식의 확장을 통하여 '내 몫'과 '네 몫'을 구분하기 시작한다. 자기성찰을 통해 자신들의 혼란과 고통의 원인을 전적으로 역사적 상황의 탓이며 한국사회의 탓이라고 보았음을 깨닫는다. 그러한 인식이 바로 자신을 종속적 타자의 위상으로 규정한다는 것을 각성한다. 그리하여 재한조선족 시인들은 비로소 '내 몫'에 대한 새로운 인식적 확장을 시도한다. 그 과정에서 자신한테 내재해 있던 개척정신과 호미 바바가 말한 '기괴한 낯섦의 능력'임을 발견하고, 주체적으로 한국사회에서의 자신의 삶을 개척해나가기 시작한다.

향후 과제는 재한조선족 시인들을 중심으로 시작된 '인식의 확장'을 조선족 디아스포라 전체의 '인식의 전환'으로 확산시키는 작업이다. 물론 지속적이고 반복적인 실천적 활동이 전제되어야 할 것이다. 이를 위해 '재한동포문학연구회'를 중심으로, 이러한 인식의 전환을 전체 조선족에게 확산시킬 방안을 연구하고, 여러 사업을 통해 시행하는 것을 후속 연구과제로 삼고자 한다.

참고문헌

1. 자료

『동포문학』 1~13호, 도서출판 바닷바람, 2012~2022.
《동북아신문》 2010~2022.

2. 단행본 및 논문

건국대학교 통일인문학연구단, 2012, 『코리언의 역사적 트라우마』, 선인.
건국대학교 통일인문학연구단, 2014, 『민족과 탈민족의 경계를 넘는 코리언』, 선인.
박종성, 2006, 『탈식민주의에 대한 성찰 – 푸코, 파농, 사이드, 바바, 스피박』, 살림.
윤인진, 2017, 『디아스포라와 초국가주의의 이론과 실태』, 북코리아.
데이비드 허다트, 조만성 옮김, 2011, 『호미 바바의 탈식민적 정체성』, 앨피.
이병수, 2011, 「분단 트라우마의 유형과 치유 방향」, 『통일인문학』 52, 건국대학교 인문
　　　학연구원.
이연승, 2017, 「디아스포라, 상상된 공동체로서의 조선족 문학 – 재한동포문인협회 동
　　　인지 『동포문학』 연구」, 『현대문학이론연구』, 68, 현대문학이론학회.
박민철, 2014, 「국내 이주 코리언 디아스포라의 정체성 변용과 가치 지향: 한국(인)과의 가
　　　치충돌양상을 중심으로」, 『디아스포라 연구』 8, 전남대학교 세계한상문화연구단.
박영균, 2014, 「상상된 공동체의 와해와 조선족들의 아비투스」, 『통일인문학』 59, 건국
　　　대학교 인문학연구원.
박영균, 2014, 「조선족들의 역사적 트라우마, 민족과 국가의 이중주」, 『통일인문학』 60,
　　　건국대학교 인문학연구원.
전은주, 2019, 「조선족의 '역사적 트라우마' 치유를 위한 시론 – 이주사와 시작품 다시
　　　읽기」, 『통일인문학』 77, 건국대학교 인문학연구원.
전은주, 2019, 「한중수교 이후 재한조선족 디아스포라 시문학에 나타난 정체성 연구」,
　　　연세대학교 박사학위 논문.

제2장

김금희 소설의 노마디즘과 디아스포라 연구

리해연

I. 서론

김금희(1979-)는 조선족 여성 작가로서 2007년 단편소설 〈개불〉로 『연변문학』에서 주관하는 윤동주문학상 소설 부문 신인상을 수상하며 본격적으로 작품 활동을 시작하였다. 2013년 첫 소설집 『슈뢰딩거의 상자』[1]를 중국에서 출간한 이후 2015년 소설집 『세상에 없는 나의 집』[2]을 한국에서 출간하였는데 2016년 8월에 이 소설집으로 외국인으로서는 처음으로 "신동엽문학상"을 받으면서 중국과 한국문단에서 핫이슈로 떠올랐다.

김금희는 한족 집거지인 길림성(吉林省) 구태시(九台市)에서 출생한 조선족 작가로서 어릴 때부터 한족과 어울리며 조선족 집거지에 사는 조선족에 비해 우심한 소외와 민족차별을 받았다. 따라서 민족의 정체성에 대해서도 더욱 심하게 갈등하고 깊이 고민할 수밖에 없었다. 특히 그녀는 자신을 포함한 조선족의

---

1   김금희, 『슈뢰딩거의 상자』, 요녕민족출판사, 2013.09.

2   김금희, 『세상에 없는 나의 집』, 창비, 2015.11.20.

노마드적인 삶에 대해 고민하면서 그 원인을 분석하고 해결책을 찾고자 하였으며 그것을 작품으로 승화시켰다. 김금희는 "두만강문학상" 수상소감에서 "말띠여서 그랬던지, '나는 역마살이 끼여서…'라는 표현을 지지리도 거슬려 했다."라고 하면서 "김동리의 〈역마〉를 읽는 내내 마음속 깊은 곳에서 길어 올려지는 그 슬픔은 투명하고도 선연한 것이었다. 전쟁과 가난, 시장경제 같은 것들 말고 우리 민족이 떠나는 더 근원적인 이유는 없을까"라는 의문을 던지면서 중편소설 〈노마드〉의 창작배경에 관해 서술하였다. 그는 조선족들의 떠돌이 생활을 유목민의 삶, 유목민의 근성과 비교하면서 조선족 공동체의 유목민적인 삶에 관해 탐구하였다.

노동력의 국제적 이동이 발 빠르게 진행되면서 세계는 "농경사회"로부터 새로운 "유목사회"로 변화하고 있다. 노마드에서 파생된 노마디즘은 기존의 가치와 삶의 방식을 부정하고 불모지를 옮겨 다니며 새로운 것을 창조해내는 일체의 방식을 의미하며 철학적 개념뿐만 아니라 현대사회의 문화, 심리 현상을 설명하는 말로도 쓰이면서 유목주의로 번역된다.[3] 자크 아탈리(Attali, Jacques)는 기존의 노마드와 노마디즘에서 벗어나 현대사회를 노마드의 시대로 규정하고 노마디즘을 현대문화의 특징을 지칭하는 용어로 사용하였다.[4] 현대의 노마드는 디지털기기를 들고 다니며 시공간의 제약을 받지 않고 자유롭게 사는 사람들을 말하는데 자크 아탈리는 신 유목사회에서 끊임없이 이동하는 이러한 현대인들을 "호모 노마드"라고 부르고 현대사회를 유목민적인 시각에서 노마디즘 시대

---

3   장윤수, 「코리안 디아스포라 문학의 정체성 연구」, 『재외한인연구』 제25호, 재외한인학회, 2011.10, p.25.
4   장윤수, 위의 글, p.9.

로 인식하고 있다.[5]

자발적이든 비자발적이든 모국을 떠나 거주국에서 새로운 삶을 개척하는 노마드는 노마디즘 시대의 새로운 디아스포라이다. 한반도 밖에서 사는 백의겨레는 호모 노마드로서 디아스포라적인 정체성을 갖고 있으며 새로운 유목의 시대에 코리안 디아스포라 문학은 디아스포라의 정체성을 형상화하고 있다. 개혁개방이 실시되면서 조선족들은 국내외로 떠났고 이에 따라 조선족 집거지의 조선족 인구수는 해가 거듭될수록 대폭으로 줄어들었다.[6] 이렇게 볼 때 현시대의 중국조선족 또한, 호모 노마드적인 디아스포라로서 그 문학 역시 디아스포라 정체성을 형상화하고 있다고 할 수 있다.

사실 조선족의 디아스포라와 정체성에 대한 논의는 이주 역사의 시작과 함께 오랜 시간 동안 문학작품을 통해 반영되었고 시간의 흐름과 더불어 각 시대마다 그 시대상을 보여주었다.[7] 따라서 현대사회에서 노마드적 삶을 살아가는

---

5   장윤수, 위의 글, p.25에서 재인용하였다.

6   朴美兰(박미란), 「朝鮮族人口变迁对民族传统文化发展的影响——以延边朝鲜族自治州为例(조선족 인구변동이 민족전통문화발전에 미치는 영향-연변조선족자치주를 실례로)」, 延边大学学报(연변대학학보), 2012. 06.01, p.94. 2011年末, 延边朝鲜族自治州全州户籍总人口为218.6万人, 其中朝鲜族人口79.8万人, 即朝鲜族人口由1991年的84.5万人下降至2011年的79.8万人, 共减少4.7万. 汉族与朝鲜族两个区域主体民族的人口比例有较明显的高低变化, 汉族人口逐渐增加, 朝鲜族占总人口比例趋于下降. 1949年至2010年, 汉族人口占总人口比例由34.57% 提高至60.01%, 朝鲜族人口占总人口比例由原来的63.36%降至36.57%. 2011년 말, 연변조선족자치주의 전체 인구수는 218.6만 명으로 그중 조선족 인구수는 79.8만 명인데 이는 1991년의 조선족 총인구수 84.5만 명에서 4.7만 명이 줄어든 숫자였다. 연변조선족자치주에서의 한족과 조선족 인구수는 큰 변화가 생겼는데 한족의 인구수는 점점 불어나고 조선족 인구수는 점점 줄어들고 있다. 1949년부터 2010년까지 한족 인구수는 총인구의 34.57%에서 60.01%로 증가한 반면, 조선족 인구수는 총인구수의 63.36%에서 36.57%로 감소하였다.

7   오상순, 「이중 정체성의 갈등과 문학적 형상화」, 『현대문학의 연구』 29권 0호, 한국문학연구학회, 2006, pp.37~69.

조선족들은 여전히 디아스포라로서 정체성에 대한 문제와 그 해답을 찾고자 노력하고 있고 그 속에서 수없이 갈등하고 고민하고 있으며 이를 고스란히 문학작품을 통해 반영하고 있다. 이를테면 김재국의 장편 수기 〈한국은 없다〉는 작가의 진실한 체험과 아픔을 통하여 민족 정체성의 문제를 처음으로 한중언론매체에 전면으로 부각시킨 작품[8]이라면 김난현의 단편소설 〈한신하이츠〉, 허련순의 중편소설 〈텅 빈 사막〉, 장편소설 〈바람꽃〉은 조선족의 정체성에 대한 사고와 한국과 한국 사람들에 당하는 조선족들의 피해의식을 반영한 작품이고 허련순의 〈누가 나비의 집을 보았을까〉, 장혜영의 장편소설 〈희망탑〉, 리동렬의 장편소설 〈락화류수〉 등은 조선족의 피해의식과 가해자-한국인에 대해 고발하면서 동시에 정체성에 대해 사고한 작품들이다.[9] 이밖에 공동체의 와해와 가치관의 혼돈을 다룬 최균필의 〈세우지 못한 비석〉, 우광훈의 〈숙명 19호〉, 한국 체험을 통한 정체성의 재확립을 다룬 박옥남의 〈내 이름은 개똥네〉, 관내로의 이주와 새로운 고향 만들기를 다룬 장학규의 〈노크하는 탈피〉 등은 한중수교 이후 조선족들의 이향(離鄕)민으로서의 삶과 변화된 의식을 다룬 작품들이다.[10] 이러한 작품들은 조선족 공동체의 와해와 위기, 한국사회에서 겪는 조선족들의 소외와 정체성의 문제, 중국 국내에서 조선족들이 겪는 민족차별 등을 고스란히 담아내고 있지만 정작 조선족 공동체의 미래에 대한 대책은 제시하지 못했

8   김호웅, 김관웅, 「전환기 조선족사회와 문학의 새로운 풍경」, 『한중 인문학연구』 제37집, 한중인문학회, 2012, pp.35~55.

9   최삼룡, 「조선족 소설 속의 한국과 한국인」, 『한중 인문학연구』 제37집, 한중인문학회, 2012, pp.57~84.

10   최병우, 「한중수교 이후 조선족 소설에 나타난 삶과 의식」, 『한중 인문학연구』 제37집, 한중인문학회, 2012, pp.107~128.

다. 반면 김금희는 기타 작가들이 반영하고자 했던 민족공동체의 위기와 정체성의 문제 등을 작품에 담아낸 동시에 조선족의 미래에 대한 해결책을 모색하려는 노력을 했다는 점에서, 중국조선족 소설의 새로운 양상을 보여주고 있다는 점에서 연구가치가 있다. 따라서 김금희 소설에 관한 연구가 전무한 상태에서 본고는 김금희 소설 연구의 시발점이 된다는 점에서 의의가 있다.

김금희의 기존 작품들을 보면 자신의 절실한 생활체험을 섬세한 관찰력과 풍부한 감수성으로 소설화하면서 좁게는 자기 자신, 넓게는 민족의 정체성을 찾기 위한 창작을 하였음을 알 수 있다. 그러나 가끔 그의 소설 세계에서 세상은 강자이고 주인공은 거개가 나약한 여인이고 피동형으로 그려지는데 이것은 예측 불가능으로 변화하는 현실과 겨끔내기로 변화되고 있는 고달픈 세상에 대한 작가의 불만족에서 기인한 것으로 볼 수 있다.[11] 불만스러운 현실이지만 어찌할 수 없다는 작가의 태도는 어느 정도 무기력함을 표현하고 있다는 평을 받을 수도 있다. 그러나 본고의 연구대상인 세 작품에서 김금희는 노마디즘 시각으로 조선족 디아스포라와 정체성 문제에 대해 예리하게 지적한 동시에 민족의 미래에 대한 대책을 제시하는 등의 새로운 시도를 하였다는 점에서 주목할 만하다.

본고의 연구대상인 김금희 소설의 노마드들은 목적성과 회귀점이 없이 방랑하는 현시대의 조선족들이다. 작가는 노마디즘의 시각으로 그들의 삶을 바라보았고 이를 통해 현시대의 조선족 공동체에 존재하는 문제점을 제기하였으며 현재를 반성하고 내일을 고민해야 한다는 목소리를 내고 있다. 김금희는 목적성과 회귀의식이 없는 조선족들의 노마디즘적 삶의 방식은 작게는 가정의 파괴, 더 나아가 민족의 해체로 이어질 위험성이 도사리고 있음을 인지해야 한다고

---

11   이진윤, 「서평-김금희 소설의 예술적 특징」, 『슈뢰딩거의 상자』, 2013.9, p.260.

주장하고 있다. 동시에 조선족으로서 마땅히 민족의 정체성을 찾아야 하며 이를 위해서는 떠남의 전제에는 그 목적과 원위치에로의 회귀의식을 가져야 한다고 호소하고 있다.

본고에서는 노마드와 엉겅퀴의 공통점, 방황과 회귀를 통한 미래, 정체성 찾기에 이은 뿌리 내리기 등 세 개 부분으로 나누어 김금희의 조선족 디아스포라와 정체성 문제에 대한 의식 및 그 작품세계를 알아보도록 하겠다.

Ⅱ. 노마드와 엉겅퀴[12]의 공통점

노마디즘을 중심으로 한 노마드적인 삶의 욕망 저변에는 민족의 정체성과 뿌리를 찾는 지난한 고통과 희망이 점철된다. 소설 〈월광무〉의 주인공 "유"는 노마디즘 시대의 대표적인 노마드라 할 수 있다.

소설은 고단하고 힘든 일상을 살아가는 "유"라는 주인공이 낡고 더러운 기차 안에서 아침을 맞이하는 장면으로 시작된다. 계획경제라는 거대한 사회주의의 경제체제 속에서 국영기업에 출근하며 안일한 삶을 살던 "유"는 갑자기 불어 닥친 사회주의의 시장경제체제와 그 사회변화 속에서 "철밥통"을 버리고 장사의 길에 올라 중국 국내는 안 다녀본 곳이 없는 인물이다. 소설의 또 다른 인물 "마로얼"은 "유"가 사는 조선족 동네로 이사 온 최초의 한족이었다. "마로

---

12 중국조선족의 한국방문 혹은 관내 도시로의 진출을 중국조선족 매체에서는 한시기 "서울바람", "한국바람", "관내바람"으로 표현하면서 고향을 떠나 떠돌이 생활을 하면서 새로운 곳에 또 다른 고향을 만들어 가려는 조선족들의 삶을 표현하였는데 본고에서는 이러한 조선족들의 노마드적 삶을 바람에 의해 풍산포(风散布)하는 특징을 지닌 엉겅퀴에 비유하였다.

얼" 일가는 "유"의 가족에서 키우던 곰을 받아 웅담 장사를 하면서 생활을 일구었고 그 후 사정이 안 좋게 되니 그 일을 접고 더욱 깊은 산골로 들어가 농사와 방목을 통해 재물을 축적하였다. "유"는 늘 "마로얼"의 삶의 태도가 한심하다고 생각하였다. 십 년이 흘러 "마로얼"은 땅 부자가 되었고 "유"는 하는 일마다 실패를 하면서 거지 신세가 되었다. 마지막으로 장사 밑천을 마련하고자 "유"는 심수-심양-장춘-고향에 거친 길고 험난한 노정을 거쳐 "마로얼"을 찾아간다. 고향 마을은 이미 조선족들은 전부 다 떠나고 "마로얼" 같은 한족들이 몇십 년을 지키며 살아온 탓에 더 이상 그 어디에서도 조선족 마을다운 흔적을 찾아보기 힘들었다. 밤늦어서야 도착하니 마 씨의 집안에서는 추석을 맞아 온 가족이 모여 명절을 즐기고 있었다. 호주머니에 단돈 백 원도 남지 않은 "유"는 마씨에게 줄 추석 선물과 십 년을 타지에서 떠돌이 생활을 하면서 남은 것이라고는 단 하나뿐인 낡아빠진 캐리어를 끌고 "마로얼"네 집 대문 앞에 도착하는 것으로 소설이 끝을 맺는다.

이 소설은 여로형 구조로 한곳에 정착하지 못하고 끊임없고 떠돌기만 하는 조선족들의 삶과 그와 반대로 한번 정착하여 뿌리내린 곳이면 어디서든 그 삶을 확장해 나가는 한족들의 삶을 전지적 작가의 시점으로 대조적으로 그려 나가고 있다. 동시에 작가는 주인공의 무 정착의식, 무 회귀의식적인 삶을 비판하고 끈기없는 그의 삶의 최후를 한족의 돈의 노예로 전락시킨다. 이는 작가가 전반 조선족사회에 던지는 경고의 메시지이며 현재 조선족들의 삶에 대한 반성과 미래에 대한 걱정과 우려의 목소리이기도 하다.

동네에서는 유의 할아버지가 마을을 개척한 사람 중 리더였다고 했다. 전쟁이 한창이었고 세상이 어지러워서 할아버지네 고향 조선반도에서는 살길을 찾아

만주벌로 떠나온 사람들이 적잖았다고 했다… 총대를 메고 달릴 수 있는 나이
가 되자 할아버지는 어린 전사가 되어 군부대를 따라 다녔고 전쟁이 끝난 다음
에는 공식적인 중국인으로 어영부영 한 가정의 가장이 되어서 수전을 풀 수 있
는 땅을 찾아 여기저기 돌아다녔다… (p.112)

일제의 식민지침략 하에 조국을 잃고 두만강을 건넜던 조선인 이주 1세대들
은 광복이 되면 조국으로 돌아가리라는 귀향의 꿈을 가슴에 새긴 채 토착민-한
족들의 소작농으로 갖은 무시와 착취를 받으며 힘들게 생계를 유지하면서 중국
이라는 낯선 땅에 정착하기 시작하였다. 그러나 한반도가 남, 북으로 갈라지며
그들은 영영 고향으로 돌아갈 수 없었고 후손들은 중국이 고향으로 되어버렸
으며 새 중국이 창건되면서 그들은 소수민족 정책하에 당당한 중국의 공민-중
국조선족으로 살게 되었다. 중국 정부에서는 전국적으로 소수민족에 대해 우대
정책을 실시하면서 민족 평등, 민족화합을 제창하였으며 지방분열, 민족갈등을
막기 위한 노력을 해왔다. 그러나 소수민족으로서 조선족들은 어디까지나 진정
한 평등을 누릴 수 없었고 늘 한족들로부터 소외와 멸시를 받았다. 따라서 모국
에 대한 그리움과 현실에 대한 불만, 좀 더 나은 삶에 대한 욕망을 충족시키기
위해 조선족들은 떠돌이 생활을 할 수밖에 없었다. 이주민 1세대들의 떠돌이
생활에는 모국에 대한 그리움과 귀향의식이 어느 정도 영향을 끼치긴 하겠지만
어디까지나 소수자로서 거주지역에서의 소외와 토착민들과의 갈등이 큰 영향
을 미쳤다고 볼 수 있다.

살아평생 전 동북지경을 떠돌아다니다 마흔 고개를 넘기지 못하고 돌아가신
아버지(p.94), 두석 달 걸러 혹은 반년이나 더 오래 걸러 한 번씩 집에 와서 머
물다가 다시 길을 떠나곤 하는 아버지에게 유는 떼를 썼다. (pp.112-113)

청도, 북경, 상해, 심천⋯ 고향 도시를 떠나 하해한 뒤의 십수 년간, 아이가 물을 때마다 유는 항상 밖에 있었다. 아이도 이젠 그런 아리송한 대답에 길이 든 것 같았다. (p.95)
살기 좋은 곳을 찾아 멀리 산을 넘고 물을 건너오던 당시처럼 또다시 더 살기 좋은 곳으로 떠나가는 것이었다. 청도, 북경, 천진, 상해 그리고 한국, 일본 혹은 캐나다나 미국으로. (p.119)

1978년, 대내로 개혁하고 대외로 개방하는 이른바 개혁개방정책이 전국적으로 실시되면서 중국은 사회, 경제 등 면에서 획기적인 발전을 가져왔고 조선족 공동체의 삶에도 큰 변화가 생겼다. 조선족들은 경제적으로 풍요로운 삶을 위해 국내외로 떠나기 시작했다. 그러나 그 떠남에는 종착역이 없었다. 한국으로 향했던 이들은 모국에 대한 동경과 그리움을 달래 보기도 전에 소외와 환멸을 느꼈고 관내 대도시로 향했던 이들은 한족과 한국인 사이에서 정체성에 대한 갈등을 겪게 되면서 방황하기 시작한다. 이렇게 조선족들은 둥지 없는 새가 이 나무 저 나무 떠돌듯 모국에서도 거주국에서도 뿌리를 내리지 못하고 끝없는 방랑을 반복하기만 한다.

떠난다는 것은 도대체 무엇이었을까? 어떤 설렘? 열정? 도전 같은 것이었던가? (p.121)
유는 그 문자들을 유심히 살펴보았다. 무엇 때문에 다니는 줄 안다니, 대체 뭘 안다는 걸까. 유의 할아버지 세대가 떠났던 것이 새로운 희망을 찾아서였다는 것? 유의 아버지가 떠났던 것은 자유를 위해서라는 것? 아니면 유가 떠났던 것처럼 어떤 꿈 때문이라는 것을 말하는 것인가? (p.141)
마지막으로 사내는 유의 성씨가 남을 유(遺)인지 유랑할 유(流)인지를 말장난처럼 물어보았다. (p.102)

조선족 차세대 학자의 연구 동향과 전망

주인공 이름을 "유"라고 했던 것이 작가의 의도된 설정임을 말해주는 대목이다. 광복이 되면 조국으로 돌아가리라는 희망 하나로 유목민적인 삶을 살던 조선인 이주민 1세대, 중국조선족으로 살면서 한 곳에 정착하지 못하고 유동적인 삶을 사는 이주민 2, 3, 4세대들, 모국에도 거주국에도 넓게 분포되어 있지만 동시에 그 어디에서도 인정받지 못하는 소외의 대상인 조선족, "유"라는 이름 한 자로 작가는 조선족들의 이동적인 삶을 포괄적으로 담아내고 있었다. 세세대대 대물림 되는 조선족들의 떠돌이 생활을 역사라는 거울에 비춰보았을 때 그 어느 세대에서든 긍정적인 결과를 얻은 적이 없었다. 이제는 방랑의 종지부를 찍고 뿌리를 내려야 할 때가 되었다.

순간, 유는 어떤 큰 짐승의 것이 분명한 포효를 똑똑히 들었다. 크르릉 어엉-!
낮고 웅글진, 가슴을 허비는 듯한 울음소리, 그럴 리 없겠지만 유는 직감적으로 그것이 곰이 내는 소리라고 확신했다. 철창 속에 갇혀서 고향산을 그리며 검은 눈만 슴벅이던 웅담용 사육곰이 아니라 머루, 다래, 돌배와 찔광이를 뜯어 먹고 물고기, 두더지도 잡아먹는 진정한 산의 곰 말이다. 숲속 어느 은밀한 공지, 한가위 보름달을 올려다보면서 곰은 앞발을 들고 빙글빙글 춤을 추고 있었다. 유흥을 아는 한량이나 한을 푸는 여인네처럼 고즈넉한 정적과 일체를 이루며 무아지경 속으로 빠져들어 간 채. 혹독한 겨울 추위와 굶주림, 덫의 위험이 그를 기다리고 있을 것이다. 점점이 별들이 살포시 내려와 파란 반딧불이로 그 주위를 날아다녔다. 인간이 추구하는 다른 모든 것처럼, 그것 역시 잡으면 벌레가 되고 바라보면 아름다운 빛이 되는 것이었다. 유는 캐리어의 손잡이를 단단히 잡고 월병 박스를 옆구리에 낀 채 그것을 따라 걸어갔다. 용의 머리를 새겨 넣은 마로얼의 높은 대문이 바로 유의 앞에 있었다. (p.141)

이 부분은 소설의 결말이자 소설의 제목에 대한 해석이며 작가의식이 가장 응축되어 표현된 부분이다. 산의 주인으로서 자유롭고 풍요롭게 살아가던 "곰"

의 패기 넘치던 포효가 "유"에게 "가슴을 후비는" 최후의 울부짖음으로 들려온다. "혹독한 겨울 추위와 굶주림, 덫의 위험"이 도사리고 있는 줄도 모르고 "한가위 보름달을 올려다보면서" 한풀이를 하는 무당처럼, 유흥을 즐기는 한량처럼 "앞발을 들고 빙글빙글 춤을 추고 있"는 "곰"-"유"는 정착점 없이 방랑하는 조선족들의 삶을 형상화하고 있다. "곰"은 "유"이고 더 나아가 조선족 공동체이다. 따뜻했던 둥지를 버리고 새로운 둥지를 찾아 헤매다 최후를 맞는 새처럼, 뿌리가 송두리째 뽑혀 강물을 따라 흘러가는 나무처럼 조상들이 일궈놓은 삶의 터전을 버리고 떠났던 "유"는 파멸을 맞이하게 되었다. 이는 더 나아가 전반 조선족 공동체가 위태로운 국면을 맞이하고 있는 현실을 암시하기도 한다.

김금희는 이처럼 조선족들의 목적성 없는 노마드적 삶을 예리하게 지적하고 비판하였으며 그런 삶의 비참한 최후를 과감하게 예측하면서 동시에 현실적 대안을 세워야 하는 때임을 호소하고 있다.

Ⅲ. 방황과 회귀를 통한 미래

중한 양국의 수교가 시작되면서 조선족은 양국 간의 문화, 경제 등 교류에서 중요한 작용을 하였다. 특히 모국으로 돌아가지 못한 조상들의 한의 정서와 거주국에서 소수자로서 느꼈던 소외의식은 조선족들의 모국에 대한 동경심을 더욱 강하게 불러일으켰고 중국의 기타 민족들보다 쉽게 한국으로 갈 기회가 생기면서 그들은 너나없이 모두 모국 행에 올랐다. 김금희의 또 다른 소설 〈노마드〉의 주인공 "박철"이도 그중 한 사람이다.

위의 소설에서의 주인공 "유"는 끝없는 떠돌이 생활의 끝자락에서 정착 점을 찾으려 노력하는 캐릭터였다면 〈노마드〉의 "박철"은 자신의 정착 점이 어디인지를 알고 있고 떠남의 궁극적인 목적이 회귀에 있음을 인지하는, "유"와는 완전히 다른 희망적이고 현실적인 캐릭터라 할 수 있다. 이 소설은 국가라는 경계로 동족임에도 불구하고 중국인, 한국인, 탈북인으로 나뉘어 완전히 다른 삶을 사는 인물들의 삶을 그려내면서 그 속에서 조선족 청년 "박철"이라는 주인공이 한국인과 탈북인, 한국사회와 중국 사회에서 겪는 심리적 갈등과 그 갈등을 극복하는 과정을 통해 최종적으로 행복하고 안정적인 삶을 살아가려는 적극적인 제스처를 보여주고 있으며 작가는 이러한 "박철"을 통해 조선족의 희망적인 미래에 대해 제시하고 있다.

　"박철"은 "돈을 벌어 집을 사고 색시를 얻어서 시내에 나가, 자그마한 가게라도 열어 먹고 살면서" 행복한 가정을 꾸리려는 꿈을 안고 한국으로 시집간누나의 초청 하에 노무 일군으로 모국 행에 오른다. 애초부터 박철의 "떠남"은"돌아오기 위함"이었기에 한국에서 죽은 듯이 살면서 그곳 사회와 생활에 적응하려고 노력하였다. 모국에 대한 기대와 동경으로 떠난 한국행이었지만 그 사회에서 박철은 동족임에도 불구하고 한국인들과 "민족적" 갈등을 겪게 되며 모국에 대한 환멸을 느끼게 된다.

> 한 종족이되 이제는 도무지 한 무리에 어울려 살아갈 수 없는 야생 이리와 셰퍼드처럼, 같은 액체이지만 한 용기에 부어놓아도 도무지 섞일 수 없는 물과 기름처럼, 박철이는 결코 그들 중의 한 사람이 될 수 없음을 인정해야 했다. (p.206)

한국 사람들이 말하던 중국 조선족이라는 이름을 박철이 자신이 공식적으로 인정한 셈이 된 것이다. 이왕에 중국산이라면 다만 4년이란 시간 동안 한국물로 코딩되었을 뿐 중국산이라면, 정말 중국산답게 중국 브랜드로 살아가야 하지 않을까? 그렇게 박철이는 원천을 찾아, 꿈을 찾아 떠났던 원위치로 다시 돌

아오기를 마침내 결단한 것이다. (p.207)

　"박철"은 축구경기에서는 한국 팀을 응원하지만 정작 "중국산 꽃게에서 또다시 발암물질이 검출"되었다는 한국 뉴스를 볼 때면 분개의 감정이 용솟음치는 것을 느낀다. 그는 자신이 한국인과는 동족이고 동시에 중국인임을 인지하며 자신의 정체성에 대한 고민에 빠지다가 결과적으로 고향으로 돌아가 중국 조선족으로 살기를 택한다. 한국사회에 비치는 조선족에 대한 부정적 이미지와 거부감은 박철에게는 형용할 수 없는 슬픔과 절망, 더 나아가 한국인에 대한 적개심으로 전이된다. 이런 박철의 감정은 탈북여성 선아에게도 고스란히 전달된다. "선아"는 "박철"이에게 있어서 한국인 눈 속의 조선족이 되어버린다. 목숨 걸고 탈북한 "선아"에게 "박철"은 처음에는 연민과 동질감을 느끼다가 만약 어느 순간 "진정한 한국인"이 되는 날이 온다면 그는 자기가 흠모하고 있던 조선족 불법체류자인 "수미"에게 가해자가 될 것이라는 생각에 선아를 거부한다. 이렇게 "박철"은 동족이지만 하나로 어울릴 수 없는 한국인, 조선족, 탈북인 세 부류의 인간들의 연대적인 관계를 통해 민족적 정체성의 갈등을 겪게 되며 그 갈등을 해결하지 못한 채 고향으로 돌아온다. 고향에 와 보니 그의 사촌 남동생은 한족 여성과 결혼하고 농촌 총각으로 결혼하지 못한 친구 놈은 탈북여성과 잠시 살림을 합쳤다가 버림을 받는가 하면 사촌 여동생은 한국 남자의 내연녀로 살면서 경제적으로 보상을 받는 등 주변 모두가 기형적인 삶을 사는 것을 알게 된다. 그뿐만 아니라 마을에는 조선족 음식점이라는 간판을 걸고 한족들이 살판 치며 장사를 해댄다. 조선족사회가 와해되고 붕괴되는 현실에서 "박철"은 힘이 얼마가 들든, 시간이 얼마가 걸리든 물질적, 정신적 투자를 하여 행복한 가정을 꾸려 나가며 고향 땅을 지키려는 미래에 대한 굳은 결의를 다진다.

자기보다 훨씬 앞서 나간 도시에서 아파트를 사고 가게를 사느니, 대신 이 넓은 옥수수밭에서, 혹은 논밭에서, 마을에서, 아니면 이보다 더 궁한 시골구석으로 들어가서 무어라도 시도해보는 건 어떨까? 도시 사람들 앞에서는 도무지 기를 쭈욱 펴고 다닐 수 없었던 박철이지만 이렇게 마을로 돌아올 때면, 아직도 소 수레를 끌고 휘청거리며 가는 한족 농부들을 볼 때면, 장마철의 김치움에 물이 차오르듯 자신감이란 것이 이유도 없이 절로 솟기 때문이다. (p.260)

소설의 제목 〈노마드〉와 걸맞게 "박철"은 생계를 찾아 이곳저곳 다니다가 마지막 종점은 출발점으로 돌아가는 것이었다. 고향을 떠나 한국으로, 다시 고향으로 돌아가는 노정에서 박철은 동족 사이에서 느끼는 이중적 갈등에 대한 해답을 찾고 그 해답에 따라 자신의 앞날을 개척해 나가려 하였다. 이러한 주인공의 미래에 대한 자신감과 열정을 통해 작가는 소설 〈월광무〉에서 찾고자 했던 조선족 공동체의 미래에 대한 대안을 제시하였고 그것은 지극히 희망적이고 가능성이 충분하다고 호소하고 있다. 조선족은 이제 더 이상 목표 없이 떠도는 방랑자로 살아서는 안 된다. 조상들이 힘들게 가꿔온 고향으로 회귀하여 잃었던 어제를 되찾아야 만이 내일을 살 수 있다. 〈월광무〉의 "유"처럼 또다시 지팡살이를 하기 전에, 뼈아팠던 조상들의 역사를 되풀이하기 전에 조선족은 반드시 현실을 정시하고 정확한 대책을 세워 미래를 개척해야 할 것이다.

Ⅳ. 정체성 찾기에 이은 뿌리 내리기

위 소설의 주인공 "박철"이는 방랑의 끝에서 정착점을 찾고 미래의 삶을 개척하기 위해 노력하는 캐릭터였다면 〈세상에 없는 나의 집〉의 주인공 "나"는 "박철"이의 소망을 현실화시키는 인물이라 할 수 있다.

대학교에서 한국어 강사로 일하는 "나"에게는 중국인-한족 여성 "닝"과 한국인 여성 연주라는 벗이 있다. "닝"과 "나", "나"와 "연주"는 자주 마라탕(麻辣燙)을 즐겨 먹는다. 마라탕은 원래 사천성의 대표적 서민 음식으로서 맵고 얼얼한 맛이 그 특색인데 중국인인 "닝"은 대충 맵게, 한국인인 연주는 소마다라(少麻多辣, 얼얼한 맛이 적고 매운맛이 강함을 이르는 말)로, "나"는 그들 중 가장 맵고 가장 얼얼하게 먹는 편이다.

> 나는 닝이 보라는 듯 나의 다마다라식 마라탕 그릇에서 한 젓가락 면발을 크게 감아 입안에 스윽 집어넣었다. 입천장까지 마비시킬 듯 얼얼해지는 산초의 맛과 혓바닥을 찌르는 듯한 매운 고추의 맛이 한데 어우러져서 내 모든 미각 세포들을 바짝 흥분시켰다. -독한 것, 넌 맵지도 않냐? 참 조선족스럽다… (p.12).
> 콧물을 훌쩍거리면서도 열심히 면발을 감아 입에 넣는 연주는 그 환상적인 맛의 지경 속에 푹 빠져서 몹시나 행복해했다. -참, 너도 한국스럽다. 나보다도 먼저 그릇을 비우는 연주를 보고 있자면 나는 그녀 앞에서 닝이 된 것 같은 느낌이었다… (p.18)

마라탕 한 그릇을 먹는 풍격에 따라 각자의 민족적 특성이 돋보이고 있다. 한족 친구는 강렬한 입맛을 가진 "나"를 보며 "조선족스럽다"라고 하고 "나"는 나와 입맛이 비슷한 한국인 친구를 보며 "한국스럽다"라고 한다. 매운맛과 초산맛을 더욱 강하게 조리해서 전신으로 퍼지는 짜릿짜릿한 자극을 받으며 그 속에서 희열을 느끼는 "나"와 "연주"는 입맛이 같다는 점에서 "조선족스럽다"와 "한국스럽다"로 표현되면서 결과적으로는 "한민족스럽다"로 귀결되며 궁극적으로 조선족과 한국인은 같은 민족임을 인정하는 대목이다. 이로써 주인공은 민족적 정체성 문제에서 갈등을 겪고 있는 조선족의 고민과 그 속에서 정체성을 찾고자 하는 노력을 보임을 암시하였다.

연주는 택배 기사가 주소를 확인하는 전화를 걸어올 때마다 한참을 버벅거리다가 나한테 휴대폰을 넘겨주며 투덜댔다. -아 답답해, 룰이루 후통(골목)……이봐, 나도 언니처럼 하잖아. 근데 왜 내 말은 못 알아듣는 거냐고? 닝도 가끔 내게 그런 말을 하곤 했다. 어느 금요일 저녁 우리 집에서 샤부샤부를 해 먹던 날, 위성으로 한국 방송을 보며 그 분위기를 깊이 즐기는 나를 신기하게 바라보면서, 어쨌든 두 나라말을 다 하니 넌 참 좋겠다고 부러워했다. (p.20)

한족 친구에게 있어서 "나"는 한국인과 많이 닮았고 중국어와 한국어를 모두 능숙하게 할 수 있는 부러운 존재라면 한국인 친구에게 "나"는 자신과 같은 민족인데도 자신보다 중국어를 정확하게 구사할 수 있고 특히 중국에서 한족과 스스럼없이 어울리며 화합이 될 수 있는 것이 부러웠다. 한족과 한국인의 입장에서 볼 때 "나"는 그렇게 한국인을 닮은 중국 사람인 것이다. 그러나 정작 "나"는 한족도 한국인도 아닌 중국조선족이다. 그들은 모두 "나"를 부러워했으나 "나"는 오히려 정체성을 지닌 그들이 부러웠다.

그러나 그들이 모르고 있는 것이 하나 있었다. 나는 때로 차라리 그들처럼 한 가지 말만 '제대로' 했으면 좋겠다고 생각한다는 것. 만약 그랬더라면 나는 그 둘 중의 한 사람이 되었을 것이고, 준표의 학교문제 따위를 가지고 머리를 썩힐 일은 절대로 없었을 것이었다. (p.20)

남들의 눈에는 부러움의 대상일 수 있으나 본인은 정작 그러한 이중적 삶보다는 정체성을 갖고 사는 그들이 부러웠고, 때문에 "나"는 조선족으로서 자기 민족 고유의 특성을 지키며 살려고 노력하였다. "나"는 한국인 친구인 "연주"네 딸내미의 "표준 한국어" 억양을 들을 때마다 소위 한국어 선생이라는 자신이 슬그머니 무색해지곤 했고 또래 한국 애들보다는 한국말이 처지고 동갑내기 중국 애들보다는 중국어 표현력이 부족한 아들 "준표"를 보면서 늘 걱정하고는 했다. 하여 장춘 시내에서 집과 가까운 곳에 한족 유치원이 있지만 "나"는 남편의 권고도 무시하고 아들 "준표"를 집과 멀리 떨어져 있는 조선족 유치원에 보내기로 했다. 허울만 조선족이고 정작 생활습관이며 언어며 모든 것이 한족인 아이로 키우고 싶지 않았기 때문이다. 그뿐만 아니라 "나"와 남편의 공동명의 하에 새로 장만한 집의 인테리어 콘셉트를 정하는 과정에서도 "나"는 오로지 조선족 집답게 장식하려고 애를 썼고 끝내는 예스러운 조선족 시골 분위기가 물씬 풍기는 자기만의 집을 완성하였다.

> 나는 연주와 본능적으로 많이, 아주 많이 닮아 있었지만, 같은 배경 속에서 살지 않은, 곧 분화의 위기에 놓인 두 마리의 도룡뇽 같아서 도무지 같은 시각으로 함께 현실을 해석할 수 없었다. 반면 닝과 나는 애초부터 한 배경 속에서 사는 오리와 닭이었다. 우리는 우리의 시대와 배경을 충분히 공감할 수 있었지만, 그럼에도 불구하고 가장 개인적인 습관과 취향을 송두리째 공유할 수는 없었다. 매번 그들과 만나고 돌아올 때면, 나는 어느 누구하고도 같지 않은 나 자신을 더 또렷이 느끼곤 했다… 이도 아니고 저도 아닌 사람이 있을까. 그런 사람이 있다면 그는 바로 '이도 아니고 저도 아닌' 그 자체일 것이다. (p.20)

이 부분은 작가의 내면의 목소리가 그대로 울려 퍼지는 대목이다. 그렇다. 중국에서 사는 조선족들은 비록 같은 나라, 같은 공간에서 사는 한족들과 화합하고 어울리며 살 수는 있지만, 완전히 다른 생활습관과 생활방식 때문에 결국은 하나가 될 수 없다. 반면 생활습관이며 삶의 방식이며 많은 면에서 서로 닮은 한국인들과는 살아온 환경과 공간적, 문화적 차이로 넘을 수 없는 벽 때문에 역시 하나가 될 수 없다. 그렇게 조선족은 한족도, 한국인도 아닌 중국 조선족 그 자체로 모국적 요소와 거주국의 요소를 동시에 지닌 이른바 이중성을 띤 삶

조선족 차세대 학자의 연구 동향과 전망

을 살고 있다. 이중적 삶을 사는 조선족은 모국에서도 거주국에서도 소외의 대
상이다. 사과도 아니고 배도 아닌 사과배처럼 조선족은 그렇게 갈등과 소외 속
에서 자신들의 정체성을 찾고자 노력하였고 오로지 그 자체로서의 삶을 살 방
법을 모색하고 있다.

〈세상에 없는 나의 집〉은 탈경계와 초국가주의의 현대사회에 존재하는 소수
자의 상징으로, 바다의 외로운 섬처럼 다민족 사회에 뿌리내린 민족적 정체성
의 상징으로 커다란 의미를 지니고 있다고 하겠다.

V. 결론

글로벌화 된 현대사회에서 단일민족형태로 존재하는 나라는 더 이상 찾아보
기 힘들다. 탈경계가 트랜드로 자리 잡히고 있는 지금, 세계는 탈민족주의, 초
국가주의가 형성되고 있고 그 속에서 새로운 디아스포라들이 등장하면서 모국
과 거주국, 심지어 그 주변 국가들 사이에서 자못 중요한 역할을 수행하고 있
다. 이주 역사와 함께 시작된 조선족 디아스포라 문제는 오랜 시간 동안 풀어내
야 할 숙제였고 수많은 작가와 연구가들의 관심사로서 그에 관한 연구는 지금
도 진행 중이다.

김금희 작가 역시 늘 조선족의 정체성 문제에 대해 고민하고 그것을 고스란
히 작품으로 승화시킨 조선족 여성 작가로서 때로는 여성 특유의 섬세한 감각
으로, 때로는 거침없는 필치로 조선족사회에 존재하는 문제들을 짚어냈고 그
해결방법을 모색하기 위해 노력하였다. 본고에서는 모두 세 개 장절로 나누어
김금희의 소설집 『세상에 없는 나의 집』에 실린 〈월광무〉, 〈노마드〉, 〈세상에

없는 나의 집〉 등 세 작품에 공동으로 나타난 조선족 공동체의 노마드적 삶에 대해 분석해 보았고 이를 통해 작가가 표출하고자 했던 내심 세계를 알아보고 그 목소리를 들어보았다.

김금희는 작품 〈월광무〉를 통해 목적성 없는 조선족들의 방랑 생활을 비판적인 시각으로 풀이하고 있다. 고향을 떠나 국내 타지-한족 집거지를 돌아다니며 돈만 좇아 방랑하는 주인공 "유"는 이름 그대로 종착점이 없이 부평초 같은 일상을 살다가 결국엔 귀향길에 오른다. 그러나 그 귀향길은 회귀의식에 의한 자발적인 귀향이 아닌 인생의 벼랑 끝에서 고향 마을의 한족 친구에게 마지막 구걸을 위한 귀향이었다. 김금희는 조선족들의 이러한 목적성 없는 방랑 생활을 비판하면서 회귀의식이 없는 방랑 생활은 결과적으로 파멸을 불러올 수밖에 없다는 관점을 작품을 통해 표출하였고 이러한 현상은 궁극적으로 민족의 위기를 초래할 수 있다는 강한 경종을 울리고 있다. 동시에 그는 이러한 민족공동체에 존재하는 문제를 정확하게 직시하고, 보다 희망적인 미래를 위한 해결책을 모색하였으며 작품 〈노마드〉를 통해 그 해답을 제시하였다.

〈노마드〉의 주인공 "박철"은 희망을 품고 모국으로 돈벌이를 떠났다가 그곳에서 역서 소외와 멸시를 당하면서 삶에 대한 고민 끝에 고향 마을의 건설에 자신을 이바지하려는 목적으로 귀향길에 오르는 인물이다. 비록 "박철" 역시 돈을 위해 고향을 떠나지만, 그 출발점에는 이미 언젠가는 고향으로 돌아와 부모님을 모시고 안정적인 가정을 꾸리려는 회귀의식과 목적의식이 깔려있었다. 작가는 "박철"이라는 인물을 통해 조선족들의 노마드적 삶의 전제에는 반드시 목적성과 회귀의식이 있어야 함을 강조하였고 그것만이 민족공동체의 희망적인 미래를 위한 해결책임을 제시하고 있다. 〈월광무〉의 "유"는 중국 국내 한족 집거지를 돌아다니며 〈노마드〉의 "박철"은 모국에서 멸시와 소외를 당하다가 귀향하는 인물로서 작가는 모국과 거주국 모두에서 소외당하는 조선족들의 처지를 두 인물을 통해 형상화하였다. 이러한 현실 속에서 작가는 작품 〈세상에 없는 나의 집〉을 통해 이중적인 삶을 사는 조선족으로서 그 자체 만으로의 삶을 살아가야 한다는 메시지를 던지고 있다.

〈세상에 없는 나의 집〉의 주인공인 "나"는 한족 집거지인 대도시 장춘에서 사는 조선족으로서 한족 친구와 한국인 친구 사이에서 정체성 문제로 갈등하고 고민하는 인물이다. 한족 친구는 한국어를 잘하는 "나"를 부러워했고 한국인 친구는 중국에서 한족들과 화합하고 어울리며 토착민처럼 사는 "나"를 부러워했다. 그러나 "나"는 정작 정체성을 갖고 살아가는 그들을 부러워하는 디아스포라이다. 민족적 정체성에 대한 갈등 속에서 고민하던 주인공은 끝내는 조선족 그 자체로만의 삶을 사는 것이 가장 바람직한 삶이라는 메시지를 던지면서 뿌리를 내리고 정착지에서 자민족의 정체성을 갖고 본 민족답게 살아가야 한다고 주장하고 있다.

이처럼 김금희는 예리한 시각으로 조선족 공동체의 현실을 직시하고 그 속에 존재하는 문제를 거침없이 폭로하면서 그것을 해결하기 위한 해결책에 대해서도 과감하게 제시하였다. 한족들의 우매한 삶과 사고방식을 비판하고 폭로했던 기타 작가들의 작품들, 모국과 거주국에서 멸시와 소외만 당하다 비참한 결말을 맞이하는 조선족들의 삶을 다룬 작품들도 좋지만 이제 더 이상 현실에 대한 폭로에만 그치지 말고 해결책을 모색하고 길을 찾아야 할 때가 되었다. 발 빠르게 변화하는 이 사회에서 진정 성공한 노마드로 거듭나기 위한 노력을 해야 할 것이다.

현재 이 시각에도 쉼 없이 민족문제를 다룬 작품들을 쏟아내고 있는 김금희는 중국조선족 문단에서 굵은 목소리를 내는 현직 작가이며 조선족 문학을 연구하는 연구가들의 주목을 받는 작가로서 앞으로 그의 행보와 작품들에 기대해본다.

참고문헌

1. 자료

김금희. 2015.『세상에 없는 나의 집』. 서울: 창비.

김금희. 2011. "영원에서 떠나 영원으로 가다"『두만강』. 연길: 연변소설가학회.

2. 단행본

김관웅. 호웅. 조성일. 2011~2012.『중국조선족문학통사』(상, 하). 연길: 연변인민출판사.

김호웅. 2014.『문학평론집-디아스포라의 시학』. 연길: 연변인민출판사

김관웅. 2015.『세계문학의 거울에 비춰본 중국조선족 문학 3』. 연길: 연변인민출판사.

권철, 조성일. 1990.『중국조선족문학사』. 연길: 연변인민출판사.

오상순. 2007.『중국조선족문학사』. 북경: 민족출판사,

윤인진. 2008.『코리안 디아스포라-재외한인의 이주, 적용, 정체성』. 서울: 고려대학교
출판부.

3. 논문

김호웅, 김관웅. 2012. "전환기 조선족사회와 문학의 새로운 풍경."『한중인문학연구』
37: 35-55.

박정희. 2009. "탈민족주의 시대, 신노마드의 모험 그리고 남긴 이야기들."『독일어문학』
69-88.

최삼룡. 2012. "조선족 소설 속의 한국과 한국인."『한중 인문학연구』37: 57-84.

최병우. 2012. "한중수교 이후 조선족 소설에 나타난 삶과 의식."『한중 인문학연구』
37: 107-128.

서령. 2015. "중국조선족 소설 연구-조선족 정체성 변천을 중심으로." 인하대학교 박사
학위 논문.

이광재. 2013. "비교문학적 시점에서의 중국조선족 문학."『한중 인문학연구』39: 385-402.

조선족 차세대 학자의 연구 동향과 전망

오상순. 2006. "이중 정체성의 갈등과 문학적 형상화."『현대문학의 연구』29(0): 37-69.

장윤수. 2011. "코리안 디아스포라 문학의 정체성 연구."『재외한인연구』25: 7-40.

朴美兰(박미란). 2012. "朝鮮族人口变迁对民族传统文化发展的影响—以延边朝鲜族自治州为例. (조선족 인구변동이 민족전통문화 발전에 미치는 영향—연변조선족자치주를 실례로)"『延边大学学报(연변대학학보)』2: 93-139.

제2부

언어학

제3장

중국어 부사 '还'의 한국어 대응표현 연구*
-중한 구어 병렬말뭉치를 중심으로-

심란희

Ⅰ. 서론

본고는 고빈도¹ 중국어 부사 '还'의 한국어 대응표현을 살펴봄으로써 중국인을 위한 한국어교육과 한국인을 위한 중국어교육을 위해 기초자료를 제시하는 것을 목적으로 한다. '还'는 여러 가지 의미가 있을 뿐만 아니라 화자의 주관적 태도를 나타내는 어기(语气) 부사²로서의 역할을 하면서 구어에서 특히 다양한 사용양상을 보인다. 중한사전의 기술을 보아도 한국어 표현과의 대응 양상이 복잡함을 알 수 있다. '还'의 이러한 특성은 중국어를 학습하는 외국인뿐만

---

* 본 연구는 KCI 등재 학술지 『언어사실과 관점』 36호에 발표한 「중국어 부사 "还"의 한국어 대응 표현 연구」를 일부 수정한 것임.

1 『現代汉语频率词典(현대한어빈도사전)(1986:137)』에 의하면 '还'는 현대중국어에서 다섯 번째 고빈도 부사이다.

2 어기 부사는 어기를 나타내는 부사를 가리키는데 '어기'는 중국어학계에서 쓰는 용어로 행위 또는 사건에 대한 화자의 생각과 태도를 가리킨다.

아니라 중국인 학습자의 외국어 습득에도 어려움으로 작용한다. 중국어 모어 화자는 특별한 사고와 선택의 과정을 거치지 않고 다양한 상황에서 부사 '还'를 서로 다른 기능으로 사용한다. 하지만 이는 목표어에서 상황에 따라 각각의 다른 표현으로 나타나면서 학습자는 학습과 사용에서 혼란과 어려움을 겪게 된다. 그 어려움이 꼭 오류로 이어지진 않지만 '还'의 대응어 사용을 회피하거나 모국어에서 '还'를 통해 표현되는 뉘앙스를 목표어에서 충분히 표현하지 못함으로써 의사소통에 영향을 주게 된다. 때문에 '还'와 그 대응표현에 관한 대조 연구는 중국어 학습자와 다른 언어를 목표어로 하는 중국인 학습자를 대상으로 한 어휘 교육을 위하여 모두 필요한 작업이다.

본고는 한국어교육의 측면에서 중-한 구어 병렬말뭉치를 통해[3] 중국어 부사 '还'의 의미 기능별 사용양상과 그에 대응되는 한국어 표현을 살펴보고자 한다. 이를 위해 중국어 드라마의 원어 및 한국어 번역 대본, 한국어 소설의 원문 및 중국어 번역문에서 '还'의 용례를 추출하여 병렬말뭉치를 구성한 후 '还'의 한국어 대응표현에 대하여 분석하겠다.[4]

II. 선행 연구 및 사전 기술

1. 선행 연구

지금까지 중국어 부사 '还'에 대한 연구를 살펴보면 의미에 관한 연구가 주

---

3   구어 자료를 연구대상으로 하는 이유는 '还'의 어기 부사로서 사용양상이 구어 자료에서 더 잘 나타날 것으로 판단하였기 때문이며 문어 자료에 대한 분석은 추후의 연구과제로 삼겠다.

4   추출 및 분석에 사용한 도구는 Editplus (텍스트 편집기)와 Excel이다.

를 이룬다. 그 외 '还'가 쓰인 특정 문형, 학습자 오류분석, 기타 유의어와의 비교 연구가 일부 이루어졌으나 기타 언어와의 대조연구는 아직 찾아볼 수 없다.

　의미에 관한 논의는 주로 '还'의 기본 의미 및 기본 의미로부터 다양한 의미로의 분화 과정, 어기 의미 등에 대하여 다루고 있다. '还'의 기본 의미에 대하여 예쟈오디(2006)는 '지속', '추가' 및 '논리적으로 상반되는 의미를 나타내는 것' 등 세 가지를 제시하였고, 챠오리칭(2006)은 '시간적인 연결' 혹은 '일찍이'의 의미, '논리적으로 사리에 맞지 않음'의 의미, '중복'과 '지속'의 의미 등 세 가지를 제시하였으며, 탕민(2003)은 '대조'와 '중복' 두 가지를 제시하고 '중복' 의미를 다시 '지속'과 '추가'로, '대조' 의미를 다시 '주관 평가'와 '어기를 나타내는 것'으로 나누었다. 이들 주장을 비교하여 종합하면 〈표 1〉과 같다.

〈표 1〉 기본 의미 관련 주장 비교

예쟈오디(2006)	챠오리칭(2006)	탕민(2003)
지속	지속	지속, 중복
추가		추가
논리적으로 상반되는 의미	'논리적으로 사리에 맞지 않음'의 의미	대조
	'시간적인 연결' 혹은 '일찍이'의 의미	

　여기에서 예쟈오디(2006)의 '논리적으로 상반되는', 챠오리칭(2006)의 '논리적으로 사리에 맞지 않음', 그리고 탕민(2003)의 '대조'는 같은 의미로 볼 수 있다. 따라서 '지속, 추가, 대조' 등 세 가지 의미에 대해서는 세 논의가 일치된 주장을 보인다고 할 수 있다.

　어기 의미에 관하여는 아직 여러 가지 주장들이 혼재하여 있는데 쉬펑보·쉬펑펑(2009)에서는 '당연히 그러함', '관례에 부합되지 않음', '불합리함' 등을 제시하였고, 챠오리칭(2006)에서는 '반문, 확인, 깊이 따짐, 강조, 감탄, 명령, 독촉, 풍자, 부정, 질책, 불만' 등 다양한 어기 의미를 제시하였다.

본고는 '还'의 한국어 대응표현 고찰을 주목적으로 하므로 의미 분류에 관해서는 논외로 하고 사전 및 선행 연구에서 제시한 의미 항목을 기준으로 하여 사용 빈도와 한국어 대응표현의 실현 양상을 살펴보겠다.

2. 사전 기술

대표적인 중국어 사전 및 문법서[5]에서의 '还'에 대한 의미 기술을 살펴보면 아래와 같다. 비교와 기술의 편의를 위하여 유사하게 기술된 의미를 같은 행으로 제시하고 공통으로 나타내는 부분을 '의미 항목'이라는 이름으로 두 번째 열에 제시하였으며 각 사전에서의 의미 번호를 그대로 제시하였다.[6]

〈표 2〉 중국어 사전 및 문법서에서의 의미 기술

의미 항목		현대한어사전	현대한어대사전	실용현대한어어법
1	지속 중복	①현상의 지속적인 존재 혹은 동작의 계속적인 진행	①현상의 지속적인 존재 혹은 동작의 계속적인 진행 ③중복	①행위 동작의 지속적인 진행, 상황이 지속하여 존재함

---

5 중국사회과학원 언어연구소(2002), 『现代汉语词典(현대한어사전)』 제3판, 商务印书馆
   뤼수샹, 딩성수(2012), 『现代汉语大词典 下(현대한어대사전 하권)』, 商务印书馆
   류웨화 외(2005), 『실용현대한어어법 상』, 송산출판사, 김현철 외 역.

6 『현대한어사전』과 『현대한어대사전』의 기술은 중국어로 된 것을 연구자가 번역하여 제시하였으며 '의미 항목'에서 사용한 용어들은 『실용현대한어어법』의 한국어 기술을 참고로 하여 만든 것이다. 의미 항목의 순서는 세 사전에서 일치를 보이는 순서를 기본으로 하여 제시하였다.

의미 항목		현대한어사전	현대한어대사전	실용현대한어어법
2	추가	②일정한 정도에서 더 증가하거나 특정 범위 외에 더 추가할 것이 있음	⑤종류, 수량의 증가나 범위의 확대 ⑨진일보하였음	②제기한 상황 이외에 더 보충할 것이 있음
3	정도의 심화		④정도를 나타냄. '更', '更加'(더)과 같음	③정도와 수량 면에서 진일보했음[7]
4	그런대로 만족	③형용사 앞에 쓰여 그럭저럭 괜찮음을 나타냄	⑥그런대로 괜찮음	④'勉强(간신히)'의 의미
5	양보	④앞 절에 쓰여 배경을 제시하고 뒷 절에서 추론하며 보통 반문의 어기를 가짐	⑦'尚且(…조차 …한데)'의 의미.	⑤'尚且(…조차 …한데)'의 의미. 복문의 앞 절에 쓰여 양보의 상황을 제기하고 뒷절에서 진일보하여 추론한 결과를 나타냄
6	의외	⑤예상 밖이거나 의외임을 나타냄	⑩어떠한 사물이 예상 밖이거나 의외임.	⑦a.의외의 감정을 나타냄
7	일찍이	⑥일찍이 그러했음을 나타냄	②시간을 나타냄. '已经', '已'(이미, 벌써)의 의미	⑥시간이 오래되었음
8	반문		⑪a.반문을 나타냄	⑦b.반문 의문문에 쓰여 어기를 강조
9	불만		⑪b.반문 문장에 쓰여 질책, 추궁의 어기를 가지기도 함	⑦c.명실상부함을 표시하며 반드시 그러해야 함을 나타냄. 책망이나 풍자의 의미를 가짐
10	한정		⑧수량이 적거나 시간이 안 되는 등 일정한 범위에 한정됨.	

〈표 2〉를 보면 세 사전은 각각 6개, 11개, 7개 의미를 기술하고 있으며 『현대한어대사전』과 『실용현대한어어법』은 『현대한어사전』에 비해 의미를 세분화하였으며, 『현대한어사전』의 경우 '반문', '불만' 등 어기를 나타내는 의미 항목에

---

7 의미 기술만 보면 『현대한어대사전』의 뜻⑨와 같은 것으로 보이나 제시한 용례를 보면 비교를 통해 정도의 차이를 나타내는 의미임을 확인할 수 있다.

관해서는 기술하지 않고 있다. 세 사전에서 모두 제시하고 있는 의미는 '지속 및 중복', '추가', '그런대로 만족', '양보', '의외', '일찍이' 등 여섯 가지이다. 『현대한어대사전』은 기타 두 사전과 달리 '지속'과 '중복'의 의미를 나누어 제시하고 있다. 이외 『현대한어대사전』에서는 또 두 사전에 없는 '진일보'와 '한정'의 의미를 제시하고 있는데 '진일보'의 경우 '추가'의 의미를 세분화한 것으로 보인다. 『현대한어대사전』은 어기 의미 중 '반문'과 '불만'을 같은 항목에서 제시하고 있으며, 『실용현대한어어법』은 '의외', '반문', '불만' 등 세 가지 어기 의미를 한 의미의 세부 항목으로 처리하고 있다.

다음은 중한사전[8]에서의 의미 기술 및 대응어 제시 양상이다.

<표 3> 중한사전에서의 의미 기술

대표 의미		현대중한대사전	중한사전	엣센스중한사전
1	지속 중복	①아직 ②그냥, 여전히, 계속	①아직, 아직도, 여전히	①아직. 아직도 ⑨그럼에도 불구하고, 여전히, 아직도
2	추가	③또	③또, 더 ④…뿐만 아니라 …도	⑧더, 아직, 또
3	정도의 심화	④더, 더욱	②더, 더욱	⑩더, 한층, 더욱
4	그런대 로 만족	⑤그래도, 그만하면 ⑧비교적	⑤그만하면, 그런대로, 꽤, 비교적	②그만하면, 그런대로
5	양보	⑥조차, 까지도	⑥조차, 까지도	⑪조차, 까지도

8   홍만식(1989), 『현대중한대사전』, 한얼.
    고려대학교민족문화연구원(2005), 『현대중한사전』, 고려대학교민족문화연구원.
    이용묵(2009), 『엣센스중한사전』 제3판, 민중서림.

대표 의미		현대중한대사전	중한사전	엣센스중한사전
6	의외		⑦의외라는 어감을 더욱 두드러지게 함	④어쩌면(의외의 기분을 나타냄) ⑬어떤 사물에 대하여 의외의 어감을 나타냄
7	일찍이		⑧일찍이, 벌써, 이미	⑭벌써, 이미, 일찍이
8	반문			⑦(반어적으로) 어째서, … 은커녕
9[9]				⑤…도 ⑥…했댔자, …한들

　세 사전은 각각 7개, 8개, 13개 항목으로 대응어를 제시하고 있으며, 세 사전에서 모두 제시하고 있는 의미는 '지속 및 중복', '추가', '정도의 심화', '그런대로 만족', '양보' 등 다섯 가지이다. 이렇게 볼 때 중국어 사전과 중한사전에서 모두 기술하고 있는 의미 항목은 '지속 및 중복', '추가', '그런대로 만족' 등 세 가지뿐이다. '반문', '불만' 두 의미에 대해서는 『엣센스중한사전』 이외 기타 두 사전에는 제시하지 않고 있는데 이는 이 부분이 어기를 나타내는 의미이므로 한국어에서 대응어를 찾기 쉽지 않은 것도 하나의 이유일 수 있다. 전체적으로 보면 『엣센스중한사전』이 의미를 가장 세분화하였으며 다양한 어기 의미를 제시하고 있으며, 이에 비해 『현대중한대사전』은 어기 의미를 거의 제시하지 않고 있다. 의미 항목별로 살펴보면 『현대중한대사전』은 '지속'의 의미를 '아직'과 '그냥, 여전히, 계속'을 두 가지로 구분하여 제시하였는데, 예문을 보면 '행위나

9　이 두 의미 대해 『엣센스중한사전』은 다음과 같이 대응어와 예문을 제시하고 있으나 의미에 대한 기타 설명이 없으므로 자리를 비워두었다.
　　⑤ …도, 我还想去呢! 나도 가고 싶은데!
　　⑥ …했댔자, …한들, 捐了钱还叫人家白白的吃了去! 돈을 기부했댔자 다른 사람한테 감쪽같이 떼먹히고 만다!

현상이 지속되는 것'과 '행위나 현상이 발생하지 않은 상태가 지속되는 것'을 구분한 것으로 보인다. 하지만 별도의 설명이 없으므로 대응어만 보면 어떤 차이인지 알기 어렵다. 『중한사전』은 『현대한어사전』과 마찬가지로 '추가'의 의미와 '진일보'의 의미를 구분하여 각각 '또, 더'와 '…뿐만 아니라 …도'로 제시하고 있다. 이러한 서로 다른 제시 방법 중 어떤 것이 합리적인가에 대해서는 3장의 분석을 통해 살펴보도록 하겠다. 이 외 세 사전에서 모두 '결국, 역시, 과연' 등의 의미를 기술하고 있지만, 예문을 보면 '还'가 아닌 '还是'의 의미임을 확인할 수 있는데 이는 부사 '还'와 동사 '是(-이다)'의 결합이 아닌, 다른 하나의 부사이므로 본고의 연구대상이 아니기에 〈표 3〉에서 배제하였다.

Ⅲ. '还'의 의미 항목별 대응표현

'还'의 한국어 대응표현 고찰을 위하여 본고는 중한 구어병렬말뭉치를 사용하여 '还'와 그 대응표현에 대하여 분석하고자 한다. 그러나 아직 공식적으로 구축, 배포된 구어 병렬말뭉치가 없기 때문에 본고는 준구어로 볼 수 있는 드라마 대본과 소설 속 대화 부분을 사용하였으며 번역의 정확성을 위하여 한국의 TV 채널에서 방영한 드라마와 중국에서 번역 출간된 한국어 소설[10]을 선택하였다. 구체적인 자료구성은 다음과 같다.

---

10 본고에서 사용한 자료는 자연발화가 아닌 작가에 의해 쓰인 준구어라는 점과 역자에 의한 번역문이라는 한계를 지닌다. 번역문의 한계를 어느 정도 보완하기 위하여 원어가 중국어인 것과 한국어인 자료를 모두 포함하였다.

⟨표 4⟩ 연구 자료의 구성 정보

작품명	원작 발행지 및 연도	번역기관 및 연도	총 횟수	말뭉치 구성부분	글자 수[11]
아빠만세 (一家之主)	중국/2002	하오TV	20회	1~10회	65489자
명일영웅 (明日英雄)	대만/2002	하오TV	10회	1~10회	78904자
국화꽃향기 (菊花香)	김하인(한국)/2009	荀寿潇	286쪽	대화 부분	52092자

용례를 추출함에 있어서 우선 텍스트편집기 Editplus를 사용하여 '还'가 사용된 문장을 추출한 후 수동으로 본고의 연구대상이 아닌 동형이의어를 제외했다.[12] 그 결과 세 가지 자료에서 '还'의 용례는 각각(⟨표 4⟩의 순서대로) 213개, 194개, 140개로 총 547개가 추출되었다.[13] 아래 547개의 용례를 가지고 사전에서 제시한 의미 항목의 순서대로 한국어 대응표현에 대한 분석을 진행하겠다.

1. '지속' 및 '중복'의 의미

'还'가 '지속'의 의미로 쓰인 용례는 166개로 30.35%를 차지했고 '중복'의 의미로 쓰인 용례는 10개로 1.83%를 차지했다. 대부분의 선행 연구와 사전에서 '지속'과 '중복'을 하나의 의미 항목으로 분류하고 있지만, 한국어 대응표현은 다른 양상을 보였다. '지속'의 경우 주로 '아직', '아직도'에 대응되었고, '중

---

11 중국어의 경우 띄어쓰기가 없기에 어절 수가 아닌 문자 수로 계량하는 것이 일반적이다.

12 수동으로 제외한 단어들은 다음과 같다.
   - '돌려주다', '갚다'의 의미를 가진 동형이의어 '还(환)'
   - 부사 '还'와 동사 '是(-이다)' 및 '有(있다)' 동사의 결합과 같은 형태를 가진 단어 '还是'와 '还有'

13 본고는 '还'의 빈도를 밝히는 연구가 아니므로 전체 어절에서 차지하는 비율 등은 논외로 하고 용례를 대상으로 의미 항목 및 대응어에 대해서만 분석한다.

복'의 경우는 주로 부사 '또'에 대응되었다. 따라서 본 절에서는 '지속'과 '중복'을 각각의 의미 항목으로 기술하겠다.

1) '지속'의 의미

'还'가 '지속'의 의미로 쓰일 때 한국어 대응표현은 〈표 5〉와 같다.

〈표 5〉 '지속'을 나타낼 때의 대응표현

대응표현	빈도	비율(%)
아직	43	25.9
아직도	18	10.84
아직은	1	0.6
여전히	2	1.2
도	2	1.2
더	2	1.2
기타[14]	3	1.8
유표지 합계		43.37
미(未)번역	25	15.06
무표지	70	41.56
합계	166	100

〈표 5〉에서 '미번역'으로 제시한 것은 용례에서 '还'가 쓰인 부분 전체가 번역되지 않았거나 아예 다른 문장으로 나타난 경우이며[15] '무표지'는 번역문에

---

14   '계속', '지금도', '-까지'가 각각 1회씩 나타났다.

15   다음은 '미번역'으로 분류한 용례이다. '나'는 자료의 번역문이고 '다'는 연구자가 직역한 것이다.
예) 가. 我都已经快听不到了, 你们还在製造噪音°
나. 안 그래도 시끄럽단 말이야.
다. 난 이미 안 들릴 지경인데 너희들은 아직도 소음을 내다니.
'미번역'에는 '还'가 어휘적 의미가 아닌 화자의 태도를 나타낼 경우 번역자가 담화 맥락에 근거

'还'에 대응하는 표현이 없는 경우이다.[16] 이렇게 볼 때 대응표현이 있는 경우와 없는 경우는 거의 비슷한 비율을 차지하고 있다. 대응표현으로는 부사 '아직'이나 '아직'과 보조사 '도'가 결합한 부사어 '아직도'가 37.35%로 가장 큰 비율을 차지한다.

아래 '还'와 '아직'의 대응 양상을 '아직'의 의미 항목별로 살펴보겠다. 본고는 한국어 대응표현의 의미를 제시함에 있어서 실질형태소의 경우에는 『연세한국어사전』, 문법형태소의 경우 『외국인을 위한 한국어문법 2』[17]를 기준으로 하였는데 이는 이들이 의미 기술 및 분류가 학습자용으로 적합하기 때문이다.[18]

『연세한국어사전』에서는 '아직'의 의미를 네 가지로 제시하고 있는데 이 중 의미 항목 ②③④에 대응하는 '还'의 용례가 본고의 자료에서 발견되었다.

> ② [주로 시간을 나타내는 말과 함께 쓰이어] (어떤 때)가 미처 되지 못하여 (뒤에 긍정형의 문장이 옴)

하여 다른 표현으로 대체하여 표현한 것들이 포함된다. 그러나 일부 번역 오류와 부적절한 번역도 배제할 수 없다.

16 다음은 '무표지'로 분류한 용례이다. '나'는 각 단어에 대한 번역이고 '다'는 자료의 번역문이다.
   예) 가. 这么　晚还不走?
   　　나. 이렇게 늦다 안 가다
   　　다. 늦었는데 안 가요?

17 연세대학교 언어정보개발연구원(2006), 『연세한국어사전』, 두산동아
   국립국어원(2005), 『외국인을 위한 한국어 문법 2』, 커뮤니케이션북스
   의미를 제시할 때 이 두 책의 의미 항목 번호를 그대로 제시하였다.

18 의미를 제시할 때 출처를 별도로 밝히지 않은 경우는 모두 이 두 논저에서 인용한 것이다.

(1) 但是距离展览会还有两天的时间。

　　대회는 <u>아직</u> 이틀 남았으니…　　　　　　　　-〈명¹⁹1〉

③ (어떤 행동이나 상태가) 지금까지 (이루어지지 않아) (뒤에 부정형의 문장이 옴)

(2) A: 小江呢?　　　　　소강은?

　　B: <u>还没</u>回来。　　　<u>아직</u> 안 왔어요?　　　　　-〈아1〉

④ (어떤 상태나 행동이) 변함없이 지금도 (뒤에 긍정형의 문장이 옴)

(3) 课长, 你<u>还</u>在讲电话?　　아직도 전화하세요?　　　　-〈명1〉

　　의미①[주로 시간을 나타내는 말과 함께 쓰이어] (어떤 때)가 미처 되지 못하여 (뒤에 부정형의 문장이 옴)]에 대응되는 용례는 발견되지 않았는데 이는 본고에서 사용한 자료 양의 제한으로 보이며 이러한 용례는 다음 (4)를 통해 확인할 수 있다.

　　(4) 我们饭店开业<u>还</u>不到几个月。

　　　　우리 식당은 개업한 지 <u>아직</u> 몇 달 되지 않았다.

　　　　　　　　　　　　　　-〈중국 흑룡강조선민족출판사 중한사전〉

　　이렇게 볼 때 '还'는 한국어 부사 '아직'의 의미 항목 ①②③④에 다 대응됨을 알 수 있다. 따라서 '행위나 현상이 지속되는 것'과 '행위나 현상이 발생하지 않은 상태가 지속되는 것' 두 가지 의미를 구분하여 대응어를 제시하는 것은 의미가 없다.

19　지면의 제한으로 인하여 예문의 출처는 드라마 이름의 첫 글자와 횟수로 표기한다. 즉 〈명1〉은 명일영웅 1회를 뜻한다.

하지만 '还'와 '아직'이 서로 다른 사용양상을 보이는 경우도 존재한다. '아직'의 뜻③을 보면 '어떤 행동이나 상태가 이루어지지 않은' 시간 기준이 '지금'인데 반해, '还'는 기준이 되는 시점이 과거나 미래가 될 수도 있다.

(5) ㄱ. 那个时候他还没起甚么疑心。

　　　그때만 해도 (*아직) 의심하지 않았는데.　　　　　　-〈아2〉

　　ㄴ. 要是到时候乐源还不到的话, 你就代他上台领奖。

　　　(만약 그때까지) 낙원이 (*아직) 안 나타나면 자네가 수상을 하게.

　　　　　　　　　　　　　　　　　　　　　　　　　-〈아1〉

(5ㄱ)은 과거, (5ㄴ)은 미래의 한 시점을 기준점으로 하여 행동이 이루어지지 않았음을 표현하고 있는 용례이다. 이 경우 중국어에는 '还'가 쓰였지만, 한국어에서는 무표지로 실현되었으며 '아직'을 쓰면 비문이 된다.

'还'는 또 '아직'과 '아직도'에 모두 대응되는데 '아직도'는 '아직'을 강조한 말로 화자의 태도를 더 강하게 표현하는 역할을 하는 것이 일반적이나 이 두 가지를 바꿔 쓸 수 없는 경우도 존재한다. 다음 용례(6)에서 '아직도' 대신 '아직'을 쓰면 어색한 문장이 된다.

(6) ㄱ. 你看, 还在狡辩这孩子。

　　　<u>아직도</u> 궤변을 늘어놓니?　　　　　　　　　　-〈아8〉

　　　<u>아직</u> 궤변을 늘어놓니?

　　ㄴ. 来不及你还在扯这些?

　　　바빠 죽겠는데 <u>아직도</u> 헛소리야?　　　　　　　-〈명2〉

　　　바빠 죽겠는데 <u>아직</u> 헛소리야?

이처럼 대답이 필요한 질문이 아니라 책망의 기능을 하는 의문문에 쓰일 경우 '아직'의 사용은 부적절한 것으로 보인다. '아직'과 '아직도'를 바꾸어 쓸 수 있는 경우는 보조사 '도'에 의해 화자의 태도의 차이가 표현되지만, 중국어에는 이러한 차이를 나타낼 수 있는 '조사'와 같은 요소가 없기 때문에 발화의 강약에 의해 구분된다. 즉 '还'에 강세를 두어 발화할 경우 '아직도'가 더 적절하다고 볼 수 있다.

다음 (7)에서 '还'가 부사 '더'에 대응된다. 그러나 '아직'의 경우처럼 '더'의 모든 의미에 다 대응하는 것이 아니라 여러 의미 중 '계속하여, 거듭하여'[20]의 의미 항목에 대응된다.

(7) 还要不要吃? 더 먹을래요?   -〈명6〉

이 외 나타난 위치를 볼 때 '还'에 대응된다고 보긴 어렵지만 '还'로 인한 뉘앙스가 한국어 문장에서는 다른 위치에서 기타 표현에 의해 간접적으로 나타나는 경우도 있다.

(8) 故事还没讲完子俊就睡着了。
    끝나기도 전에 잠이 들었어.   -〈아8〉

(8)에서는 화자가 잠이 들기에 충분한 시간이 지나지 않았다고 생각하고 있

---

20 한글학회(1992), 『우리말 큰사전』의 의미 기술이다. 기타 사전에서는 이 의미를 제시하지 않고 있다. 용례만 보면 '먹던 것을 계속하여 먹는 것'인지 '다 먹고 중복하여 또 먹는 것'인지 알 수 없으나 대본의 상황을 확인한 결과 지속의 의미로 쓰인 것이었다.

으며 잠이 든 것이 비합리적이라고 여기는 태도가 보조사 '도(가장 가능성이 희박하다고 생각되는 것까지 포함됨을 나타내어)'에 의하여 표현되었다.

본고의 용례에서는 대응표지가 없는 경우가 많이 나타났는데 아래 (9), (10) 이 그러한 예이다.

(9) ㄱ. 你还没做怎么就知道自己不行呢?
　　　해보지도 않고 어떻게 아니?　　　　　　　　　　-〈아2〉
　　ㄴ. A: 这什么颜色?　　이건 무슨 색이지?
　　　　B: 这…这是…　　이… 이건…
　　　　A: 错!　　　　　틀렸어!
　　　　B: 我还没说耶。　대답 안 했는데요.　　　　　-〈명4〉

(9)와 같이 행동이나 상태가 아직 발생하지 않은 것을 표현할 때 한국어에서 대응표지가 없이 실현된 경우가 많다. 중국어 원문이 '还' 즉 행동이나 상태가 발생하지 않은 것을 강조하여 발화한 것이 아니라면 한국어에서는 '아직'이 쓰이지 않아도 자연스러운 대응문이라고 할 수 있다.

(10) ㄱ. 景泰南, 还认得我吗?
　　　　경태남, 나 알아보겠어?　　　　　　　　　-〈아9〉
　　ㄴ. 美清, 你还记得不记得一个叫刘国荣的人?
　　　　미청, 유국영 기억해?　　　　　　　　　-〈아1〉

(10)에서 '还'는 여전히 '기억하고 있는지', '알아볼 수 있는지'를 물어보는 것으로 '지속'의 의미로 쓰였는데 중국어에서는 이 경우 '还'가 쓰이는 것이 보편적이지만 한국어에서는 '여전히', '아직도' 등의 어휘가 쓰이지 않는 것이 보

편적이다.

2) '중복'의 의미

'还'가 '중복'의 의미로 쓰인 용례는 10개로 제한적으로 나타났는데 대응표
지가 없는 경우는 없었으며, 10개 중 9개가 부사 '또'에 대응되었고 부사 '다시'
에 대응된 용례가 하나로 나타났다.

> (11) 还敢不敢出卖13课?
> (13팀) 또 배반할 거야?　　　　　　　　　　　　-〈명9〉
> (12) 我们以后还来这里, 好不好?
> 우리 나중에 여기 다시 와 보자.　　　　　　　　-〈국〉

(11)에서는 부사 '또'에, (12)에서는 부사 '다시'에 대응되었는데 '또' 이 두
단어 역시 여러 가지 의미가 있는 부사로 '중복'의 '还'에 대응되는 것은 '또$_1$(어
떠한 행동이나 사실이 거듭함을 나타냄)'[21]와 '다시$_1$(반복해서)'이다.

2. '추가'의 의미

'还'가 '추가'의 의미, 즉 항목, 수량이 증가하거나 범위가 확대됨을 나타낸
용례는 157개로 28.71%를 차지하였다. 일부 사전에서는 '진일보'의 의미를 '추
가'에서 분리하여 따로 기술하였는데 본 연구에서도 이 두 가지 즉 '단순 추가'
와 '진일보'의 의미를 따로 분류하여 그 대응표현을 고찰한다. 이 두 유형은 하

21　'또$_1$'의 '1'은 연세한국어사전에서의 의미 번호이다. 이하에서도 동일한 방식으로 표기한다.

나의 연속선상에 있는 것으로 구분이 어려울 수 있지만 최대한 상황 맥락에 근거하여 판단한다. 구분의 예를 보이면 다음 (13)과 같다. (13ㄱ)은 '단순 추가', (13ㄴ)은 '때리는 것'이 '의심하는 것'보다 정도가 심한 것이기 때문에 '진일보'로 분류하였다.

(13) ㄱ. 你先睡吧, 我还有些事情。
　　　　먼저 자, 난 할 일이 있어.　　　　　　　　　-〈아8〉
　　　ㄴ. 我连一点小事情都误会我先生, 而且还乱打他。
　　　　이 정도 일에 남편을 의심하고 때리기까지 하고　-〈명5〉

분석 결과 '단순 추가'를 나타내는 '还'는 77개로 14.08%, '진일보'를 나타내는 '还'는 80개로 14.63%를 차지하였으며 대응하는 한국어 표현은 각각 다음과 같다.

〈표 6〉 '추가'의 의미로 쓰일 때의 한국어 대응표현

	단순 추가		진일보	
	빈도	비율	빈도	비율
도	14	18.18	30	37.5
또	15	19.48	2	2.5
까지	0	0	9	11.25
더	4	5.19	0	0
기타	4	5.19	3	3.75
유표지 합계		48.04		55
무표지	26	33.77	29	36.25
미번역	14	18.18	7	8.75
합계	77	100	80	100

두 의미의 비율은 비슷하게 나타났고 대응표지가 없는 경우도 비슷한 비율

을 차지한다. 대응표현에서 유표적인 차이를 보이는 것은 '또', '까지', '더'이다. '단순 추가'의 경우 부사 '또'와 대응된 비율이 높고 '더'와도 대응되나 '진일보'의 의미를 나타낼 때는 '더'로 대응되지는 않는 것으로 나타났으며 보조사 '도'와 '까지'의 비율이 높다. 따라서 학습자용 사전이나 문법서의 경우 이러한 차이를 반영할 필요가 있다.

다음은 '还'가 '단순 추가'의 의미를 나타낼 때 '도', '또', '더'와 대응된 용례이다.

(14) 你刚刚不是说还有黑色的吗?
　　　블랙도 있다고 하셨죠?　　　　　　　　　　　　　　-〈명4〉
(15) 还有一个上哪儿去了?
　　　또 한 개가 어디로 갔지?　　　　　　　　　　　　　-〈아8〉
(16) 刚才我们点了几个菜, 你看看, 还要不要加一些。
　　　우리가 요리를 주문했는데 더 추가할 것 있나 봐라.　-〈아6〉

(14)에서 '还'는 "어떤 대상이나 사태에 포함하거나 더함"을 나타내는 보조사 '도₁'에, (15)에서는 "그뿐이 아니고 그 밖에 다시 더"의 의미가 있는 부사 '또₃'에, (16)에서는 "바로 이전 사태보다 많게. 그 이상으로 계속하여"의 의미가 있는 부사 '더₁'에 대응되었다. 이 외 '还'가 '단순 추가'의 의미를 나타낼 때 대응표지가 없는 경우가 33.77%로 가장 많았는데 (17)이 그 예이다.

(17) ㄱ. 你看我现在还有点事。
　　　　　난 일이 있어서 먼저 가볼게.　　　　　　　　　-〈아5〉
　　　ㄴ. 还有没有其他想法?
　　　　　다른 좋은 생각 없어?　　　　　　　　　　　　-〈명9〉

(17ㄱ)과 같이 지금 처하여있는 상황 외의 다른 일정에 대해 말할 경우 중국어에서 '还'를 쓰는 경우가 많지만, 한국어에서는 '더', '또' 등 '추가'를 의미하는 단어가 쓰이지 않는 경우가 많다. (17ㄴ)의 경우도 앞의 맥락에서 어떠한 '생각'이 전제된 상황에서 '还'를 사용하여 그것 외에 또 '좋은 생각'이 없는지 물어보는 것인데 한국어에서는 대응표현이 나타나지 않았다.

'还'가 '진일보'의 의미를 나타낼 때의 대표적인 대응표현은 보조사 '도'와 '까지'이다.

    (18) ㄱ. 啊呀! 还这么感性!

        어이구 센티멘털까지!   -〈국〉

      ㄴ. 这秘书就是喜欢讲冷笑话, 而且还要问人家好不好笑。

        썰렁한 농담을 좋아하세요, 재미없냐고 따지기도 하죠.   -〈명1〉

(18ㄱ)은 청자가 '철학적'일 뿐만 아니라 '센티멘털'하다는 것을 표현한 것으로 "그 상황 이상의 것이 더해지거나 더 나아감"을 나타내는 보조사 '까지$_2$'에 대응되었다. (18ㄴ)은 '이 비서'가 '썰렁할 농담을 좋아하는' 데에 그치지 않고 '재미있는지 다른 사람한테 따진다'라는 사실을 전달하면서 '还'를 사용하여 '따지는 것'이 '농담을 좋아하는 것'보다 더 심한 행위라고 생각하는 화자의 태도를 표현하였다. 한국어에서는 '추가'의 '还'와 마찬가지로 보조사 '도$_1$'로 표현되었다.

다음은 대응표지가 없는 경우인데 '还'가 '진일보'의 의미를 나타낼 경우에도 대응표지가 없는 경우가 36.25%로 큰 비율을 차지하였다.

    (19) 他不单是骗钱。他还利用你追求咏琪。

        돈만 속여 먹냐? 널 이용해서 영기를 꼬시고 있잖아.   -〈아8〉

(19)는 '还'를 사용하여 '돈을 속여 먹는 것' 외에도 '너를 이용한다'라는 정보를 전달하고 있는데, 이때 '还'는 단순히 정보 전달만 하는 것이 아니라 뒤에 오는 '너를 이용한다'라는 사실을 강조하여 표현하는 역할을 한다. 이러한 특성에 대하여 吕叔湘(1994)는 "오름의 어기를 나타내며 사건을 크고, 높고, 강하게 표현한다."라고 기술하였다. 하지만 한국어에서는 이러한 뉘앙스는 어휘가 아닌 억양에 의해서만 표현되기도 한다.

3. 정도의 심화

'还'가 비교문에 쓰여 '정도의 심화'를 나타낸 용례는 24개로 4.4%를 차지했으며 대응 양상은 다음과 같다.

〈표 7〉 '정도의 심화'를 나타낼 때의 대응표현

대응표현	빈도	비율(%)
더	9	37.5
도	2	8.33
훨씬	1	4.17
유표지 합계		50
무표지	4	16.67
미번역	8	33.33
합계	24	100

(20) 我见你的时间比见他们还多。

　　　너 만나는 시간이 식구들과 함께 하는 시간보다 더 많아.　　-〈아10〉

(21) 这比中乐透彩还简单耶。

　　　로또보다 훨씬 쉽잖아?　　-〈명1〉

(22) 比上战场还要辛苦。

　　　전쟁터에 가는 거보다도 힘들어.　　-〈아1〉

(20)은 '식구들과 함께하는 시간'과 '너와 함께하는 시간'을 비교하면서 그 차이를 표현한 것으로 '还'는 부사 '더₁(비교의 대상보다, 또는 주어진 기분보다 정도가 더 크게)'에 대응되었다. 그러나 '还'와 '더'의 의미자질에는 차이가 있다. '还'는 전자도 그러하지만, 후자가 그보다도 더 그러함을 표현하는 것으로 (20)의 경우 '식구들과 함께하는 시간'도 많지만 '너와 함께하는 시간'이 더 많다는 의미이다. 즉 한국어에는 나타나지 않았지만, 화자가 식구들과 보내는 시간이 많다는 것이 전제될 때야만 이루어질 수 있는 발화이다. 만약 화자가 '식구들과 함께하는 시간'은 적고, '너 만나는 시간'이 많다고 생각한다면 중국어의 경우 단순히 정도 차이만 나타내는 '更'을 써야 한다. 하지만 한국어의 '더'는 이러한 의미를 포함하고 있지 않으므로 '还'의 이러한 의미를 나타내려면 (22)와 같이 보조사 '도'가 쓰이거나, 그러함을 나타낼 수 있는 억양이 수반되어야 한다. (21)에서 '还'는 부사 '훨씬'에 대응되었는데 이 경우도 (20)과 마찬가지로 '로또가 쉽다'라는 것이 전제된 상황에서 가능한 대응어이다. (22)에서는 보조사 '도₃(일부 부사어나 연결어미에 붙어 강조의 뜻을 나타냄)'가 쓰여 '보다도 더'의 형태로 '전쟁터에 가는 것'도 힘들지만 '이것'은 더 힘든 일이라는 것을 표현하였다.

다음은 대응표현이 없는 경우인데 발화맥락을 보면 마찬가지로 '1팀의 기획안이 좋다고 감탄하는' 상황이 전제되어 있다.

(23) 不能提出比1课还要好的企划案的话, 大家都要减薪百分之四十。
　　 우린 1팀보다 좋은 기획안을 내지 못하면 월급이 40% 삭감됩니다.
　　　　　　　　　　　　　　　　　　　　　　　　　　－〈명4〉

　　　　　　　　　　　　조선족 차세대 학자의 연구 동향과 전망

4. '그런대로 만족'의 의미

'还'가 그런대로 만족한다는 의미로 쓰인 용례는 36개로 6.6%를 차지했으며 직접적인 대응표현은 없었고, '还'와 다른 단어가 결합한 단어구가 덩어리 형태로 한국어의 한 단어나 특정 표현에 대응된 경우가 제한적으로 나타났다.

(24) A: 最近工作怎么样? 忙吗?

　　　낙원, 요즘 일은 어때? 바쁘지?

　　B: 还行…

　　　그냥 그렇습니다.　　　　　　　　　　　　　　-〈아2〉

(25) A: 那个新人的训练, 你教育得如何?

　　　신입 교육은 어떻게 됐어요?

　　B: 应该…还可以吧。

　　　그게… 그럭저럭　　　　　　　　　　　　　　-〈명8〉

(26) 经理…你还好吧…?

　　　괜찮으세요?　　　　　　　　　　　　　　　　-〈명9〉

(27) 整体来说还算不错。

　　　대체적으로는 괜찮은 편입니다.　　　　　　　-〈아2〉

(28) 怎么样? 吃起来还可以接受吗?

　　　어때? 먹을 만하나?　　　　　　　　　　　　-〈명6〉

위의 용례들은 '还'와 한국어 표현이 일대일로 대응된 것이 아니라 '还'와 기타 단어가 결합한 것이 한국어에서 하나의 표현에 대응되는데 중국어에서 '还'와 이러한 결합들이 하나의 표현으로 굳어져서 사용되는 경우가 많다. (24)-(28)까지의 구체적인 대응 양상은 다음과 같다.

(24) 还 + 行(동의를 나타내는 '좋다')   → 그냥 그렇다

(25) 还 + 可以(가능하다)   → 그럭저럭

(26) 还 + 好(좋다)   → 괜찮다

(27) 还 + 算(…인 셈이다) + 不错(괜찮다)   → 괜찮은 편이다

(28) 还 + 可以(… 수 있다) + 接受(받아들이다)   → …만 하다

(24)~(28)은 부사 '还'와 기타 어휘의 결합이 각각 '그냥'과 '그럭저럭', '괜찮다'에 대응되었고, (22)는 '-ㄴ 편이다',[22] (23)은 '-ㄹ 만하다'[23]에 대응되었다. 한국어 대응표현을 살펴보면 모두 정도를 약화시키는 표현임을 알 수 있다. 이러한 사실을 뒷받침하는 주장으로 뤼수샹(1994)에서는 '还'가 "낮음의 어기를 나타내며 사건을 작거나, 낮거나, 경하게 표현한다."라고 하였다.

5. '의외'의 어감

이 의미 항목에 대해서는 사전들에서 '의미'가 아닌 '어감'이라는 표현을 쓰고 있다. '还'가 '의외의 감정'을 나타내는 기능으로 쓰인 용례는 45개로 8.22%를 차지하며 '还'에 직접 대응되는 표현은 나타나지 않았다. 그러나 한국어 대응문에서 하나의 공통점을 찾을 수 있었는데 그것은 대부분이 '네, -다니, 군, -ㄴ데' 등 종결어미가 쓰였다는 것이다. 각각의 용례를 보이면 (29)와 같다.

(29) ㄱ. 这年头坏人还真不少喔。
　　　요즘 이상한 놈 많네.   -〈명7〉

22　-ㄴ 편이다: 대체로 그와 같은 부류에 속하거나, 또는 그와 같은 상태에 있음을 나타낸다.

23　-ㄹ 만하다: 어떤 사람이나 사물이 그러한 행위를 할 가치가 있음을 나타낸다.

ㄴ. 咏琪, 你们<u>还</u>真有心啊。

이런 것까지 신경 쓰<u>다니</u>.　　　　　　　-〈아7〉

ㄷ. 没想到你<u>还</u>挺倔的。

고집이 대단하시<u>군</u>.　　　　　　　-〈아8〉

ㄹ. 你混得<u>还</u>不错嘛, 这么大的公司。

이런 회사에 다니다니, 정말 대단한<u>데</u>.　-〈명7〉

이 종결어미들은 모두 뜻밖이거나 새롭게 발견한 사실에 대해 감탄함을 나타내는 것들이다.[24] '의외'가 아닌 예상하였던 일이라면 감탄할 수가 없기 때문에 당연한 결과일 수도 있지만, 중국어에서 '还'가 없이도 감탄문은 실현되며 '还'가 쓰인 감탄문과 쓰이지 않은 감탄문은 어감의 차이가 존재한다. 한국어에는 '还'와 같은 역할을 하는 표현이 없기 때문에 억양에 의해서 구분될 것으로 짐작되는데 이에 대해서는 보다 세밀한 분석이 필요할 것으로 보인다.

6. '반문'의 어감

이 의미 항목의 경우에도 '还'가 특정 의미가 있다기보다 반문 형태의 문장에 쓰여 어감을 나타내는 것인데 이러한 용례는 총 44개로 8.04%를 차지하였으며 마찬가지로 한국어에서 특정한 대응표현은 나타나지 않았다.

(30) ㄱ. 说实话, 大学叁四年级的女孩还叫女孩吗?

24　-네: 말하는 사람이 새삼스럽게 알게 된 사실에 대해 감탄함을 나타낸다.

　　-다니: 뜻밖의 일이라서 놀라거나 감탄함을 나타낸다.

　　-ㄴ데: 다소 놀랍거나 의외라는 뜻으로 감탄하듯이 말하거나 혹은 혼잣말듯이 되새기면서 말할 때 쓰인다.

솔직히 말해서, 대학 3, 4학년 여자들이 여자냐?   -〈국〉

ㄴ. 开除都不怕了, 你还怕什么?

해고당할 각오도 했는데, 뭐가 겁나?   -〈명3〉

(30)은 의문문의 형태로 되어있지만, 사실은 '대학 3, 4학년 여자들을 여자로 볼 수 없다', '겁나는 것이 없다'라는 의미를 담고 있는 것으로 '还'가 사용됨으로 하여 화자의 태도가 효과적으로 전달된다. 하지만 한국어의 경우는 이러한 역할을 하는 단어가 없이 억양에 의해서만 표현되는 것으로 보인다.

다음 (31)도 반문의 형태로 되어있지만, 한국어 대응문은 좀 다른 양상을 보인다.

(31) ㄱ. 我早猜到了, 我还不是跟你一样?

그럴 줄 알았어. 나도 마찬가지야.   -〈아4〉

ㄴ. 别说得那么好听, 做成泡麵还不是为了赚钱嘛。

입에 발린 소리 마. 당신들 돈 벌려는 수작이잖아. -〈명6〉

(31ㄱ, ㄴ)에서 '还'의 뒷부분을 직역하면 각각 '너와 같지 않겠니?', '돈을 벌기 위함이 아니니?'이지만 한국어 대응문은 평서문으로 되어있다. '还'는 '不是(아니다)'와 결합하여 '그러하다'라는 것을 강조하여 나타낸다. 본고의 자료 중 '还不是'가 쓰인 모든 용례가 한국어에서는 평서문 형태로 대응되었다.

다음 (32)에서도 한중 두 문장은 문체법이 다르다.

(32) ㄱ. 美清, 还不快去准备!

미청, 빨리 준비하세요.   -〈아10〉

조선족 차세대 학자의 연구 동향과 전망

ㄴ. 你这孩子, 疯了吗? <u>还</u>不给我好好坐着!

얘가 미쳤나? 얌마 후딱 앉지 못해!　　　　　　-〈국〉

위의 용례에서 '还'의 뒷부분을 직역하면 (32ㄱ)는 '빨리 가서 준비하지 않니?'인데 한국어 대응문은 명령문의 형태를 가지고 있다. (32ㄴ)는 '잘 앉지 않니?'인데 한국어 대응문은 의문문의 형태로 된 명령이다. 중국어에서 '还'는 명령문에 쓰이지 못하지만 '还+不(아니)+동사'로 된 반문의 형태로 명령의 기능을 하며 직접적인 명령문보다 화자의 태도가 더 강하게 표현된다.

이렇게 '반문'에 쓰이는 '还'가 가지는 강조의 어감은 한국어에서 유표적인 언어 요소로 대응되는 것이 아니라 억양에 의해서 표현된다.

7. '불만'의 어감

'还'가 질책, 추궁, 책망이나 풍자 등 '불만'의 어감을 표현한 용례는 22개로 4.02%를 차지하였으며 한국어에서 직접적인 대응표현은 나타나지 않았지만 다양한 언어 단위를 통하여 그러한 어감이 표현되었다.

(33) ㄱ. A: 谁叫陈俊生啊?　　　　　　누가 진준생이지?

　　　　B: 就你叫陈俊生。　　　　　자네 아닌가?

　　　　C: 就他! 对, <u>还</u>想要赖!　　그래! 시치미 떼<u>기는</u>. -〈명4〉

　　ㄴ. A: 课长…　　　　　　　　　　과장님…

　　　　B: 课长睡着了.　　　　　　　과장님 잠드셨어.

　　　　A: <u>还</u>说不坐。　　　　　　앉을 수 없다<u>더니</u>. -〈명3〉

　　ㄷ. A: 喂, 你怎么就在睡觉呢?　이봐, 자면 어떡해?

　　　　B: 没有啊。　　　　　　　　안 잤어요.

A: 还没有? 你已经打噎了。 아니긴 뭐가 아냐 ? 코까지 골던데.

-〈명7〉

ㄹ. A: 吾饭也没吃吗? 점심도 못 먹었니?

B: 还说什么吾饭哪, 我连一口水都没好好喝过! 점심이 다 뭐니? 물 한 모금 제대로 못 마셨다니까! -〈국〉

(33ㄱ)에서는 '진준생이면서 아닌 척하는 데'에 대한 가벼운 질책이 '-기는'을 통해 표현되었고, (33ㄴ)에서는 '안마의자에 앉는 것을 사양하던 사장이 앉자마자 잠이 든 상황'에 대해 못마땅하게 생각하는 화자의 태도가 '-더니'를 통해 표현되었다. '-기는'[25]과 '-더니'[26]는 모두 '가볍게 비난'할 때 쓰는 종결어미이다. (33ㄷ)은 '안 잤다'라고 한 B의 말에 '还'를 붙여 그대로 반복하여 되물은 것인데 한국어에서는 '-기는 뭐가-'로 표현되었다. (33ㄹ)에서 '还'의 뒷부분을 직역하면 "무슨 점심을 말하니?"인데 이는 B가 앞에서 물을 못 마셨다고 했는데도 점심을 못 먹었냐고 물어보는 A에 대해 못마땅하게 생각하는 태도가 담겨 있으며 한국어에서는 '-이 다 뭐니'를 통해 표현되었다.

이렇게 '还'가 표현하는 '불만'의 어감이 한국어에서는 종결어미나 연결어미와 기타 어휘의 결합으로 된 고정 문형 등 다양한 언어 단위로 표현된다.

지금까지 사전에서 제시한 의미 항목에 근거하여 용례를 분류하고 '还'에 대응하는 한국어 표현을 찾아보았는데 사전에서 제시한 의미 항목 중 '④앞 절에 쓰여 배경을 제시하고 뒷 절에서 추론하며 보통 반문의 어기를 가짐'과 '일찍이

---

25 -기는: 상대방을 가볍게 비난하거나 핀잔하는 의미로 쓴다.

26 -더니: 과거에 경험하여 알게 된 사실이나 상황만을 제시하면서 뒤 사실이나 상황에 대해 안타까워하거나 가볍게 비난하는 등 말하는 사람의 마음을 표현하는 데에 쓰인다.

그러했음'을 나타내는 용례는 발견되지 않았다. 이는 이 두 의미가 구어에서의 사용 빈도가 기타 의미에 비해 높지 않은 것을 설명하기도 하지만 하나도 발견되지 않은 것은 말뭉치 용례 수가 충분하지 않기 때문인 것으로 보이므로 추후의 연구에서 보완하도록 하겠다.

8. '대조'의 의미

위에서 분석한 의미 항목 외에 본고는 사전에서 제시한 의미 항목에 포함되지 않는 용례들을 발견하였는데 다음 (34)과 같은 것들이다. 이 용례들은 '의외, 반문, 질책' 등 어느 어감에도 속하지 않는다. 그러나 하나의 공통점을 가지고 있는데 바로 발화가 모두 '대조'의 상황에서 이루어졌다는 것이다. 이러한 용례는 43개로 7.86%를 차지한다. 이 경우 역시 '还'가 나타내는 어감은 한국어에서 '대조'의 의미와 관련된 표현을 통해 표현되었다.

(34) ㄱ. 啊, 我还以为什么事儿呢。
　　　　아, 난 또 뭐라고　　　　　　　　　　　　　　-〈국〉
　　　ㄴ. 我还在那边花了那么多的功夫。
　　　　내가 그 설계에 얼마나 심혈을 기울였는데.　　-〈아1〉
　　　ㄷ. 没有你我四天也活不了, 你明明知道, 还平白无故地挑什么刺儿呀!
　　　　나 너 없으면 사흘도 못 산다는 거 잘 알면서 괜히 트집이네.
　　　　　　　　　　　　　　　　　　　　　　　　　-〈국〉

(34ㄱ)는 화자의 생각과 실제가 대조를 이루는데 '뭔가 대단한 일이 있는 것'으로 짐작했는데 사실은 그게 아닌 상황에서 화자는 자신이 '잘못 생각했다'라는 것을 '还 + 以为(-로 여기다)'를 사용하여 표현하였다. 중국어에서 '还以为'

는 굳어진 형태로 '잘못 생각했음'을 표현할 때 쓰인다. 이 경우 '还'가 나타내는 어감이 한국어에서는 '또'에 의해 표현되었는데 이때 '또'는 담화표지로도 기능하는 '또₂(양보하자면. 그래도)'이다. (34ㄴ)는 준비해온 자료를 다른 사람에게 넘기라는 상사의 지시 이후 다른 동료와 나눈 대화로 '내가 심혈을 기울인 것'과 '상사의 지시'가 대조를 이룬다. 여기에서 '还'가 가지는 어감이 한국어에서는 '어떤 상황에 대해 받아들일 수 없다거나 걱정스러운 듯이 혼잣말처럼 중얼거림을 나타낼' 때 쓰는 '-는데'를 통해 표현되었다. (34ㄷ)은 '너 없으면 사흘도 못 산다는 것을 아는 것'과 '트집'인 상태가 대조를 이루는데 '트집을 잡는다는 것'을 표현할 때 '还'를 씀으로써 자신의 태도를 강하게 표현하였다. 한국어 대응문에서는 어미 '-면서(둘 이상의 행위나 상태가 서로 상반되는 관계에 있음을 나타낸다.)'에 의해 '대조'가 표현되었다.

이상 용례를 통해 볼 때 '还'는 탕민(2003) 등에서 기본 의미로 제시한 바와 같이 '대조'의 의미가 있으며 그것이 상황에 따라 의외, 반문, 불만 등 다양한 어감을 나타내는 것으로 보인다. 이 경우 한국어 대응문은 다양하게 나타나는데 이는 '还'가 특정한 의미를 나타내는 것이 아닌 화자의 주관적 태도를 나타내기 때문이며 이는 언어에 따라 그러한 기능을 할 수 있는 문법 요소가 다르기 때문이다.

Ⅳ. 결론

지금까지 한중 구어 자료를 대상으로 중국어 부사 '还'가 쓰인 용례를 추출하고 '还'의 한국어 대응표현을 분석하였다. '还'의 용례는 총 547개로 나타났으며 사전에서 제시한 의미 중 '지속, 중복, 추가, 진일보, 정도의 심화, 그런대로 만족, 의외, 반문, 불만' 등 의미 항목에 해당하는 용례가 추출되었고, '양보, 일찍이, 한정' 세 가지 의미는 나타나지 않았다. 이외 사전에서 기술하지 않은 '대조'의 의미를 나타내는 용례를 발견할 수 있었다. '还'의 한국어 대응표현은 다양하게 나타났는데 '还'와 같은 문법 범주인 부사에 대응하는 경우도 있었고, 조사나 어미 등 문법형태소에 대응되기도 하였으며, 기타 단어와 결합하여 덩어리 형태로 한국어의 한 단어에 대응되는 경우도 있었다. 또한, 어감을 나타낼 경우에는 담화적 의미를 지닌 종결어미나 문형을 통해 실현되거나 아무런 대응표지가 없이 억양에 의해서만 전달되는 경우도 있었다. 지금까지의 논의를 표로 정리하면 다음과 같다.

〈표 8〉 '还'의 한국어 대응 양상

의미 분류	의미 항목	빈도	비율(%)	유표지 (%)	무표지 (%)	주요 대응표현
대응 표현 있음	지속	166	30.35	43.37	41.56	아직, 아직도
	중복	10	1.83	100	0	또$_1$
	추가	77	14.08	48.04	33.77	도$_1$, 또$_3$, 더$_1$
	진일보	80	14.63	55	36.25	도$_1$, 까지$_2$
	정도의 심화	24	4.4	50	16.67	더$_1$, 도$_3$
	의미 항목	빈도	비율(%)	기타 대응 특징		
대응 표현 없음	그런대로 만족	36	6.6	기타 단어와의 결합형태로 약한 정도를 나타내는 한국어 표현과 대응		
	의외	45	8.22	감탄형 종결어미로 나타남		
	반문	44	8.04	강조의 억양 문체법이 바뀌는 경우가 있음		
	불만	22	4.02	종결어미, 고정 문형 등으로 나타남. 억양		
	대조	43	7.86	대조를 나타내는 어미, 조사 등으로 나타남. '还以为'의 경우 '또$_2$'에 대응		

본고는 비록 용례 수가 충분히 많지 않은 것과 번역문을 자료로 사용했다는 한계를 가지지만 그럼에도 불구하고 어휘 범주에 속하는 중국어 부사 '还'가 한국어에서 어휘뿐만 아니라 다양한 언어 단위와 복잡하게 대응한다는 사실을 밝혀냈다는 점에서 의미가 있으며 밝혀낸 대응표현은 중국어 화자를 위한 한국어 어휘 교육과 한국인 화자를 위한 중국어 어휘 교육을 위한 자료 선정에 활용될 수 있을 것으로 기대한다.

참고문헌

국립국어원(2005), "외국인을 위한 한국어 의미 항목", 커뮤니케이션북스

류웨화 외(2005), 『실용현대한어어법 상』, 송산출판사, 김현철 외 역

쉬펑보 · 쉬펑펑(2009), "副词'还'的语气义分析", 『北京教育学院学报』23-4

예쟈오디(2006), "副词'还'的语义探源", 上海外国语大学 석사학위 논문

챠오리칭(2006), "说'还'", 东北师范大学 석사학위 논문

탕민(2003), "副词'还'的'反预期'语用功能及'反预期'的义源追溯", 『江 苏 大 学 学 报 (社 会 科 学 版)』11-4, 69-73

참고사전

고려대학교민족문화연구원(2005), 『현대중한사전』, 고려대학교민족문화연구원

뤼수샹(1994), 『现代汉语八百词』, 北京, 商务印书馆

뤼수샹 · 덩성수(2012), 『现代汉语大词典 下(현대한어대사전 하권)』, 商务印书馆

북경어언학원 언어교학연구소(1986), 『现代汉语频率词典(현대한어빈도사전)』, 北京语言学 院出版社

연세대학교 언어정보개발연구원(2006), 『연세한국어사전』, 두산동아

이용묵(2009), 『엣센스중한사전』 제3판, 민중서림

중국사회과학원 언어연구소(2002), 『现代汉语词典(현대한어사전)』, 商务印书馆

한글학회(1992), 『우리말 큰사전』, 어문각

홍만식(1989), 『현대중한대사전』, 한얼

제3부

교육학

제4장

조선족 학습자를 위한 한국 현대시 이해 교육 연구
-진달래꽃의 시적 화자를 중심으로-

리위

I. 서론

김소월은 가장 향토적이고 전통적인 정서를 지닌 시인으로 알려져 있다. 한국 현대 시인 중에서도 가장 폭넓은 독자층[1]을 확보한 시인이며 그의 시는 현재까지 각광을 받고 있다. 특히 그의 대표작인 「진달래꽃」은 시어가 어렵지 않을 뿐만 아니라 운율을 띠고 있기에 독자들이 쉽게 수용하는 작품이기도 하다. 따라서 한국인뿐만 아니라 재외동포와 한국문학을 공부하고 있는 외국인 학습자들에게도 널리 알려져 있으며 문학작품 중의 정전(正典)으로 자리매김하고 있다.

---

1 김소월 시의 독자가 많은 이유를 주로 세 가지 측면에서 살펴볼 수 있는데, 첫째로는 시의 사상이다. 완전한 한국 민족의 존재가치성과 감추어진 한민족의 원시적 상황과 감정과 정서를 밑받침한 시적 사상을 표출시켰고 특히 그 시적 사상 속에서는 혼란과 복잡한 착잡감을 찾아볼 수도 없고 느낄 수도 없다는 점이다. 둘째로는 시의 향토성이다. 소월의 시작품 거의가 고향을 부르고 고향산천을 노래했으며, 시의 모든 사상마저도 고향에 뿌리를 박은 것이기 때문이다. 마지막으로는 시의 형태성에서 비롯된 것이다. 한국문학의 기틀이며 한국시가의 모체인 「민요적」인 시형에 독자적인 시 세계를 확립한 시인이 곧 소월이다. 김해성, 1990, 『현대시인연구』, 진명문화사, 106~109쪽.

시는 인간의 정서와 상상을 언어로 표현하는 예술이다. 그중에 서정시는 시인이 상대에게 직접 정서를 서술하거나 시인과는 구별되는 화자의 입을 통하여 설명한다. 때로는 은폐된 시인(화자)이 사물이나 사건을 빌어서 형상화하고, 그 문학적으로 표현된 대상-시 전체가 자아내는 정서를 간접적으로 전달하기도 한다.[2] 그 정서는 생활에 대한 시인 자신의 풍부한 체험과 거기에서 얻은 감정과 갈라놓을 수 없다. 이처럼 시에서 화자를 음미하는 일이 매우 중요한 이유는 시를 전체적으로 보다 명확히, 보다 완전하게 이해하도록[3] 도움을 주며 시적 정서 체험까지 가능하게 한다는 사실에 있다. 그동안 한국어교육에서 「진달래꽃」의 시적 화자에 관한 교육은 비교적 단선적으로 진행되어왔으며 화자 성별의 차이와 상황적 맥락에 따라 그 교육적 가치를 규명한 논의는 부족한 편이다.

본고의 연구대상인 「진달래꽃」은 조선족 고등학교 1학년 1학기의 『조선어문』 필수 교재에 수록되어 있으며 조선족 학습자들이 한국 현대시를 배우는 계기가 되기도 한다. 「진달래꽃」의 시적 화자에 관한 선행 연구를 살펴볼 때, 주로 두 가지 해석으로 나뉘고 있다. 첫째는, 성별에 따라 여성 화자와 남성 화자로 보는 관점이 공존하고 있다는 점이다. 둘째는, 비교적 절충적이고 중립적인 입장에서 출발하여 시적 화자의 목소리를 여성적 어조로 간주하고 있다는 것이다.

본 연구에서는 중국의 조선족 고등학교에서 의무교육(義務教育)을 받고 있는 S고등학교 1학년 학생 20명을 대상으로 2022년 1월 15일부터 19일까지 5일에 걸쳐 실험을 진행하였다. 실험은 담임 선생님에게 해당 설문지와 텍스트를 의뢰하여 학습자들에게 전달함으로써 그들의 생각과 경험에 따라 자유롭게 작성

---

2   윤여탁, 1998, 『시 교육론 Ⅱ-방법론 성찰과 전통의 문제』, 서울대학교출판부, 176쪽.

3   김준오, 2008, 『시론』, 삼지원, 280쪽.

하게 하였다. 따라서 본 연구에서는 「진달래꽃」의 시적 화자에 대한 조선족 학습자의 이해 양상을 살펴보고 학습자 중심의 한국 현대시 교육 방법을 모색하고자 한다.

Ⅱ. 아니마와 시적 화자

아니마(anima)는 남자 마음속에 있는 모든 여성적 심리 경향이 인격화된 것이다. 즉 막연한 느낌이나 기분, 뭔가를 예견하는 육감, 비합리적인 것에 대한 감수성, 개인을 사랑하는 능력, 자연에 대한 감정, 그리고 무의식과의 관계 등이 그러한 심리 경향이다.[4] 또한, 아니마는 남성에게 어느 특정한 여성이 지닌 성질로 인식되기도 한다. 아니마가 남성 심리의 내적인 상으로서 시 교육에서는 주로 시적 화자를 통해 구체적으로 표출되기도 한다.

시의 화자는 시적 자아, 서정적 자아, 서정적 화자, 상상적 또는 가상적 자아 등으로 불리기도 한다. 시는 전통적으로 시인의 주관적 독백이었기 때문에 시에서 말하는 사람은 시인과 일치할 때가 있지만 현대시에 이르러 많은 시인은 자신의 목소리를 대변하는 새로운 인물을 내세워 그 인물의 목소리를 통해 자신의 느낌과 생각을 전달[5]함으로써 다양한 시적 이미지와 분위기를 자아내기도 한다. 시의 구성요소 중에서 시적 자아를 무엇보다도 중요시하는 북한의 경우, '서정적 주인공'이란 용어만 채용하고 있는 것은 흥미 이상의 시사성을 함

---

4 카를 융(Carl G. Jung), 김양순 역, 2013, 『인간과 상징』, 동서문화사, 277쪽.

5 최동호 외, 2014, 『현대시론』, 서정시학, 99~100쪽.

축하고 있다.[6] 이처럼 화자를 이해할 때, 시인과 화자를 어느 정도 동일시할 수 있는지의 문제가 제기되기도 한다. 「진달래꽃」의 화자는 일인칭인 '나'로서 시의 표면 위로 등장하고 있는 것이 특징이다.

　　김소월의 시들은 '과거'의 여러 가지 파편들로 이루어져 있다. 그의 시들은 '전통적인 것들이 지금 어떻게 존재하고 있으며, 어떠한 물음들을 묻고 있는가?' 하는 것으로 가득하다.[7] 따라서 그중의 하나인 시적 화자의 성별 문제가 대두되고 있는데, 「진달래꽃」의 여성적 화자는 김소월의 아니마가 인격화된 것이라고 볼 수 있다. 내적 세계의 안내자이자 중개자인 아니마의 긍정적인 기능은 아니마가 제공하는 감정, 기분, 기대, 공상을 남성이 진지하게 받아들여 어떤 형태로(글, 그림, 조각, 악곡, 무용 등) 정착시킬 때 작용한다. 시인이 꾸준히 문학 창작에 열중할 경우, 마음속 깊은 곳에서 또 다른 무의식적인 소재가 솟아 나와 기존 소재와 관계를 맺는다.[8] 시인은 그 소재들을 재조합하는 과정에서 경험한 감정이나 기분을 적절한 대상에게 부여하는데, 「진달래꽃」에서는 시인의 정서를 전달하는 여성적 화자의 모습으로 등장하기도 한다.

　　나 보기가 역겨워
　　가실 때에는
　　말없이 고이 보내드리우리다

6　김준오, 앞의 책, 280쪽.

7　신범순, 1998, 「현대시에서 전통적 정신의 존재형식과 그 의미-김소월과 백석을 중심으로」, 『국어교육』 96, 한국국어교육연구회, 426쪽.

8　카를 융(Carl G. Jung), 김양순 역, 앞의 책, 281쪽.

영변에 약산

진달래꽃

아름 따다 가실 길에 뿌리우리다

가시는 걸음걸음

놓인 그 꽃을

사뿐히 즈려 밟고 가시옵소서

나 보기가 역겨워

가실 때에는

죽어도 아니 눈물 흘리우리다

- 김소월, 「진달래꽃」[9]

1922년 '개벽'지에 발표된 김소월의 대표작으로 꼽히는 「진달래꽃」은 고려가요 「가시리」와 접맥되어 있다. 따라서 민요적 율격과 정서를 토대하여 쓰인 1920년대의 전형적인 민요시의 하나로 꼽히고 있다. 시에서는 시적 화자가 모든 슬픔과 좌절을 자신의 것으로 수용하고 새기면서 떠나가는 임에게 진달래꽃을 한 아름 꺾어주는 모습을 보여주기도 한다. 이러한 삶의 태도를 가장 한국적인 한(恨)[10]의 아름다움으로 간주할 수 있는데, 이는 임에 대한 상반하는 두 감정의 갈등 또는 모순의 감정이기도 하다.

김소월은 임의 상실에서 오는 슬픔과 한, 그리고 허무 의식을 한국인의 원형

---

9 권영민, 2007, 『김소월 시 전집』, 문학사상사, 35쪽.

10 한이란 우선 서로 모순되는 두 충동의 갈등에서 빚어지는 감정이다. 한은 결코 통일된 혹은 해결된 감정일 수 없다. 그것은 복합된 갈등의 감정이며 동시에 미해결의 감정이다. 현실적으로는 앞으로 나아가야 할 상황임에도 불구하고 속마음에서는 뒤로 돌아가고자 하는 미련이 강렬하게 남아 있는 감정, 그리하여 앞으로도 뒤로도 가지 못하고 모순에 맺혀 있는 감정이다. 오세영, 2000, 『김소월, 그 삶과 문학』, 서울대학교출판부, 43~44쪽.

조선족 차세대 학자의 연구 동향과 전망

적인 심상에 결합시킴으로써 민족의 동질성을 확인시켜 주었다. 그러한 관점에서, 그의 시에서 나타난 임의 상실과 허무 의식은 단지 개인적 삶에 국한된 것이 아닌 민족공동체적 의미를 띤 것이기도 하다. 이별의 슬픔을 의지력으로 극복해내는 여인[11]을 시적 자아로 하여 전통적 정한을 예술적으로 승화시켰다는 관점이 한국에서 지배적으로 작용해 왔다. 이 시의 화자가 여인이라는 것은 여러 정황 속에서 짐작되는 것이지만, 특히 어조에서 크게 드러난다. '가시옵소서'와 같은 종결어미가 환기하는 어조는 이 시의 화자가 여성임을 뚜렷이 확인시켜 준다. 그 외에 이 시에 구사된 섬세하고 부드럽고 순종적인 마음씨도 여성성[12]의 부각에 일조한다. 이처럼 화자와 어조는 텍스트 내에서 매우 밀접한 관련이 있으며 시적 아니마의 형상을 창조해내고 있다.

반면, 북한에서는 남성 화자로 보는 경향이 두드러진데[13] 이는 리얼리즘 시

---

11 특히 김소월은 여성편향의 대표적인 시인으로 알려져 왔으며, 그 분야에 관한 연구 성과도 괄목할 만하다. 김옥순은 김소월 시 연구 성과를 논의하는 과정에서 여성 화자의 계승, 민요형의 계승, 한의 계승으로 전통 계승의 관점을 대별하였다. 그중 여성 화자의 계승 부분에서, 정한모는 忠臣戀君之詞의 전통 계승이라는 입장에서 김소월 시의 전통성을 논의하였다. 또한, 김현은 〈여성주의의 승리〉에서, 김윤식은 〈한국시의 여성편향〉에서, 유종호는 〈임과 집과 길〉을 통하여 각각 문예사조 및 사회학 관점에서 평가를 하였다. 즉 김소월 시의 여성 화자는 일제 치하의 파시즘이란 남성 숭배 사상에 대결하는 방식 또는 자유연애나 낭만적 사랑이 수입된 한국적 시대 상황에서의 문학적 관습이란 측면에서 긍정적 시선을 보내고, 한국시의 패배주의 또는 역사의식의 결여라는 관점에서 부정적으로 보았다. 또한, 이명재는 김소월의 여성편향을 환자였던 아버지를 동일시하지 못하고 어머니의 성격에 바탕을 두었기 때문이라 진단하였다. 윤주은, 1998, 「김소월 시 여성운 작품 성격 고찰」, 『여성문제연구』16, 대구가톨릭대학교 사회과학연구소, 17쪽, 재인용.

12 문혜원은 '소월의 시에 나타나는 여성성은 남성인 주체가 자신의 성별과는 반대되는 타인인 여성이 아니라 시인이 내면에 감추어져 있는 타자성이다'라는 관점을 내놓았다. 문혜원, 1999, 「김소월 시의 여성성에 대한 고찰」, 『한국시학연구』 2, 한국시학회, 95쪽.

13 이 시는 수륙 6천 리나 떨어진 먼 고향에 홀로 남아서 공부를 마치고 돌아올 자기를 5년 동안이나 기다리고 있어야 하게 된 아내에 대한 사랑을 노래한 것이다. 권영민, 2002, 『평양에 핀 진달

각에서 출발한 것으로 판단된다. 그리고 남성 화자인 단서를 시어로 가늠할 수 있는데, 특히 '역겨워'는 '역정이 나거나 속에 거슬리게 싫다'로 풀이되는 데 여기서는 남성 화자가 한 치의 변명 없이 스스로를 비하한 태도를 엿보이고 있다. 그리고 '아름 따다'에서의 한 아름이란 두 팔을 벌려 껴안은 둘레의 길이를 나타낸다. 이것은 남성의 육체를 통해 드러날 수 있는 가장 크고 많은 양이며, 이처럼 커다란 사랑을 표현할 수 있는 실천적 행위에는 남성적인 몸짓이 안받침되어야 한다는 것이다. 꽃을 따는 여성의 이미지를 떠올려 볼 때, 그 양적으로는 주로 몇 송이, 몇 묶음, 한 바구니가 가장 맞춤할 수 있다. 물론 여성도 그 양과 실천적 행위에 있어서 불가능한 것은 아니지만 오히려 남성의 마음과 결의에 보다 적합한 것으로 간주된다. 마지막으로 '즈려 밟고'보다 '사뿐히'라는 수식어가 주목되는 데, 가볍게 발을 내딛는 모양도 남성보다 여성에게서 보다 극명히 재현될 수 있다.

「진달래꽃」의 화자가 김소월의 아니마가 인격화된 인물이라는 단서를 작가에게서 찾아볼 수 있다. 문학연구에서 가장 주요한 관심 영역의 하나가 바로 작품 창작 주체인 작가의 존재이며 작가는 자신의 경험과 상상을 결합하여 작품을 만들어낸다. 작품의 내용과 그 경향은 모두 작가의 정서 또는 사상과 밀접한 관계를 맺는다. 즉 한 사람의 삶과 그의 정신적 결과물은 서로 무관하지 않기에 상보적 관계에 놓이게 된다. 한 작가가 살았던 시대와 그 환경을 살피고 텍스트와의 상관관계를 제대로 이해한다면 그의 문학세계에 더 깊이 다가갈 수 있다. 또한, 독자를 염두에 둘 때, 텍스트-작가의 삶-텍스트의 연속적인 탐구과정을 거쳐 최종적인 의미 해석과 내적 관계를 객관적으로 규명할 수 있을 것이다. 따

래꽃」, 통일문학, 176쪽.

라서 김소월의 시에 노래된 자연의 모든 대상을 시인의 처지와 생활환경, 그의 운명의 자국과 체험에 깊이 연결되어 있다고 볼 수 있다. 즉 김소월의 시가 여성 편향적인 경향을 드러내게 된 데는 개인적인 생활환경이 작용했던 것으로 알려져 있다.

정신 이상으로 실질적인 가장 역할을 하지 못했던 아버지와 그 대신 집안의 살림을 맡아야 했던 어머니, 어린 김소월과 같이 지내면서 중요한 영향을 끼쳤던 숙모 등 여성으로 둘러싸인 가정환경이 소월을 여성 지향적인 시인으로 만들었다는 것이다.[14] 그럼에도 불구하고 화자의 성별을 쉽게 규명하는 것은 타당하지 못하며 다층적으로 폭넓게 이해할 필요가 있다. '드리우리다', '가시옵소서'와 같은 어미로 흔히 여성이라 판단할 수 있지만 이와 같은 어법이나 행위는 반드시 여성의 전유물이라고 할 수 없다. 김소월이 시를 창작하면서 가상의 여성 화자를 내세울 수도 있지만, 이 시에서는 이를 확증할 근거[15]가 명확하지 않으며 어디까지나 해석의 개방성[16]을 갖고 있다는 점이다.

그리고 또 한 가지 짚고 넘어가야 할 것은 「진달래꽃」에는 떠나는 사람과 보내는 사람 사이의 이별 장면이 시적 정황으로 설정[17]된 것이지 이별의 상황 자체가 실제로 일어난 것이 아니라는 점이다. 즉 이별은 실제의 일이 아니라 가능성의 상황일 뿐이다. 중요한 것은 '가실 때에는'이라는 시제를 어떻게 읽느냐에

---

14 오세영, 1981 참고, 『꿈으로 오는 한 사람』, 문학세계사.

15 노철, 2016, 「화자의 발화맥락을 고려한 김소월 시의 해석」, 『국제어문』 69, 국제어문학회, 133쪽.

16 정효구도 김소월 시에 나타난 화자가 일방적인 '여성'이라는 정설을 부정하면서 '여성'일 수도 있고 '남성'일 수도 있다는 개방성의 논지를 펼쳤다. 정효구, 2002, 「김소월 시에 나타난 화자의 성별과 성격」, 『한국시학연구』 6, 한국시학회, 199~231쪽.

17 권영민, 2009, 『문학의 이해』, 민음사, 102쪽.

따라 그 상황이 다를 수밖에 없다. 이별을 한 과거형인지, 이별이 다가오고 있음을 느끼는 현재형인지, 아니면 언젠가는 이별을 하게 되는 미래형인지를 세부적으로 따져볼 필요가 있다.

유종호는 김소월의 시 세계를 논하면서 「진달래꽃」에서 가정된 헤어짐의 상황이나 꽃 뿌림 동작이 낭만적이라고 할 때, 그것은 아름 따다 뿌려진 꽃잎 위에서 거행되는 양식화된 헤어짐 속에 담긴 멋있음과 비현실성과 사랑의 미화를 뜻한다."[18]라고 피력하였다. 그러므로 과거, 현재, 미래라는 구체적인 상황에 따라 화자의 정서와 시적 의미가 색다른 양상을 띠게 될 것이며, 이는 시 이해 교육에서 유의해야 할 부분이기도 하다.

오늘날 교육 환경과 다양한 변인 속에서 학습자들이 시를 어떻게 이해하는가에 따라 그 가치와 성취감도 달리 나타나게 된다. 학습자의 텍스트 이해 과정은 항상 타자와의 상호작용을 포함하고, 이러한 개인과 텍스트와의 상호작용은 텍스트 의미 형성에 영향을 미치게 된다. 텍스트를 읽고 이해하는 것은 객관적인 진리를 '있는 그대로' 모사하는 것이 아니라 학습자의 역동적인 상호작용을 통해 텍스트를 이해하고 향유하는 것이기도 하다. 따라서 「진달래꽃」의 화자 이해 교육에서는 학습자와 텍스트의 지속적인 상호교통[19]을 통해 시 속에 내포하고 있는 다층적 의미와 여러 가지 상황적 맥락을 포괄적으로 이해할 필요가 있다.

---

18 신동욱, 1980, 『김소월』, 문학과지성사, 117쪽.

19 로젠블랫(L. M. Rosenblatt)에 의하면, 상호교통은 텍스트의 의미를 구축하는 데 있어서 독자와 텍스트가 서로 작용하고 선회하며 일직선으로 진행하지 않고 지속적으로 상호작용하는 것이다. L. M. Rosenblatt, Literature as exploration, 김혜리 · 엄해영 공역, 2006 참고, 『탐구로서의 문학』, 한국문화사.

Ⅲ. 조선족 학습자의 시 이해 양상

조선족 학습자는 교사 주도식 교육 환경에서 이중언어 교육을 받았고, 문학 수업에서는 시 텍스트의 의미를 능동적으로 내면화하기보다는 교사의 해석 또는 참고답안을 수동적으로 수용해왔다. 그럼에도 불구하고 교사가 주도하는 분석주의적 문학 활동을 통해 학습자들은 확장된 문학지식을 함유하고 있다.

조선족 학습자를 대상으로 한 문학교육은 주로 교과서를 통해 이루어지고 있다. 『한어(漢語)』와 달리 『조선어문(朝鮮語文)』은 조선족의 언어와 문학을 함께 가르치는 교재 역할을 하고 있으며 그 중의 한국문학 작품은 기타 민족의 번역 작품과는 달리 미세한 표기법 외에 동일한 문자로 수록되어 있다는 것이 특징이다. 이처럼 특정한 교육제도 및 이중언어 환경에서 교육받고 성장한 조선족 학습자들의 경험은 특수성을 띠고 있다. 특히, 한국문학 작품을 수용할 때 그들이 축적해 온 다양한 경험들은 동질성과 상이성 사이에서 복합적으로 작용하게 된다. 조선족 학습자의 특수성을 문학 교육적 측면에서 살펴보면, 그동안 필수로 배워온 『조선어문』 교과서[20]에는 세계문학, 남북한 문학, 중국 문학, 조선족 문학작품이 포함되어 있고, 『한어』 교과서에는 세계문학과 중국 문학작품이 주를 이루고 있다. 조선족 학습자는 『조선어문』과 『한어』 교과서를 동시에 배움으로써 이중적 및 다국적 문학 경험을 지니고 있다.

이는 조선족 학습자들이 여러 나라의 문학작품과 민족 문학작품에서 획득한

---

20 『조선어문』 교과서는 언어 교과의 역할 외에 민족적 정체성을 인식하게 할 뿐만 아니라 민족문화를 전승하게 하는 기능도 지니고 있다. 또한, 교과서는 조선족 청소년 학습자들의 조선어문 활용 능력과 창의적이면서도 협동적인 사고 능력을 개발시키기 위해 학습자들에게 자율성을 부여하고 있다. 김영, 2019, 「중국 조선족 중학교 문학교육 현황 고찰 −『조선어문(新編, 2014~2016)』 교과서를 중심으로」, 『문학교육학』 65, 한국문학교육학회, 36~44쪽.

경험을 바탕으로 한국 현대시를 주체적으로 이해하고 해석할 수 있음을 의미하기도 한다. 아울러 서로 다른 생활환경에서 축적한 개인 경험과 사회공동체에서 축적된 경험도 한국 현대시를 이해할 때 직접 또는 간접적인 영향을 주게된다. 이처럼 조선족 학습자는 습득한 문학 지식을 동원하여 시 속의 장르적 지식, 수사법, 분위기, 감정 등을 분석주의 방법으로 파악하게 된다. 그들은 자국의 이중언어 교육을 통해 문학의 '문법'을 다양하게 습득해왔고 시어 이해, 정서 체험, 문학 장치 파악 등에서 큰 어려움을 겪지 않으므로 자국어 문학 학습경험을 통해 문학 텍스트의 관습과 규칙을 파악할 수 있는 문학 능력을 지니고있다. 특히, 조선족 학습자의 이중언어 경험은 언어를 음미하고 형상을 감수하게 할 뿐만 아니라 작품의 내용과 상황을 세부적으로 이해하는 과정에 시적 화자의 정서까지 쉽게 체험하게 한다.

시 읽기는 학습자 주체인 자아와 텍스트로서의 세계가 서로 상호작용하면서 독특한 경험공간을 확장해 나가는 과정일 뿐만 아니라 시의 정서와 형상을 체험하고 내면화하는 과정이기도 하다. 따라서 학습자는 주로 시적 화자를 통해 시의 정서와 분위기를 느끼면서 감정이입과 더불어 구체적인 시적 상황을 경험하게 된다. 다음은 학습자가 텍스트를 읽고 감정을 단서로 삼아 시적 화자의 성별을 판단한 반응 양상이다.

진달래꽃은 시적 자아의 강렬한 사랑이고, 떠나가는 임에 대한 원망과 슬픔이며, 임에게 자신을 헌신하려는 순종의 상징이다. 진달래꽃을 통하여 사랑하는 임과의 이별 상황을 제시하고, 임에 대한 변함없는 사랑을 계속하여 표현하고 있다. 그리고 떠나가는 임을 위해 꽃을 뿌리는 임에 대한 변함없는 사랑을 나타낸 것이 마치 여성이 그 임에 대한 감정인 것 같다. (〈진달래꽃〉-학습자 1)

학습자 1은 진달래꽃의 상징적 의미 파악에서 시작하여 이별 상황을 쉽게 포착하게 되었다. 그리고 그 사랑의 지속성에 대해 나름의 추측을 하면서 변함 없는 사랑을 표현하고 있다고 밝혔다. 궁극적으로는 이별 상황에서 비롯된 임에 대한 사랑은 남성적인 요소가 작용한 것이 아니라 한 여성의 감정이라고 밝히면서 그 이유를 설명하였다. 여기서 학습자는 기존의 문학 지식을 활성화시켜 상징적 의미를 환기시켰고 학습자만의 특유의 감수성으로 텍스트에 내재한 감정에 초점을 맞추면서 화자의 성별에 대해 판단하였다.

> 나 보기가 역겨워 가실 때에는 말없이 고이 보내 드리우고 진달래꽃을 따다 가실 길에 뿌리우겠다 하였는데 <u>남성이면 진달래꽃을 딸 가능성이 적고 꽃을 좋아할 가능성도 적다</u>. '죽어도 아니 눈물 흘리우리다'는 여성이 남성을 보내드리자고 하는데 그를 떠나보내기가 싫지만, 그는 이미 자기가 역겹다고 생각하기에 눈물 흘리며 보내드리자고 다짐하기에 <u>여성의 감정이라고 생각된다</u>. 진달래는 원래 새겨진 인상에서 <u>여성을 상징하는 것이다. 고대 남성의 이미지는 대부분 강하므로 진달래의 그 연약함은 남성을 형용하기에 적합하지 않다.</u>
> (〈진달래꽃〉-학습자 12)

위의 학습자와 마찬가지로 학습자 12도 진달래꽃의 상징적 의미를 자신의 선지식을 바탕으로 한 추론을 통해 여성으로 파악한다. 학습자의 이해 양상에서 주목되는 것은 학습자가 생활 경험을 통해 남성과 여성의 행위 차이를 밝힌 것이다. 즉, 남녀의 일상적인 생활양식에 따라 남성이면 진달래꽃을 딸 가능성이 적다고 판단하였다. 그리고 학습자는 화자 스스로가 임의 곁을 떠나기는 싫지만 역겨움을 감내하면서 보내드리려는 다짐이 여성의 감정이라고 느끼게 되었다. 또한, 학습자는 전통적인 문화 인식을 바탕으로 고대 남성과 여성의 이미지를 비교하여 진달래의 연약함이 남성에게서 표현되기 어려움을 강조하기도 했다. 즉, 화자 파악의 연장선에서 '진달래' 자체의 특성에 초점을 맞추면서 여성성에 치중한 양상을 나타내기도 했다.

> 제1연에서 아무런 하소연이나 원망도 하지 않고 조용히 보내드리겠다고 하였는데 이것은 여성들의 전통적인 미덕인 체념의 표현이다. 제2연에서 진달래꽃을 한아름 꺾어다가 임이 가시는 길에 뿌리겠다고 했는데 진달래꽃은 우리 민족문화의 꽃 중에서 다양한 의미를 상징하는 명화인데 특히 조선 여성의 상징으로 되어온 꽃이다. 제3연에서 가시는 걸음걸음 놓인 그 꽃을 사뿐히 즈려 밟고 가라고 했는데 그 꽃은 여성의 분신이나 다름이 없고 여성의 희생이나 떠나는 임에 대한 사랑의 축복으로도 볼 수 있다. 제4연에서 여인이 이별의 정한을 극복하려는 인고의 의지를 썼다. 또 이른 봄에 곱게 피었다가 하루아침의 비바람에 속절없이 지는 가냘픈 진달래꽃의 특성으로 여인의 이별 비애를 표현하였으며 그것을 극복하려는 의지를 표현한 것에서 이 시에서의 진달래꽃은 여성의 상징으로 되기 때문에 이 시에서의 시적 화자는 여성이라고 생각하게 되었다. (〈진달래꽃〉-학습자 14)

학습자 14는 분석주의 방법에 기반을 두고 연에 따라 텍스트의 의미를 추출하여 시 전반의 해석을 이어나가고 있다. 1연에서는 주로 여성들의 전통적인 미덕인 체념을 강조하였고 2연에서는 진달래꽃의 위치와 그 상징적 의미를 조선 여성에 귀결하였다. 따라서 구체적인 표현을 통해 진달래꽃을 여성의 희생과 임에 대한 축복이라고 판단하였다. 무엇보다 학습자는 이른 봄에 피었다가 비바람에 속절없이 지는 진달래꽃의 특성을 빌어 한 여인의 이별 비애를 표현하였음을 강조하였다. 또한, 학습자는 슬픔을 극복하려는 의지와 상황적 맥락 속에서 진달래꽃이 상징하는 바를 여성으로 확정하였고 이에 따라 시적 화자까지 여성으로 단정하였다.

이 시에 나오는 <u>주인공의 어조와 태도를 통해 여자임을 짐작할 수 있다.</u> 내용을 보면 표면적으로는 임과 이별을 하더라도 그 슬픔을 참고 견디겠다는 봉건시대의 여성의 지위와 체념의 자세를 보아낼 수 있다. 특히 문장 중 '<u>보내드리우리다', '뿌리우리다', '가시옵소서', '흘리우리다'</u> 등 단어는 여성적 어조를 나타내고 주인공의 애절하고 간절한 마음을 더 잘 반영해 주고 있다. <u>진달래꽃은 떠나는 임에 대한 축복의 의미를 상징하고 전통적 조선 여성의 인고, 희생의 상징이기도 하다.</u> 이 글에 표현된 체념, 축복, 희생, 인고 등은 모두 주인공이 여자임을 암시해주고 있다. (〈진달래꽃〉-학습자 7)

학습자 7은 시적 주인공의 어조와 태도에 주목하면서 여성으로 추측하였는데, 이는 봉건시대에 이별의 슬픔을 참고 견디는 여성의 지위와 체념의 자세라고 판단하였다. 그뿐만 아니라 학습자는 시 속에 어미들로부터 주인공의 애절하고 간절한 여성적 어조를 포착해냈다. 이는 학습자의 민족적 정감과 관련된 문학 경험이 구체적으로 활성화되면서 그 내적인 요소를 포착해내는 데 긍정적인 작용을 일으킨 것이다. 끝으로 진달래꽃의 상징적 의미를 임에 대한 축복과 전통적 조선 여성의 인고, 희생으로 간주함으로써 여성적 화자임을 다시금 강조하였다.

위의 조선족 학습자들의 시 이해 양상을 통해 알 수 있다시피, 학습자들은 「진달래꽃」의 화자를 여성으로 간주하였는데, 이는 『조선어문』 교과서의 지배적인 해석과 관련된 것으로 판단된다. 그리고 다수의 학습자들은 진달래꽃이 상징하는 의미까지 비슷한 맥락에서 도출하였다. 그 원인은 주입식 교육과 『조선어문』 교과서에서 제시한 텍스트에 대한 해석을 통해 찾아볼 수 있다.

『조선어문』 교과서에서는 「진달래꽃」의 시적 화자에 대해 다음과 같이 서술하고 있다. "시인은 자기의 가슴에 서린 이별의 한과 애수를 읊조리기 위하여 시의 화자를 따로 설정하였다. 즉 임과 이별하는 여성을 설정하였다. 때문에 이 시에서 화자는 시인이 아니다. 이런 시적 화자를 서정적 주인공 또는 서정적 자아, 시적 자아, 서정적 화자, 가상적 자아라고도 한다. 「진달래꽃」에서 '나'는 시인이 아니라 자기를 버리고 가는 임을 바래는 여성이다. 이별의 한과 애수를 표현함에 있어서 여성을 시의 화자로 선택하는 것이 가장 알맞았던 것이다."[21] 이와 같은 해석에 비춰 학습자들의 시 이해 양상을 살펴볼 때, 그들은 자신의 문학 경험을 통해 텍스트에서 관련된 단서를 발견하여 텍스트를 의미화하거나 기존 지식에 의지하는 경향이 크다. 이 과정은 학습자로 하여금 시 이해를 용이하게 하지만 텍스트의 의미를 확장하고 창의적인 해석으로 이어지게 하는 데 저해의 작용을 하고 있다.

조선족 학습자는 이중언어 학습 경험을 통해 구체적인 시적 장치의 분석에 있어서 비교적 능숙한 편이다. 이는 주로 주입식 교육의 영향 하에 습득된 내용이기도 하지만 대학입시 시험을 위한 필수적인 학습 내용이기도 하다. 이러한 내용은 주로 교실 환경에서 절대적 권위를 가진 교사 또는 교수참고서에 의해 전수됨으로써 불가침의 해석 정전과도 같은 작용을 하고 있다. 그러나 시가 내포하고 있는 다양한 의미와 상황적 맥락을 파악함에 있어서 학습자들은 일정한 어려움을 겪게 된다. 그러므로 학습자들의 확산적 사고와 다양한 경험을 활성화할 수 있는 교육 방법을 고안해내야 할 것이다.

---

21 연변교육출판사조선어문편집실 · 동북조선문교재연구개발센터, 2017, 『조선어문』 필수 1(고 1-1) 교수참고서, 연변교육출판사, 2쪽.

Ⅳ. 결론 및 제언

문학교육의 본질이 문학 수용자로 하여금 형상화된 언어 경험 속에서 세계와 인간에 대한 의미를 지속적으로 발견, 재해석을 가능하게 하고, 그 과정을 통해 자신의 삶과 문화의 주체적인 존재로 살아가게 하는 것이라고 할 때, 시적 화자에 대한 학습자의 다양한 해석과 이해는 전인적 성장을 위해 계기를 마련해 준다.

본고의 연구대상인 「진달래꽃」의 화자에 대해 바로 규명하기가 어려운 것은 문맥 자체의 모호성에서 기인한 것이기도 하다. 임과의 이별은 개별적이거나 한정적인 것이 아니라 보편적이고 근원적이며 운명적인 것으로 된다. 김소월은 개인의 처지에서 그러한 것을 노래한 것이 아니라 수많은 사람의 처지에서 노래하였다. 이러한 점을 고려할 때, 「진달래꽃」의 시적 화자를 하나의 목소리로만 단정하기가 어렵고, 기존 연구는 단선적인 맥락에 따른 양자택일의 결과였을 수도 있다. 또한, 한국어가 지닌 독특한 특징, 친근감을 느낄 수 있는 구어체의 대중적 리듬감 때문에 화자를 일방적으로 규정짓기도 하였다.

그러나 문학교육에서는 「진달래꽃」의 화자가 일방적으로 고착되어 버린 관점을 타개하여 새로운 교육 방법을 마련할 필요가 있다. 그리고 시대의 변화에 따라 「진달래꽃」을 수용하는 학습자들도 권위적인 해석 또는 참고답안에 기대어 작품 내용과 화자를 수동적으로 판단할 것이 아니라 자신의 경험을 활성화하여 시적 의미와 화자를 상황에 맞게 이해해야 한다. 그것은 각각의 학습자가 삶의 과정에 누적된 체험의 성격이 다르기에 학습자들의 이해력도 주관성에 의해 달라지기 마련이다. 따라서 이 연구에서는 학습자의 다양한 이해와 해석을 촉진할 수 있는 「진달래꽃」의 시 교육 방법을 다음과 같이 세 가지로 제언하고

자 한다.

첫째, 학습자에게 작가와 화자 사이의 관계 및 차이점을 가르친 후, 남성 마음속에 있는 여성적 심리 경향을 아니마로 설명함으로써 남성 화자와 여성 화자의 입장에서 시를 이해하게 할 수 있다. 즉 화자도 시인 자신이 아닌 이중적인 목소리로 작용하는 경우가 다수이며 이러한 작용 속에서 시적 의미가 다양하고도 풍부해질 수 있음을 인식하게 해줄 수 있다. 이는 학습자 중심 교육을 추구하고 있는 현시점의 교육적 추세와도 맞물리며 학습자의 사고력과 창의성을 향상시킬 수 있다.

둘째, 「진달래꽃」의 상황적 맥락에 따라 이별 전, 이별 중, 이별 후로 나뉘어 화자의 정서 체험을 목표로 교육내용을 설정할 수 있다. 그 이유는 학습자가 다양한 시적 상황을 통해 자신의 경험을 소환함과 더불어 새로운 의미를 구성함으로써 개인적 성장을 도모할 수 있기 때문이다.

셋째, 학습자의 직간접적인 정서 체험과 학습효과를 위해 시의 내용에 기반을 둔 상황극을 연출해 볼 수도 있다. 이는 학습자들의 능동성을 발휘하게 할 수 있을 뿐만 아니라 시적 상황을 창의적으로 재현해나가는 과정에서 직간접적인 경험을 내면화하게 할 수 있다.

이와 같은 교육 방법은 교사 및 참고답안 중심의 교수법과 수동적인 학습에서 벗어나 학습자의 능동적인 역할과 경험에 주목하여 시 이해의 범위를 확장시킬 수 있다. 궁극적으로는 시적 화자와 맥락에 대한 학습자의 다양한 해석과 이해를 촉진함으로써 그들의 문학 경험의 확장을 실현함과 동시에 전인적 성장에 도움을 줄 수 있다.

참고문헌

1. 자료

권영민, 2002,『평양에 핀 진달래꽃』, 통일문학.

연변교육출판사조선어문편집실 · 동북조선문교재연구개발센터(2017),『조선어문』필수
　　1(고1-1) 교수참고서, 연변교육출판사.

2. 단행본 및 논문

권영민, 2009,『문학의 이해』, 민음사.

김영, 2019,「중국 조선족 중학교 문학교육 현황 고찰 -『조선어문(新編, 2014~2016)』교
　　과서를 중심으로」,『문학교육학』65, 한국문학교육학회.

김준오, 2008,『시론』제4판, 삼지원.

김해성, 1990,『현대시인연구』, 진명문화사.

노철, 2016,「화자의 발화맥락을 고려한 김소월 시의 해석」,『국제어문』69, 국제어문학회.

문혜원, 1999,「김소월 시의 여성성에 대한 고찰」,『한국시학연구』2, 한민족문화학회.

박인기, 1996,『문학교육과정의 구조와 이론』, 서울대학교출판부.

신동욱, 1980,『김소월』, 문학과지성사.

신범순, 1998,「현대시에서 전통적 정신의 존재형식과 그 의미-김소월과 백석을 중심
　　으로」,『국어교육』96, 한국국어교육연구회.

오세영, 1981,『꿈으로 오는 한 사람』, 문학세계사.

오세영, 2000,『김소월, 그 삶과 문학』, 서울대학교출판부.

윤여탁, 1998,『시 교육론Ⅱ-방법론 성찰과 전통의 문제』, 서울대학교출판부.

윤주은, 1998,「김소월 시 여성운 작품 성격 고찰」,『여성문제연구』16, 대구가톨릭대학
　　교 사회과학연구소.

정효구, 2016,「김소월 시에 나타난 화자의 성별과 성격」,『한국시학연구』6, 한국시학회.

최동호 외, 2014,『현대시론』, 서정시학.

카를 융(Carl G. Jung), 김양순 역, 2013,『인간과 상징』, 동서문화사.

제4부

미디어커뮤니케이션학

제5장

중국 영화에 재현된 지식계층의 표상*
-카이신마화 코미디 영화 〈미스터 동키(驴得水)〉를 중심으로-

오창학

I. 서론

중국의 지식계층은 권력과 어떤 관계를 맺고 무엇을 욕망하면서 어떻게 살아가고 있는가? 아편전쟁 이후 중국의 현대화과정에서 국가가 약화되었을 때는 지식계층이 상대적으로 자율성을 가지고 자기 주도로 사회변혁을 이끌었지만, 국가가 강화되었을 때는 국가발전의 도구로서 많은 역할을 하였다. 현대중국에서 지식계층은 자신들이 주도하는 이상적인 사회를 건설하기보다는 사회주의 혁명과 개혁개방 시장화의 도구로 존재했다(정보은, 2011).[1]

등소평의 남순강화 이후 중국 사회에서 시장의 영역이 압축적으로 확장되면서 대중문화의 확산 및 과학기술 지식의 확대를 배경으로 문화생산자로서의 지

---

*   이 글은 등재지 『아시아문화연구』 제60집에 실린〈카이신마화 코미디 영화 〈미스터 동키(驴得水)〉에 재현된 지식계층의 표상〉을 수정했음.

1   정보은, 「현대 중국 지식인의 "도구적 이성"에 관한 고찰」, 『중국연구』 제52권, 한국외국어대학교 중국연구소, 2011.7. pp. 589-606.

식인의 역할과 계몽적 지식인으로서의 위상은 세상의 관심으로부터 멀어져 사회의 주변부로 밀려나게 되었다(구문규, 2006).[2] 국가, 시장, 사회가 지식계층에 대한 기대는 과학기술, 경영, 행정, 학술 등 분야의 전문지식이고 새로운 혁신일 뿐 결코 계몽주의 가치를 수반하는 혁명은 아니었다. 따라서 대다수 지식인의 활동방식은 당국의 통치체제를 공격하기보다는 시장 논리에 의해 약화되고 있는 집권당의 통치 정당성을 뒷받침하는 성격을 지속하고 있다(이문기, 2009).[3]

영상문화에서 중국 지식계층의 이미지는 어떠한가? 중국의 정치 사회적 환경의 변화와 함께 영상문화에서도 지식계층의 이미지는 거듭되는 변화를 가져왔다. 첸지더(陈吉德, 2018)[4]는 문화대혁명 시기 중국 영화에 재현된 지식계층의 이미지가 인류지식의 파괴자, 시대정신의 왜곡자, 민족정신을 오염시키는 불순분자 그리고 공적 가치를 파괴하는 파괴자로 구성되었는데 이 시기 영화는 이런 방식을 통해 지식계층을 사회로부터 타자화시키려 했다고 지적했다.

문화대혁명 이후, 영화 제작자들이 문화대혁명을 어떻게 인식하냐에 따라서 다른 방식으로 지식계층 이미지를 구성했다. 위페이린(俞佩淋, 2016)[5]은 문화대혁명 시기를 배경으로 제작한 영화들에서 재현한 지식계층의 이미지는 억울하게 박해를 당한 피해자의 이미지, 그리고 박해를 받았지만, 여전히 당에 충성하는

2   구문규, 「적응과 반항 : 현대 중국 지식인의 위치와 역할 찾기」, 『중국학보』 제54권, 한국중국학회, 2006.12. pp. 177-192.

3   이문기, 「중국 지식인과 국가 관계의 변천: 체제 수호세력인가 시민사회 추동 세력인가?」, 『중국학연구』 제47권, 중국학연구회, 2009.3. pp. 187-216.

4   陈吉德, 「文革电影中知识分子形象的负面塑造」, 『学海』 第6期, 江苏省社会科学院, 2018.11, pp. 46-51.

5   俞佩淋, 「论"伤痕""反思"电影中的知识分子形象」, 『当代电影』 第5期, 中国传媒大学, 2016.5, pp. 186-189.

지식계층 이미지, 그 외에 반성과 더불어 반항하는 지식계층의 이미지들로 유형화할 수 있다고 주장했다.

개혁개방 이후 중국 영화에 재현된 지식계층의 이미지는 문화대혁명의 박해를 받던 피해자에서 시장경제에 적응해가는 평범한 사회인으로 변모하는 양상을 띠게 되었다. 딩닝(丁宁, 2019)[6]의 연구에 따르면 1979년부터 1989년 사이 중국 영화에서 재현된 남성 지식계층의 이미지는 정치투쟁의 중심에서 벗어나서 다시 일상생활로 돌아온 일반인 남성이었는데 1980년대 전반기까지는 문화대혁명에 대해 성찰하는 단계에 머물러 있었다면 1980년대 후반부터는 시장경제가 확장하는 국면과 맞물리면서 지식계층의 이미지가 다원화되었다. 그 가운데서도 시장경제 이데올로기에 침식되어 가는 지식계층의 이미지를 쉽게 찾아볼 수 있었다.

시장경제에 의해 변화하고 있는 중국의 도시문화를 처음으로 핍진하게 재현한 대표적인 중국 영화로 황젠신(黄建新) 감독의 1980~90년대 도시영화 3부작을 꼽을 수 있다. 위안원리(袁文丽, 2016)[7]의 분석에 따르면, 황젠신 감독의 도시영화에서 재현한 지식계층의 이미지는 시장경제 앞에서 계몽과 사상적 가치를 선도하는 지식계층의 역할은 상실되었고 반면에 현실사회와 타협하고 시장경제를 받아들이는 소시민으로 전락하였다. 우자오위(武兆雨, 2018)[8]는 1990년대 이후 중국 지식계층의 이미지는 물질주의에 편향되었고 정신적 가치들에 관해

6　丁宁, 「新时期电影中知识分子形象气质的几个向度」, 『电影文学』 第724期, 长影集团, 2019.4, pp. 59-63.

7　袁文丽, 「八九十年代之交黄建新城市电影中的知识分子形象的嬗变」, 『当代电影』 第5期, 中国传媒大学, 2016.5, pp. 183-186.

8　武兆雨, 「20世纪90年代以来知识分子形象困境探析及重建可能」, 『名作欣赏』 第27期, 山西三晋报刊传媒集团, 2018.4, pp. 45-48.

서는 관심을 잃은 것으로서 위축된 상태에 놓여 있는데 이런 지식계층이 다시 공적인 가치를 찾아 나서기까지는 아마도 멀고도 긴 시간이 필요할 것으로 평가했다.

2000년대 시장경제의 압축성장으로 중국 사회는 빈부격차에 따른 사회적 단절이 심화되었고 그 과정에서 혜택을 누린 문화 엘리트와 그와 반대로 상실감을 가진 대중들 사이의 갈등이 심화되었다. 첸웬웬(陳媛媛, 2010)[9]에 따르면 개혁개방 이후 권력과 시장이 중국 사회에서 중심적인 역할을 하면서 과거 청렴했던 지식계층은 부정부패에 노출되면서 스스로 존엄을 상실하였고 사회로부터 명망마저 잃어버리게 되었다. 첸천(陳琛, 2020)[10]은 2010년대 중국 영화에 재현된 지식계층의 이미지는 현실과의 타협을 넘어 반드시 지켜야 할 기본적인 공적인 가치마저 마음대로 무시할 만큼 신앙이 부재한다고 비판했다.

그렇다면 현재 중국 사회 평범한 지식계층은 어떻게 살아가고 있고 중국 사회에서 그들이 가진 표상은 어떠한가? 본 논문은 최근 중국영화시장에서 대중성과 작품성을 모두 갖춘 카이신마화 코미디 영화 〈미스터 동키(驴得水)〉(2016년작)에 대한 인물 분석을 중심으로 중국사회의 중심부가 아닌 주변부에서 생활하는 일반 지식계층의 표상을 유형화하고 분석하는 데 목적을 두고 있다. 이를 통해 현재 중국 사회 대중들이 지식계층을 어떻게 바라보고 있고 그들이 지식계층과 관련이 깊은 교육에 대해서 어떤 인식을 가졌는지도 간접적으로 살펴보려 한다.

9 陈媛媛, 「"下沉的声望"—社会转型时期知识分子媒介形象危机」, 『东南传播』 总第65期, 福建省广播影视集团, 2010.1, pp. 4-5.

10 陈琛, 「当代影视作品中的知识分子形象研究」, 『戏剧之家』 第19期, 湖北省文学艺术界联合会, 2020.7. p.134.

Ⅱ. 카이신마화 코미디 영화

2003년, 카이신마화엔터테인먼트회사(北京开心麻花娛乐文化传媒股份有限公司)는
중국 문화의 중심지이자 수도 베이징에 설립하여 연극을 주요한 콘텐츠로 공
연사업을 시작했다. '인민의 오락을 위해서 서비스를 하겠다'라는 취지와 '지혜
와 즐거움이 가득한 연극을 선보이기 위해 노력하겠다'라는 것을 콘텐츠 제작
의 궁극적 목표로 삼고 있다. 베이징에서 시작했던 카이신마화 코미디 연극은
전국으로 확산되어 현재는 상하이(上海), 썬전(深圳), 광저우(广州), 하얼빈(哈尔滨),
텐진(天津), 난징(南京), 썬양(沈阳), 청두(沈阳), 항저우(杭州) 등 거점 대도시에 자회
사를 설립하고 정기적으로 연극을 무대에 올리고 있다.[11]

개혁개방과 시장경제의 도입으로 그동안 중국에서 엘리트문화로서 교양의
역할을 담당해왔던 전통연극은 점차 오락성과 시장성을 강조하는 소비문화의
한 장르로서 변화하기를 요구받게 되었다. 이러한 시대적 배경 속에서 카이신
마화엔터테인먼트회사는 코미디 연극으로 공연시장에서 압축적인 성장을 가
져왔다. 작품에 대한 코미디 요소의 강조는 엘리트문화에 갇혀있었던 연극을
해방시켰고 대중들이 즐길 수 있는 소비문화로 탈바꿈시켰다. 카이신마화 작품
들은 대중성과 오락성 그리고 작품성으로 입소문을 타게 되었고 최근에는 다양
한 단막극으로 매년 CCTV 춘절야회 무대에까지 오르게 되었다. 이들 작품은
오락성과 상품성, 그리고 중국 국영방송 CCTV가 춘절야회 무대를 내줄 만큼
품질과 작품성까지 모두 갖추었다. 카이신마화 작품들은 대중들의 욕망과 현실
생활에 대한 깊은 통찰과 부조리한 사회적 현실에 대한 과감한 풍자를 통해 확

11　　开心麻花. http://www.kaixinmahua.com.cn/guanyumahua.html

보하였다. 코미디 장르로서 뮤지컬에도 도전하였고 중국인 입맛에 가장 맞는 뮤지컬을 생산하는 것을 작품창작의 목표로 설정하였다.

2015년, 카이신마화는 연극무대에서 거듭되는 성공을 바탕으로 영화제작에까지 사업영역을 확장하였다. 2012년 흥행에 성공했던 연극작품 〈굿바이 미스터 루저(夏洛特烦恼)〉를 2015년에 코미디 영화로 제작하여 14.4억 위안의 흥행수익을 거두었다. 해당 영화는 2015년도 중국영화시장에서 가장 흥행한 영화 6위에 진입하면서 '흥행 다크호스'로 주목받기 시작했다. 그 후 카이신마화는 5편의 코미디 영화를 제작·상영하여 모두 흥행에 성공시키면서 영화시장에서 카이신마화 자체의 브랜드를 구축했다.

카이신마화는 영화제작의 지향성을 '대중들의 속마음을 표현하고 그들의 희로애락(喜怒哀樂)을 이야기하는 것에 있다.'라고 설명했다.[12] 이미 창출한 박스 오피스 수익과 더우반의 평점을 통해 알 수 있듯이 카이신마화 영화는 이데올로기 선전을 목적으로 하는 주선율 영화와 결이 다른 것으로 시장과 관객에게 초점이 맞춰져 있는 상업영화이다.

〈표 1〉 카이신마화 코미디 영화

영화	상영시간	더우반 평점	박스 오피스 수익
굿바이 미스터 루저 (夏洛特烦恼)	2015년	7.8	14.4억 위안
미스터 동키 (驴得水)	2016년	8.3	1.7억 위안
수수적철권 (羞羞的铁拳)	2017년	6.8	22.1억 위안

12 　开心麻花. http://www.kaixinmahua.com.cn/guanyumahua.html

영화	상영시간	더우반 평점	박스 오피스 수익
서홍시수부 (西虹市首富)	2018년	6.6	25억 위안
이차적고마 (李茶的姑妈)	2018년	4.6	6.0억 위안
내 남자친구는 착쁜놈 (牛个喜剧)	2019년	7.3	1.8억 위안

카이신마화가 제작한 코미디 영화 6편은 모두 부자, 성공 인사 그리고 권력자들에 관한 이야기를 전면에 내세우지만, 이들은 풍자의 대상일 뿐 영화의 초점은 그들에 의해서 주변부로 밀려난 사회적 루저로서 대다수 일반인에 맞춰져 있다. 주인공들은 성공하고 싶은 욕망을 감추지 않고 질주하지만, 결국엔 성공으로서의 신분 상승에 실패하는 양상으로 재현되었다. 사회적으로 성공하기 어려워진 MZ세대 대다수 중국 청년들은 영화에서 재현한 사회적 루저들의 이야기에 깊이 공감하고 환호하고 있다.

카이신마화 코미디 영화는 블랙코미디 장르로서 사회에 대한 과장된 풍자와 함께 현실 세계를 핍진하게 있는 그대로 보여주려 했다. 영상콘텐츠에 대한 강력한 사전검열시스템과 주선율 영화가 주류를 이루는 중국영화시장에서 우화형식을 띤 블랙코미디 장르의 선택은 중국사회의 부조리를 비판하는 영화들이 흔히 취하는 제작전략이다. 따라서 블랙코미디 영화는 중국사회의 문제를 관찰하는 데 유용한 도구로 활용할 수 있다. 사회의 부조리에 대해 침묵을 지키는 중국인들의 마음을 살펴보는 데 유의미한 통로이자 렌즈로서 매개체로 기능할 수 있다.

어두운 내용의 콘텐츠를 반기지 않는 중국영화시장에서 영화 〈미스터 동키〉와 같은 블랙코미디 영화가 과연 상업적으로 성공할 수 있을지 불투명했다. 그

조선족 차세대 학자의 연구 동향과 전망

러나 개봉 후 박스 오피스 수익이 1.73억 위안을 창출함으로써 제작비의 476%에 달해 2016년 수익률 가장 높은 중국 영화로 자리 잡았다. 영화 〈미스터 동키〉는 인터넷 영화 데이터베이스(Internet Movie Database, IMDb)에서 평점 7.4점으로 2010년 이후 10년간 중국 영화로서 평점이 가장 높은 10대 영화로 선정되었다. 더우반(豆瓣)에서 평점도 8.3점으로 중국 국내에서도 높은 평가를 받았다. 2017년 중국 대학생들이 가장 선호하는 영화로 뽑히기도 했다. 영화 〈미스터 동키〉는 강력한 국가이데올로기 선전과 치열한 시장경쟁 속에서 작품성을 잃어가는 중국영화시장에서 시장성과 작품성을 모두 갖춘 찾아보기 어려운 수작이다. 중국 사회 주변부로 밀려난 지식계층의 이야기를 영화화하여 평론계와 영화시장에서 모두 성공을 거두었다는 점에서 중국 지식계층의 이미지를 재현하는 데 성공했다고 평가할 수 있다.

영화 〈미스터 동키(驴得水)〉의 이야기를 요약하면 다음과 같다. 학생을 가르치는 선생들이 사적인 욕망을 실현하기 위해서 시작했던 거짓말이 꼬리에 꼬리를 물면서 더 큰 거짓말로 바뀌는 과정에서 따뜻했던 인간관계가 서로 충돌하면서 결국 파국을 맞게 되는 우화와 같은 이야기이다. 민국 시기, 대도시에서 고등교육을 받은 4명 지식계층이 빈곤한 지역 아이들의 교육을 돕는다는 명분으로 물 자원이 부족한 서부지역에서 은둔생활을 하면서 삼민학교를 운영한다. 그들은 정부로부터 조달받은 턱없이 부족한 학교 운영자금과 교사 월급으로 가난한 생활을 이어갔지만 그래도 서로 의지하면서 행복한 시간을 보냈다. 문제의 발단은 이들이 학교 운영경비를 해결하는 방법으로 마실 물을 길어 나르는 당나귀를 영어 선생으로 둔갑하여 정부로부터 선생 한 명의 봉급을 편취해서 사용해왔던 데 있다. 그러나 교육부에서 파견한 행정관이 학교에 시찰 오면서 이들의 거짓말은 탄로 나게 되었다. 이들은 여기에서 멈추지 않고 행정관과 함께 미국 자선사업가의 후원금을 편취하기 위해 서로 공모관계를 형성하여 거짓말을 이어간다. 그 과정에서 이들의 이기적이면서 서로에 대한 공격적인 모습이 적나라하게 드러났고 결국엔 약자인 여교사가 자살을 선택하면서 모두의 관계가 파국을 맞는 내용이다.

III. 지식계층의 유형화

영화에서 주인공 캐릭터들이 추구하는 욕망과 그들이 욕망 충족을 위해서 국가와 자신의 가치에 대해 어떠한 태도로 구체적으로 어떻게 실천하는지에 따라 지식계층을 유형화하였다. 즉 현실타협형, 사익추구형, 권력굴종형, 자유지향형 등 4가지로 유형화하였다. 그렇다면 이들이 구체적으로 무엇을 욕망하고 있고 그 욕망을 위해서 국가와 자신에 대해 어떤 태도로 어떻게 실천하고 있는지 살펴보면서 4가지 유형을 관찰해보자.

1. 현실타협형

영화의 시간적 설정은 1942년이다. 그러나 영화 속 장소는 1942년이라는 시대적 배경을 무색하게 할 만큼 고요하고 평범한 일상으로 중국의 서부지역으로 설정하였다. 중국 역사에서 1942년은 일본군의 침탈과 함께 황하류역(黃河流域)에서 발생한 홍수로 인해 허난성(河南省)은 극심한 가뭄, 서리, 우박 등 자연재해의 타격을 입었고 그 뒤에 메뚜기 떼가 창궐하면서 300만 명 이상의 아사자가 나타나는 허난대기근(河南大飢荒) 사태를 맞이한 해이기도 하다. 1942년 중국의 대도시들은 일본군 침략전쟁에 따른 전란에 휩싸였고 광대한 농촌은 그에 따른 재난재해로 빈곤한 삶에 허덕이던 때이다. 그러나 영화는 그 시기 중국 내에서 발생한 전란과 자연재해에 대해 전혀 상상할 수 없을 만큼 고요한 서부의 편벽한 마을에서 고등교육을 받은 4명의 교사가 평범하게 일상을 살아가는 것으로 재현하였다. 평샤오깡 감독의 영화 〈1942〉(2012년 작)에서 재현한 중국의 시대상과 비교하면 선명한 대조를 이룬다.

영화 주인공 4명의 교사는 대도시에서 고등교육을 받은 엘리트 출신들이었다. 이들이 서부로 이전하는데 삼민학교 교장 순헝하이(孫恒海)의 영향이 컸다. 순헝하이는 제자들과 함께 전란과 자연재해를 피해 담수 자원 부족으로 생활환경은 열악하지만 그래도 조용하게 살아갈 수 있는 서부의 편벽한 시골 마을로 이주했다. 이들한테 중요한 관심사는 풍전등화 앞에 놓인 국가와 민족의 생사존망이 아닌 교원을 한 명 더 많이 보고하는 것으로 교육부로부터 더 많은 교육 경비를 조달받는 데 있다. 영화에서 사람이 아닌 물을 운반하는 당나귀를 영어 선생으로 둔갑시켜 중화민국 교육부로부터 더 많은 교사 월급을 조달받아 학교 운영경비로 사용하는 것으로 재현하였다. 순헝하이는 교육의 가치에 대한 설득으로 학생을 유치하는 깃이 아닌 장학금을 신설하는 것으로 농활에 지친 시골 학생들의 학교입학을 유혹하려 하는데, 그 목적은 교육을 통한 계몽이 아닌 오직 학생 수 증원에 있다. 학교가 정상적으로 운영되고 자신이 교장 역할을 지속하는 것이 순헝하이의 궁극적 목표일 뿐이다.

순헝하이는 미국 자선사업가의 후원금을 편취하기 위해 부패한 관료와 손잡고 사기극을 펼쳐간다. 순헝하이는 거짓말을 지속하는 과정에서 도덕적인 문제가 있음을 분명히 알면서도 자아비판은 부재하고 어려운 현실 조건을 이유로 선생들이 저지른 비리에 대해 눈감아주고 부패한 권력과도 타협한다. 마지막엔 자기의 딸까지 설득하여 유부남인 대장장이와 가짜결혼식을 올리게 하는 것으로 사기극을 정점으로 끌어올린다. 학교 운영에 필요한 자금을 마련하겠다는 명분으로 수단과 방법 가리지 않고 질주하는 모습에서 지식계층의 발달한 도구적 이성과 그와 반대로 비판 정신의 부재를 보여주었다.

순형하이가 학교의 존립과 농민 교육을 명분으로 끊임없이 현실과 타협하고 불의와 협력하려는 위선을 보여주었다. 그러나 지식계층 앞에 놓인 열악한 생존환경을 무시할 수 없다. 물 자원이 부족하고 경제적으로 매우 가난한 서부의 시골 마을을 이야기의 배경으로 설정한 것은 지식계층이 살아가는 열악한 사회적 환경을 은유적으로 재현하는 데 있다. 국가권력의 학교에 대한 행정개입이 지식계층의 자유와 사상을 속박하는 부분도 크지만, 그보다는 신자유주의 이후 중국사회의 빈부격차가 압축적으로 늘어나는 가운데서 시장에 의해 주변부로 밀려난 지식계층의 열악한 생존환경에 대한 문제 제기이다. 이 지점이 영화에서 재현한 1942년의 지식계층의 삶과 현시점을 살아가는 도시 지식계층의 삶이 서로 어우러지고 영화와 관객이 만나서 공감할 수 있는 공유영역에 속하게 된다.

순형하이는 자기만 잘 먹고 잘살려고 사기극에 가담한 것은 아니다. 그는 학교 운영을 지속하려는 의지가 강하면서도 동시에 동료 선생들의 생활에 대해서도 책임지려는 가장으로서의 책임감도 갖추고 있다. 교사들이 서로 의견이 충돌할 때 적절하게 처리하려 하고 젊은 교사가 행정관료와 갈등을 빚을 때도 교사가 불이익을 덜 받도록 타협시키려 한다. 물론 매번 설득의 대상은 행정관이 아닌 젊은 교사들로서 권력에 타협하려는 측면도 있지만 동시에 젊은 교사의 앞날에 대한 우려도 섞여 있다.

순형하이는 중간관리자로서 상과 하, 좌와 우의 이견을 잘 봉합하여 갈등을 줄이고 단결을 도모하는 데 최선을 다하는 것으로 명철보신을 실천하지만, 문제의 근본적인 해결방안과 거리를 두려 한다. 영화 도입부에서 은유적으로 보여주고 있다. 당나귀 우리에 불이 붙었을 때 현장에서 지휘하던 순헝하이는 젊은 교사들더러 이불, 삽 등 손에 잡히는 물건들로 불을 끄라고 했을 뿐이다. 순헝하이는 오히려 멀리에서 물을 길어서 불을 끄려는 딸의 선택을 현실성이 없다는 이유로 강력하게 저지한다. 결국, 당나귀 우리는 잿더미로 되고 말았다. 즉 순헝하이는 문제해결의 근본적인 방안이 무엇인지 알면서도 현실성 없다는 이유로 부정하고 거부해버린다.

항상 주어진 환경에서 현실 가능한 방편으로 문제의 임시적인 해결에만 몰두할 뿐 근본적인 문제해결방안과 담을 쌓고 있다. 이런 사람들이 소위 말하는 '유능한 사람'으로 관료사회로부터 인정받고 위로부터 중간관리자의 역할을 잘 수행했다는 평가를 받게 된다. 중간관리자그룹에 속해있는 이 유형의 지식계층의 나약한 부분을 극명하게 보여주었다. 이들은 현실성을 강조하면서 늘 대중보다 박식한 듯하지만, 실제상황에서는 좌고우면하면서 문제해결을 위한 근본적인 방법을 제시하지 못한다. 그리고 그에 따른 최악의 결과에 대해서 어쩔 수 없었다는 등 이유로 책임을 회피하는 무능함과 뻔뻔함을 드러낸다. 이들은 문제해결의 어려운 원인을 항상 구조에서만 찾고 문제 앞에서 뒷짐 지고 멀리서 관망하고 있을 뿐이다. 따라서 대중으로부터 신뢰와 공감을 받지 못하는 것으로 지식은 있지만 무능한 관료로만 인식되고 있다.

2. 사익추구형

영화에서 학교 교장 자리를 지키기 위해 수단과 방법을 가리지 않고 사회적 현실과 타협하는 순헝하이가 있는 반면에 사익추구를 위해서라면 수단과 방법을 가리지 않고 질주하는 이기적인 인물 페이쿠이산(裴魁山)도 있다. 페이쿠이산은 도시의 학교에서 근무했던 지식계층이었는데 사익추구를 위해 학교 공금을 횡령하다가 발각되어 서부의 편벽한 시골 학교에 발령을 받게 되었다. 페이쿠이산은 학교의 존망, 교육의 의미, 학생들의 생활과 교육 환경 등에 대해서는 전혀 관심이 없다. 오로지 더 많은 이익을 챙기는 것이 그의 가장 중요한 관심사이다.

교장 순형하이가 더 많은 학생을 확보하기 위해 학생장학금 마련을 명목으로 교사들을 동원하고 있을 때, 다른 2명의 선생은 교장의 장학금 모금 제안에 동의했지만 페이쿠이산만은 강력하게 반대했다. 페이쿠이산은 "당신들은 왜 당신들의 도덕적 표준으로 나의 이익을 납치하려고 하는가?!"라고 강하게 맞섰다. 적은 월급으로 학교 건물이 아닌 사당에서 어렵게 생활하는 선생들로부터 모금하여 장학금을 마련하려 하는 교장의 동원도 문제지만 모금을 반대하는 이유를 개인의 이익에서만 찾는 페이쿠이산의 주장에서 이익추구형 인물임을 알 수 있다.

영화에서 교장과 기타 두 선생은 교육 행정관과 자선사업가를 기만하는 행위에 대해서 심리적 갈등과 불만들을 드러내지만 페이쿠이산만은 개인이 더 많은 자금을 획득하기 위해 질주한다. 교육 행정관이 후원금에서 일부분을 갈취하려는 것을 알게 되었을 때, 다른 선생들은 불평과 불만으로 저항을 시도해보지만 페이쿠이산만은 후원금에서 자신의 몫이 있는지 여부와 개인 몫의 크기에만 관심을 드러낸다. 자기 몫을 챙기기 위해서 다른 선생들까지 설득하여 사기극에 참여하도록 적극적으로 협조자 역할을 한다. 페이쿠이산은 교장한테 직설적으로 물어본다. "후원금을 받게 되면 어떻게 분배할 것인가?" 교육을 지원하기 위한 후원금이지만 그한테는 사유화를 해야 하는 대상으로 인식하고 자신이 얼마를 챙길 수 있는가에만 몰두한다.

조선족 차세대 학자의 연구 동향과 전망

페이쿠이산은 자본뿐만 아니라 자기가 좋아하는 것을 갖기 위해 모든 공적 자원들을 동원한다. 페이쿠이산은 여선생 장이만(张一曼)에 호감을 갖고 그녀의 사랑을 독차지하기 위해 공사 불문하고 모든 자원을 그녀에게 바치려 한다. 페이쿠이산은 장이만한테 시난롄다(西南联大) 조교 자리를 제안한다. 시난롄다는 1930년대 항일전쟁 시기 베이징대학, 칭화대학, 난카이대학이 연합하여 구성된 연합대학으로 중국 근대사에서 최고의 대학이라는 평가와 가장 훌륭한 인재를 많이 배출한 대학으로 남아 있다. 그러나 영화에서 페이쿠이산이 중국 최고 명문대학 조교 자리를 개인의 구애에 거리낌 없이 사적으로 이용하고 있다는 것은 그가 접근할 수 있는 모든 공적인 자원을 개인의 이익추구에 이용할 수 있음을 보여주고 있다. 공과 사에 대한 구분 없이 모든 것을 개인의 용도로 활용하려는 지식계층의 사유화 욕망과 그 실천을 보여주고 있다. 지식계층들이 신분 상승을 하려는 노력은 대의를 위한 것보다 사사로운 개인의 이익을 더 많이 챙기기 위한 질주임을 보여주고 있다. 지식계층들이 가진 것들이 사회의 공적 자원인데도 그들한테는 페이쿠이산처럼 개인의 자원으로 활용하고 있음을 은유하여 비춰준다.

페이쿠이산이 사익을 추구하는 방식도 교장 순헝하이처럼 수단과 방법을 가리지 않는다. 자선사업가의 교육후원금을 갈취하기 위해서 적극적으로 교육 행정관과 타협하고 앞장서서 선생들을 동원하여 사기극을 절정에 끌어올리는 역할을 수행한다. 패션에서도 수단과 방법을 가리지 않는 그의 행태가 드러나는데 즉 안에는 사회주의 가치를 지향하는 인민복을 입고 밖에는 자본과 권력 그리고 사치를 과시하는 밍크코트를 걸친다. 신념은 부재하고 지식과 그에 따른 권위는 무지한 일반 대중과 거리를 두고 차별을 재생산하는 도구로 활용한다.

페이쿠이산은 "중국 농민들의 탐욕, 우매함, 나약함과 사익추구 욕망을 변화시키기 위해 서부 농민 교육에 헌신한다."라고 말하지만 여기서 교육은 부재하고 남는 것은 무식한 대중과 지식계층에 속하는 자신의 구별 짓기에 있을 뿐이다. 탐욕스럽고, 우매하고 나약하며 사익추구 욕망에 들끓는 인간상에 있어서는 무식한 대중이나 문화 자본을 더 많이 축적한 페이쿠이산은 차이가 없다. 영화는 오히려 페이쿠이산과 같은 지식계층이 더 탐욕스럽고, 우매하고 나약하며 사익추구 욕망에 들끓고 있음을 풍자하여 비판하였다.

페이쿠이산은 중국의 사회변혁과정에서 혜택을 본 지식계층집단과 사익만을 추구하는 지식계층을 대변하는 대표적인 인물이다. 이들이 공부하고 지식계층으로 활동하는 것은 대중한테 지식을 공유하고 대중을 계몽하여 사회를 바꾸기 위한 목적이 아닌 오로지 자신의 신분 상승과 더 많은 자원을 확보하려는 데 있다. 그 과정에서 권력과 타협하고 자본과 손잡으며 자원을 독식하고 있는 자들이 원하는 모든 것을 해주는 역할에 충실하다.

그러나 사익과 이성의 사랑을 독차지 못 할 때 페이쿠이산은 스스로 배신감을 느끼고 장이만 선생을 파멸해버리는 공격성도 보여주고 있다. 수양을 통해서 사리사욕을 억제하고 천하를 먼저 근심하는 것이 동양 지식인의 덕목이지만 압축근대화를 경험한 중국의 지식계층은 공부를 통해서 수양을 쌓는 것이 아닌 오직 더 많은 탐욕을 채우려는 데 몰두하고 있음을 비판하고 있다.

3. 권력굴종형

누구나 처음부터 권력과 자본에 굴종했던 것은 아니다. 영화에서 저우테난(周铁男)은 바른말을 하려 하고 일단 말하면 실천에 옮기는 정의로운 청년이었다. 비리를 저지르려 하는 교육 행정관 앞에서 "반나절 지켜보니까 결국엔 교육부가 돈을 뜯어가는 거네"라고 적나라하게 창피를 주면서까지 권력을 비판

조선족 차세대 학자의 연구 동향과 전망

한다. 사회적 불의 앞에서 숨지 않고 문제를 까밝히고 거침없는 비판을 가한다. 정의를 지키기 위해서는 감정을 앞세워 폭력을 서슴없이 사용할 만큼 충동적인 청년의 모습을 보이기도 한다. 정서적이면서 극단적인 말과 행동을 서슴지 않고 자신의 의사 표현을 거침없는 다수의 중국의 분노하는 청년(愤青)의 이미지에 접근한다.

영화에서 저우테난(周铁男)은 권력을 남용하는 비열한 학과장한테 주먹을 날린 사건으로 학교에서 추방된다. 스승이었던 순형하이의 권유로 함께 중국 농민을 계몽시키겠다는 포부를 품고 서부 시골 마을 학교에서 학생들을 가르친다. 그는 어려운 생활환경에서도 학생장학금 마련에 적극적으로 동참하려 한다. 그리고 사익추구에만 몰두한 페이쿠이산을 멸시하는 것으로 자주 갈등을 빚기도 한다. 이기적이고 정의롭지 못한 행태에 대해 단호하게 부정하고 비판한다. 여선생 장이만이 교육 행정관과 페이쿠이산 그리고 대장장이로부터 수모를 당할 때, 유일하게 앞장서서 장이만을 보호해주려 했고 그녀를 위해 바른 목소리로 권력에 저항한 인물도 저우테난이다.

그러나 교육 행정관의 수행원인 군인 장교로부터 폭력의 위협을 당한 후로부터는 철저하게 권력에 굴종하는 인물로 바뀌게 된다. 페이쿠이산은 사익을 추구하기 위해서 권력과 손을 잡았다. 반대로 저우테난은 권력으로부터의 폭력이 무서워서 적극적으로 사기극에 가담하고 권력을 휘두르는 행정관에 협력하기로 전향하였다. 권력을 무서워하고 자기의 생존을 추구하는 저우테난은 군인 장교가 여성을 성폭행하는 현장을 목격하고도 못 본 척 회피하려 한다. 이 대목에서 권력을 불의로 규정하고 비웃고 불만을 터뜨렸던 저우테난은 반대로 성폭행당할 뻔했던 여성을 구해준 행정관료로부터 비웃음과 무시당하는 비참한 처지에 놓이게 된다. 정의를 지켰던 청년이 불의 앞에서 허리 굽혔고 반대로 불의를 저질렀던 권력이 정의를 실천하는 듯한 전도된 모습을 보여주면서 저우테난과 같은 인물에 보다 강력한 비판을 가하고 있다.

중국 근대사 속 많은 학생운동이 있었고 수많은 지식계층 청년들이 참여함으로써 사회변화를 가져옴과 동시에 그 과정에서 또 많은 청년이 희생되었다. 권력이 휘두른 폭력으로부터 살아남은 자들 가운데 일부는 도피를 선택했지만, 대다수는 권력에 순응하거나 실어증에 걸리게 되었다. 저우테난과 같은 인물이 권력 앞에서 변절하고 권력에 굴종하는 청년들을 상징한다. 조용히 침묵을 지키는 것이 아닌 하수인 신분으로 시키는 대로 했다는 명분을 앞세워 불의와 협력하고 불의를 저지른다. 권력의 만행을 의도적으로 무시하고 권력의 게임에 참여한다. 강력한 국가권력 앞에서 속절없이 무너지는 지식계층의 단면을 적나라하게 보여주었다. 영화에서 저우테난처럼 변절하고 적극적으로 권력에 협조하는 자들도 많고 또 학생운동이 실패 후, 비판 정신을 거둬내고 세상이 흘러가는 대로 일상을 살아가는 무명인물도 적지 않다. 청년 시절에는 사회의 부조리에 분노하는 청년들이었지만 사회적 현실 앞에서 좌절하고 권력에 굴종하면서 일상을 살아가는 1차원적인 지식계층이 사회에 널리 퍼져있다. 정의로움의 실천은 더 이상 사회로부터 인정받기는커녕 오히려 멍청한 짓으로 비웃음을 당하는 사회적 분위기이다. 혁신은 가능하지만, 혁명은 불가능하다. 현실 세계에서 쉽게 도덕적인 비판을 할 수 없는 이유이기도 하다. 신자유주의 이후, 오직 생존하기 위해 다양한 권력에 쉽게 동원되는 현대인들을 저우테난을 통해서 적나라하게 보여주고 있다.

4. 자유지향형

지위유지, 이익추구, 권력굴종형 지식계층 외에도 권력과 이익에 전혀 관심

없고 자신의 욕망에만 집중하면서 자유로운 일상을 살아가는 인물도 있다. 장이만(張一曼)은 여성 지식계층으로서 미적 소비의 자유, 성적인 욕망의 자유, 그리고 권력으로부터의 자유를 만끽하면서 인간답게 살아가려 하는 마지막 유형에 속하는 지식계층이다.

사기극에 협조하는 양상도 보이지만 그보다 장이만은 자신의 욕망을 즐기는 데 몰두한다. 장이만은 당나귀를 영어 선생으로 둔갑하여 더 받은 월급의 일부로 새 옷감을 구입하고 행복에 젖어 있다. 장이만은 권력 욕망, 이익추구 욕망, 정의로움을 실천하는 도덕적 욕망에 관심이 없다. 여성으로서 아름다움을 즐기려 하고 꽃과 자연을 즐기고 가난하지만, 동료들과 서로 신뢰하면서 함께 일상을 즐겁게 살아가는 소박한 꿈을 갖고 있다.

가부장 문화에서 허덕이는 전통여성과 달리 장이만은 성적 욕망을 자유롭게 즐기려 한다. 남성 교사들은 영어 선생으로 사칭하는 무식한 대장장이를 비하하는 시선으로 바라보지만 장이만은 성적 쾌락을 즐길 수 있는 대상으로 그리고 다른 사람과 다를바 없는 인간으로 다가선다. 대장장이와 성적인 자유를 즐기지만, 그가 유부남임을 알게 되었을 때 그의 가정은 지켜주려 한다. 영화에서 대장장이가 속성 공부로 계몽되기보다는 장이만과의 성적 쾌락을 통해서 자신을 찾게 되고 존엄성 있는 인간으로 변모하는 것으로 재현하였다. 장이만은 대장장의 가정을 지켜주려 하고 누구보다도 대장장이에 대해 애틋한 관심과 연민의 감정을 갖고 있었다. 대장장이를 짐승이라고 부른 것은 장이만이지만 실제로 대장장이를 짐승 취급해주었던 사람들은 학교의 다른 선생들과 교육 행정관이었다.

장이만 선생은 권력과 조직에 협력하여 사기극에 동참하지만, 그 협력은 권력에 편입되거나 권력에 굴종하는 것이 아닌 서로 신뢰가 짙은 사회적 분위기

속에서 조직 생활하는 한 명의 구성원으로서 역할뿐이다. 무식한 대장장이에 대한 따뜻한 연민의 감정도 있고 또 그와 성적인 즐거움을 즐기려는 성적인 욕망의 분출이 장이만 선생이 사기극에 가담한 배경이다. 권력 관계 내에서도 권력을 벗어나려 하고 자기의 욕망을 자유롭게 즐기려는 인물 유형이다.

그러나 여성으로서 아름다움과 성적인 욕망을 즐기는 장이만 선생은 대장장이의 가정을 지켜주기 위해 사기극에 선을 긋게 되는데 그 대가로 권력의 희생양으로 몰리게 된다. 사기극에서 중요한 역할을 맡게 된 대장장이는 자신을 짐승이라고 평가한 장이만 선생으로부터 수치심을 느끼고 그녀에 대한 복수로 머리를 자르게 한다. 미적인 아름다움을 즐기면서 살아가는 장이만 선생한테는 머리를 자르는 처벌은 여성성을 거세하는 것과 다름없다. 결국엔 장이만 선생은 미치광이가 되고 삶의 희망을 잃고 자살을 선택한다. 장이만 선생이 선택한 자살은 권력에 의해 질식되어 가는 세상으로부터 탈출로서 자신을 지키는 마지막 몸부림이고 저항의 의미를 내포하고 있다. 중국 문학 작품들에서 등장하는 지식계층이 죽음을 선택한 의미와 같이 세상에 대한 절망과 앞으로 살아갈 용기의 부재 그리고 끝까지 자신이 추구하는 가치를 지키려 하는 의미를 함축하고 있다.[13]

남성 지식계층과 달리 여성 지식계층으로서 장이만이 추구할 수 있는 욕망의 선택폭은 상대적으로 제한되어 있다. 교장의 권력 추구, 경제적 자본축적, 권력을 맹목적으로 추종하는 등 남성 지식계층의 보다 넓은 선택폭에 비해서 여성 지식계층의 선택폭은 좁은데, 남성 중심의 권위적인 사회에서 독립성을

---

13 戴海光, 「救贖 : 20世纪90年代以来小说中的大学知识分子形象」, 『江西社会科学』 第3期, 江西省社会科学院, 2018.3, pp. 109-115.

조선족 차세대 학자의 연구 동향과 전망

확보하기 어렵다. 특히 남성들과 치열한 경쟁을 하지 않는다면 개인이 추구할 수 있는 욕망의 선택폭은 더 제한될 수밖에 없다. 영화에서 장이만의 역할은 남성 중심의 지식계층 사회에서 학교 회계부를 적거나 옷을 봉제하거나 사회적 약자를 돌보거나 사기극을 완성하는 데 도구로 이용되는 주변부 역할에 머물러 있을 뿐이다. 사회의 중요한 자리와 자원으로부터 상대적으로 멀어져 있고 배제되어 있기 때문에 개인의 아름다움과 성적 욕망을 즐기는 것은 여성으로서 보다 쉽게 추구할 수 있는 마지막 남은 욕망의 성격이 강하다.

막강한 힘을 휘두르는 권력이 아름다움을 추구하는 가장 개인적인 욕망마저 용납 못 하고 치명적인 타격을 입히는 것은 궁극적으로 여성 인격을 거세해 버리는 것과 다르지 않다. 특히 가장 개인적인 욕망에 대한 속박은 지식계층이 현실 세계에 대한 무력감과 미래에 대한 희망까지 상실하게 한다. 권력과 자본이 지식계층에 가져다주는 압박감은 지식계층의 자아 상실과 더불어 존재의 의미를 무력화시켜 버린다. 이 순간 지식계층은 권력장으로 뛰쳐나와 본격적으로 정치 권력을 지향하거나, 시장으로 뛰쳐나와 경제 자본을 추구하거나, 혹은 사회에 대한 책임을 저버리고 사사로운 은둔생활을 선택하는 등 다양한 선택지가 놓이게 된다. 그러나 그 어떤 선택을 하더라도 지식계층이 갖고 있어야 하는 본연의 비판 정신과 멀어지는 결과를 가져오기 마련이다.

Ⅳ. 교육의 의미

영화에서 교육은 학생과 대중의 계몽에 목적을 두기보다는 학교의 존재와 교사의 삶을 영위하기 위한 것이 최종의 목적인 것으로 재현하였다. 영화에서 시간은 방학 시즌으로 설정된 것으로 학생들이 출현하지 않는다. 학교에는 공부하는 학생도, 뛰어노는 학생도 찾을 수 없다. 교사들만이 생활하는 학교에 학생들은 오직 그들의 대화에서 언급되는 대상으로만 존재한다. 학생 수가 줄어들면서 학교 존폐위기를 모면하기 위해 삼민학교 교장 순헝하이(孙恒海)는 장학금을 지급하는 방식으로 보다 많은 학생을 유치하려 한다. 교육보다는 학교의 존립과 그에 따른 교사들의 생존이 절대적으로 우선시되고 그 이상의 가치는 존재하지 않는다. 학생은 이들한테 현재의 삶을 지속하는 데 필요한 수단에 불과하다. 이때 학생은 자원일 뿐 결코 계몽의 대상은 아니다.

계몽의 대상은 학생뿐만 아니다. 글을 모르는 무지몽매한 대중도 계몽의 대상이지만 영화에서 교사들은 무식한 대중과 거리를 두면서 자신들의 우위를 재생산하려 한다. 지식계층들과 대장장이와의 관계는 스승과 제자의 관계가 아닌 서로 협력하여 사기극을 완성함으로써 권력으로부터 그리고 서방세계로부터 더 많은 자본을 편취하기 위한 것에 불과하다. 대장장이는 교사들이 각자의 생존을 위해 한번 사용하고 아무 때든 버릴 수 있는 도구일 뿐이며 앞으로 함께하는 지속적인 관계는 아니다. 지식계층과 무지한 대중 사이에 끈끈한 신뢰와 연대는 부재하고 오로지 특정한 목적 달성을 위해 단기적으로 조직되어 서로를 이용하고 때가 되면 서로 버려지는 불신을 바탕에 둔 불안한 관계만 남는다. 더 많은 자원을 획득하기 위해서 지식계층은 학생과 대중을 이용하고 반대로 대중과 학생들은 모두 신분 상승의 기회를 찾기 위해 지식계층과 단기적으로 결탁할 뿐이다. 학교에 선생님은 있어도 참스승은 없고 학교에 학생은 있어도 제자가 없는 교육현장의 한 단면을 핍진하게 보여주었다.

사회의 최하층에 있는 무지한 대장장이한테 교육의 함의는 그의 대사에서 잘 보여주고 있다. "교장은 나한테 말했다. 누구나 차별 없이 교육을 받아야 한다고… 내가 봐왔던 대장장이는 타인으로부터 차별당하고 괴롭힘당하고 또 이용당하고 나서도 비웃음당했다. 나는 그(나)의 후손이 달라졌으면 한다. 그래서 후원금을 꼭 교육에 사용해야 한다고 생각한다." 대장장이의 대사에서 알 수 있듯이 교육은 인간을 계몽하고 개인과 사회에 대해 책임의식 가진 사회구성원으로 인도하는 역할이 아닌 사회적 차별로부터 자유로움을 획득하려는 데 있을 뿐이다. 수치심이 교육을 받아야 한다는 정동이고 이 과정에서 교육의 중요한 가치인 계몽은 빠지고 만다. 교육은 궁극적으로 더 많은 문화 자본의 축적을 통해 다양한 방식으로 사회적 권력 획득을 위한 수단으로 전락하였다.

문화 자본이 결핍한 대장장이한테 교육은 신분 상승의 창구이고 사회적 차별로부터 자유를 찾을 수 있는 도구이지만 그와 반대로 문화 자본을 가진 순형하이 교장의 딸 순쟈(孫佳)한테 교육은 사회에 대한 책임이다. 순쟈는 기성세대한테 "시작부터 우리가 잘못한 거잖아요. 그에 따른 결과를 우리 스스로 대면해야죠!"라고 비판한다. 부패한 사회에 대한 희망을 버리고 해방구(解放区)로 떠나기로 결정한 순쟈는 "지나간 것을 이렇게 보내 버리면, 앞으로 더 나빠만 질 건데…"라는 말을 남긴다. 해방구로서 옌안(延安)과 현재 집권당에 대한 기대를 보여줌으로써 영화 검열을 통과하는 장치로 활용했지만, 그것보다는 영화가 다음 세대에 대한 기대와 희망이다.

영화에서 지식계층이 학교 교육 문제에 대한 태도와 인식은 경제 자본을 중심으로 물질에만 매몰되어 있다. 교장과 3명의 선생이 가장 힘들어하는 부분은 학교운영경비의 부족에 초점이 맞춰져 있고 교육부로부터 혹은 자선사업가로부터 경비조달을 더 받으면 교육을 더 잘 할 수 있을 것 같고 현재 상황보다 나을 것이라는 환상에 빠져있다. 자본투입은 낙후한 서부지역 농촌교육의 질적 변화에 물질적인 차원에서 일정하게 기여할 수 있다. 그러나 교육은 어디까지나 정신적 가치의 가르침과 전달이 중요한데 지식계층들은 정신적 가치는 도외시한 채 물질에만 몰두하고 있다. 장학금으로만 학생을 유치하려 하고, 학교의 문제를 운영경비 부족으로만 인식하고, 자선사업가로부터 후원금을 받기 위해 부패한 행정관료와 서슴없이 결탁하는 등 학교의 문제와 문제의 해결방법을 모두 자본에서 찾는다. 물론 중국 사회에도 궁핍한 시골 학교지만 학생들한테 지식을 가르치기 위해 최선을 다하는 선생들도 일부 존재하지만, 그보다는 교육을 명분으로 삼고 교육 관련 모든 문제를 돈으로 해결하려 하는 지식계층이 보편적으로 많은 것도 현실이다. 영화는 이 부분에 대해 비판하면서 교장의 딸 순쟈를 통해 교육에서 정신적 가치의 소중함과 그것이 교육의 최후의 보루임을 강조하였다.

영화는 삼민학교 담장에 적혀있는 학교의 구호 〈사람됨을 배우자(学做人)〉와 〈일하는 것을 배우자(学做事)〉를 집중 조명하였다. 영화는 이 두 문구를 통해서 학생이 교육을 통해서 무엇을 배워야 하는지, 그리고 지식계층이 교육을 통해서 무엇을 가르쳐야 하는지를 되짚어보기를 요청하고 있다. 문제가 있는 사회적 현실과 타협하려고만 하고, 자기 이익을 위해서 수단 방법 가리지 않고, 권력 앞에서 굴종하고, 마지막 남은 소박한 자기 자신을 지키려는 욕망이 좌절되었을 때 극단적인 선택을 하는 지식계층들로 사람됨을 가르치는 것과 일하는 것을 가르치는 교육의 가치가 과연 실현될 수 있을까 의문이 남지 않을 수 없다. 영화는 1차원적 도구적 인간으로 전락한 지식계층의 문제점을 꼬집으면서 다시 교육의 의미는 인간성의 계몽에 있고 적어도 인간으로서 마지막까지 지켜야 할 최소한의 기준(底线)이 있어야 함을 강조하고 있다.

V. 결론

본 논문은 대중성과 작품성을 골고루 갖춘 상업영화로서 카이신마화 코미디 영화 〈미스터 동키〉에 재현된 중국 지식계층의 표상을 살펴보았다. 기존에 중국 영화에서 반복적으로 노출되었던 지식계층은 국가와 민족을 위해 헌신한 과학자 중심의 엘리트였고 따라서 그 표상은 성스럽고 우아했다. 그러나 본 연구의 초점은 사회 주변부에서 평범하게 일상을 살아가는 지식계층의 표상에 대한 분석에 있다.

영화 〈미스터 동키〉를 통해 주변부 지식계층의 표상을 분석한 결과 크게 4가지 유형을 발견하였다. 하나는 교장이라는 자리를 지키기 위해서 사회적 현실과 끊임없이 타협하지만, 사회문제의 근본적인 해결에서는 거리를 두고 있는 현실타협형이다. 교장과 같이 중간관리자 역할을 하는 지식계층들에서 흔히 발견할 수 있는 유형이고 대중들의 마음에 자리 잡은 지식계층의 대표적인 형상이다. 두 번째는 수단과 방법 가리지 않고 사익추구를 위해 질주하는 사익추구형 인물들이다. 사익추구를 위해서는 모든 공적 자원을 사유화하는 부패한 지식계층의 표상이다. 세 번째는 정의로움을 실천하려는 도덕적 욕망이 있지만, 권력 앞에서 속절없이 무너져 권력에 굴종하는 지식계층의 표상이다. 주체성이 상실된 채 권력과 자본에 의해 동원되기 쉬운 지식계층을 의미하다. 마지막으로 개인의 자유를 욕망하지만, 권력과 자본이 지배하는 일상에 적응하지 못하고 권력과 사회의 희생양으로 전락하는 자유지향형이다. 자유지향형의 결말은 권력과 자본이 지배하는 사회에서 개인의 자유를 지키기 어려움을 의미하면서도 권력과 자본으로부터 완전히 탈출하는 것으로 마지막 저항의 의미도 담고 있다.

사회적으로 교육의 의미는 계몽을 통한 윤리의식과 사회적 책임의식의 함양이 아닌 사회적 차별로부터 자유로울 수 있는 문화 자본 획득을 위한 수단임을 보여주고 있다. 교육의 미래에 대해서 다양한 상상을 펼칠 수 있지만, 그 바탕에는 현재 사회가 지식계층을 바라보는 인식과 교육에 대한 태도에 대한 비판적인 성찰이 전제될 필요가 있다. 그러나 비판 정신의 상실을 넘어 사회에 대한 책임마저 방기한 지식계층들이 윤리의식과 책임감을 가진 사회구성원을 육성할 수 있을지 의문스러울 뿐이다.

참고문헌

구문규. 2006. "적응과 반항 : 현대 중국 지식인의 위치와 역할 찾기." 『중국학보』 54권: 177-192.

송한용. 2020. "1980년대 중국 지식인과 권력의 길항(拮抗)." 『역사학연구』 77집: 353-386.

이문기. 2009. "중국 지식인과 국가 관계의 변천: 체제 수호세력인가 시민사회 추동 세력인가?" 『중국학연구』 47권: 187-216.

정보은. 2011. "현대 중국 지식인의 '도구적 이성'에 관한 고찰" 『중국연구』 52권: 589-606.

陈吉德. 2018. "文革电影中知识分子形象的负面塑造" 『学海』 6期: 46-51.

陈琛. 2020. "当代影视作品中的知识分子形象研究" 『戏剧之家』 19期: 134.

陈媛媛. 2010. "'下沉的声望'—社会转型时期知识分子媒介形象危机" 『东南传播』 65期: 4-5.

戴海光. 2018. "救赎：20世纪90年代以来小说中的大学知识分子形象" 『江西社会科学』 3期: 109-115.

丁宁. 2019. "新时期电影中知识分子形象气质的几个向度" 『电影文学』 724期: 59-63.

武兆雨. 2018. "20世纪90年代以来知识分子形象困境探析及重建可能" 『名作欣赏』 27期: 45-48.

俞佩淋. 2016. "论'伤痕''反思'电影中的知识分子形象", 『当代电影』 第5期: 186-189.

袁文丽. 2016. "八九十年代之交黄建新城市电影中的知识分子形象的嬗变" 『当代电影』 5期: 183-186.

제5부

문화학

제6장

한민족과 만주족의 『주자가례』 혼례 수용양상 비교

강설금

Ⅰ. 서론: 동아시아론의 시사점

한민족과 만주족 모두 동아시아의 구성원으로 오랫동안 이웃 민족으로 살아왔으며, 유교 문화의 수용자라는 공통점이 있다. 한국 학계의 만주족에 대한 고찰은 많지 않으며, 비교연구는 더욱 보기 힘들다.

전통사회에서 혼례는 두 가문의 결합이라는 측면이 강조되었다. 전통시대에는 혈연과 지역 공동체의 결속력이 훨씬 강조되었으며, 그 당시 혼례가 당사자와 가문에게 주는 사회적 의미가 현대에 비해 더욱 크다 하겠다. 국인의 결속력이 통치기반에 큰 영향을 주기 때문에, 전통 시기의 혼례는 국왕과 정부의 주요 관심사이기도 했다. 건국 초 각 왕조는 관혼상제를 비롯한 예제를 정비하고, 이를 통해 국가 통치이데올로기를 분명하게 드러내곤 했다.

만주족은 처음에는 시베리아에서 활동하였다. 최초의 조상들은 황하 유역과 몽골지역 등에서 생활하다가 기원 전후 한반도의 북부와 중국의 동북 지역에 거주하기 시작하였다. 중국 국경에는 주로 동북 지역에 위치한다.[1] 최초의 만주족은 기원전 2세기에서 1세기의 숙신(肅愼)이다. 그 뒤 이름이 여러 번 바뀌었다.[2] 1635년 홍타이지(皇太極, 1592~1643)는 '여진족'을 '만주족'으로 개칭하였다. 그들 대부분은 수렵에 종사한다. 남쪽에 위치한 일부 사람들은 농경 생활을 하기도 한다.

이웃으로 살아온 두 민족은 문화에서도 유사성을 보인다. 전통혼례의 경우 양자 모두 고대의 노역혼에서 시작하여 남귀여가(男歸女家)의 전통을 장기간 유지했다. 표로 정리하면 다음과 같다.

〈표 1〉 한민족과 만주족의 전통혼례 변천표

	기원전 1세기~기원후 7세기	10~16세기	17~20세기 초
한민족	서옥제	서류부가혼	당일 상견례, 우귀
만주족	원시혼례	남하녀	타하처, 삽거례
특징	노역혼	남귀여가	주자 혼례

여기에서 세 시기는 정확한 기간보다는 대략적인 시기를 의미한다. 한민족의 경우 고구려의 서옥제(壻屋制)가 고려 시기에는 서류부가혼(壻留婦家婚)으로 발전했으며 조선 중기 이후부터 당일 상견례와 우귀(于歸)의 병행으로 변화했다. 비슷한 시기 만주족의 혼례도 세 발전단계를 걸쳤다. 선진(先秦) 시기부터 금대

---

[1] 만주족은 현재 중국의 55개 소수민족 가운데의 하나이다. 인구는 1천 38만 7,958명(2010년 기준) 으로 중국의 소수민족 가운데서 장족(壯族) 다음으로 인구가 많다. 중국에서는 '만족(滿族)'이라 고 불리는데, 주로 랴오닝 · 하북 · 흑룡강 · 길림 · 내몽골 · 북경에 분포되어 있다.

[2] 양한삼국 시기에는 읍루, 남북조시대에는 물길, 수당 시기에는 말갈, 오대 · 금 · 송 · 원 · 명 시기 에는 여진으로 불렸으며 명말청초에는 만주로 바뀌었다.

(金代) 이전까지는 특별한 혼례식을 치르지 않은 채 남녀가 동거한다.[3] 금대의 여진인들은 고려와 마찬가지로 남귀여가혼인 '남하녀(男下女)'를 행하였다.[4] 세 번째 단계에 이르러 두 민족 모두 한족의 『주자가례(朱子家禮)』를 수용하였다는 점에서 유사성을 보이나 수용 과정에서 현저한 차이를 보인다.

조선과 청의 건국 시기에 한민족과 만주족의 풍습은 한족의 주자 사례에서 큰 영향을 받았다. 본고는 그 가운데서 한민족과 만주족이 주자 혼례를 수용하는 과정을 살펴보고자 한다. 본고는 이 연구를 통해 다음과 같은 학문적 성과를 기대한다.

첫째, 농경민족과 유목민족의 외래문화 수용양상을 비교해볼 수 있다. 농경 사회인 조선은 고래로부터 일정한 격식과 체계를 갖춘 혼례풍습을 유지하고 있었으며, 이 고유 풍습은 주자 혼례에 대한 저항을 불러온다. 한편 청을 수립할 때까지 유목경제에 기반을 두었던 만주족은 단순한 구조의 혼례풍습을 가지고 있었으며, 왕의 결정에 따라 신속하게 혼례풍습을 전환하는 모습을 보인다.

둘째, 서로 다른 민족이 각자 독립된 국가를 유지할 때의 문화 전파 양상과 하나의 국가로 통합되었을 때의 문화 전파 양상을 비교해 볼 수 있다. 한민족과

---

3 상·주 시기의 숙신과 진한 시기의 읍루의 혼인형태는 씨족 군혼제이다. 여자를 중심으로 남자들이 여자가 있는 곳을 방문하여 결혼생활을 한다. 숙신과 물길의 혼례의식은 간단한 편이다. 숙신의 경우 남자가 여자의 머리에 깃털을 꽂아준 후 여자의 반응을 기다린다. 여자가 화답하면 남자 측에서 훗날 예를 갖추어 혼사를 청한다. 남북조시기 물길의 경우 저녁에 남자가 여가에 가서 그녀의 가슴을 잡으면 된다고 한다. 신랑은 신혼 첫날 밤 신붓집에 가서 동침한다.

4 이는 결혼 후 사위가 여자 집에 남아 노동 봉사를 하는 혼속으로 일반적으로 3년 머문다. 그사이 사위는 비록 처가에 머물지만, 본가에 왕래하면서 씨족 회의, 제사에 참여한다. 3년이 지나면 간소한 혼례를 올린 후 부인을 데리고 본가로 돌아간다. 청대에 이르러 이러한 혼속은 사라졌지만 20세기 초까지만 해도 흑룡강성 위안훈(瑗琿) 지역의 만주족 사이에 이 혼속이 여전히 잔류했다고 한다. 전영란. 2013. "만주족의 혼례 습속에 관한 연구." 『한국동북아논총』 66: 90.

중국의 한족은 오랫동안 문화적으로 교류해 왔지만, 지금까지 각자의 국가를 유지하고 있다. 독립적인 국가를 경영하던 조선 사대부들이 자신의 필요에 따라 주자사례를 선별 수용하는 과정을 본고는 살펴보고자 한다. 한편 만주족은 한족을 정벌하고 나라를 통합해, 피지배 민족과 국가를 공동 경영해야 하는 상황에 처했다. 본고는 소수의 지배자들이 다수의 피지배자 문화를 어떻게 수용하는지도 함께 고찰한다.

셋째, 이런 비교 고찰은 유교 문화가 전파되며 동아시아의 전통시대 주류 문화로 자리 잡는 과정을 보다 풍부하게 이해하는 데 도움을 줄 수 있다. 그리고 문화의 확산과정에서 전달자와 수용자의 관계를 고찰함에 있어 구체적인 사례로 작용할 수 있다.

두 민족의 혼례 변천 과정을 고찰함에 있어서, 동아시아론의 문제의식은 시사하는 바가 있다. 1990년대부터 탈냉전의 배경 하 한국 경제의 지속적인 성장, 전 지구화, 서구중심주의에 대한 반성 등에 힘입어 동아시아론이 대두되었는데 대표적인 것이 유교 자본주의, 동아시아 공동체론, 탈근대적 문명론 등이다.

삼자 모두 셀프 오리엔탈리즘의 위험성을 가진다. 이러한 한계를 극복하고자 등장한 것이 성찰적 동아시아론이다. 1993년 이후 최원식, 백영서, 백낙청 등 『창작과비평』 멤버들이 제기한 것으로, 민족주의·일국주의·국제주의의 한계를 극복하려는 데에 목적이 있다. 구체 대안에는 아리프 딜릭의 '프로젝트로서의 동아시아', 창비 멤버들의 '지적실험으로서의 동아시아', 그리고 쑨거의 '기능으로서의 동아시아' 등이 있다.[5] 그러나 이 방법 또한, 추상적이며 '현실 개입능력이 부족하다'라는 비판을 받는다.

---

5   원용진. 2015. "동아시아 정체성 형성과 '한류'." 『문화와 정치』 2(2): 8.

본고는 창비 그룹 특히 백영서와 최원식이 제시한 '이중적 주변의 시각'을 원용하고자 한다. 그들에 의하면 기존의 동아시아론은 서구라는 중심에 있어서 주변부로 치부된 동아시아를 역사 무대로 소환하는 데에 성공하였지만, 동아시아 내부를 다시 중심/주변으로 이분화함으로써 소외된 지역을 여전히 재생산하고 있다고 여긴다. 그들은 '주변적 시각을 다시 주변화'하는 방법을 제시하는데 이는 동아시아 내부의 주변부를 껴안음으로써 다양한 이질성을 확보하는 데에 목적이 있다.[6]

필자는 최원식, 백영서의 이러한 시각을 참고하여 중심과 주변의 인식 틀을 벗어나 전달자와 수용자의 상호작용이라는 시각으로 동아시아 지역 내의 문화 확산 현상을 고찰하고자 한다. 하나의 문화가 국가나 민족의 경계를 넘어 전파되는 초기에, 전해주는 쪽과 받아들이는 쪽에는 문화교류 주체가 형성된다. 이들을 각각 문화 전달자와 수용자로 부르기로 한다. 두 세력은 자신의 이해관계에 따라 해당 문화의 전파의 속도와 범위에 대해 영향력을 행사한다. 어떤 경우에는 전달자가 주도하고, 어떤 경우에는 수용자가 문화 확산을 주도한다. 많은 경우 문화 확산은 수용자의 필요에 의해 이루어져 왔으며, 수용자가 속한 국가와 민족의 상황에 따라 해당 문화는 변형되고 재창조되기도 한다. 그동안은 특정 문화는 탄생지와 전달자를 중심으로 이해되어 왔다. 전달자-수용자의 관점은 해당 문화가 탄생하고 이동하며 각 지역에서 새로운 역할을 수행하면서 생명력을 확장하는 모습을 관찰할 수 있도록 도와준다. 전달자-수용자 구도의 방식을 사용할 때, 중심-주변의 구도에 비해 보다 풍부하게 문화 확산 양상을 이해할 수 있다.

---

6 허정. 2010. "동아시아론의 재검토와 정전연구." 『동북아문화연구』 23: 225-226.

본고는 한민족과 만주족이 주자의 혼례를 수용하는 과정을 수용자의 관점에서 살펴보고자 한다. 만주족은 1644년부터 중국 전역을 통치하는 세력으로 급부상한 이후 일방적으로 한족 문화에 동화되어버린 것으로 간주되는 경우가 있다. 본고는 만주족이 한족 혼례라는 외래문화와 자신의 고유 혼속의 충돌 속에서 꾸준히 새로운 전통을 만들어 가는 모습을 살펴보고자 한다. 한민족도 마찬가지다. 유교를 국가 이념으로 표방한 조선의 사대부들이 한족의 혼례를 도입하기 위해 심혈을 기울였지만, 수백 년간 민간 혼인풍속의 저항에 부딪혀야 했다. 그 과정과 결과를 살펴보고자 한다.

Ⅱ. 수용대상: 『주자가례』에 대한 태도

한민족과 만주족의 혼속은 한족의 영향을 받았다. 한족의 혼속은 주나라 전과 후로 나뉜다. 주대 이전에는 여러 형태의 혼속이 존재하다가 주대에 육례가 나타난 후 천여 년의 발전단계를 거쳐 송대에 이르러 사례로 간소화된다.[7] 육례는 『주례』·『의례』·『예기』 등에 이미 명시되어 있으며 주나라에 기원을 두고 있기 때문에 '주육례(周六禮)'라고 불린다. 송대에 주자가 『주자가례』를 지은 뒤 그 속에 기재된 혼속이 전통 혼속으로 자리매김 되었다. 『주자가례』에 등장한 혼속을 '주자사례(朱子四禮)'라고 한다.

---

7 주나라 이전의 혼속에는 족외혼·대우혼·췌혼(贅婚)·수계혼 등이 포함된다. 구체내용은 서재선. 2008. "중국 고대 결혼제도와 풍속 그리고 후대에 미친 영향." 『중국학연구논총』1: 35-46 참조할 것.

구분	『의례』「사혼례」	『예기』「혼의」	『주자가례』「혼례」
1단계	납채	납채	의혼
2단계	문명	문명	납채
3단계	납길	납길	납폐
4단계	납징	납징	친영
5단계	청기	청기	
6단계	친영	친영	

주육례는 납채·문명·납길·납징·청기·친영을 포함한다.[8] 주자사례는 문명·납길을 생략한 채 의혼·납채·납폐·친영만 포함한다.[9] 고대에 유행하던 점치는 풍속이 송대에 이르러 점차 사라졌으며 주자는 그것을 혼속에 반영하였다. 주자사례는 송대에 널리 전파되면서 근대에 이르기까지 전통 혼속으로 명맥이 이어졌다.

『주자가례』는 한반도와 만주족의 의례풍속에 큰 영향을 미쳤다. 그 이유는 주자가례의 속성과 수용자의 상황을 통해 이해할 수 있다. 『주자가례』는 유교를 이념으로 하는 사대부의 정신을 반영한 의례이다. 중국의 경우 당나라 말기 ~송대에 이르러 경제적으로 대농장이 붕괴하고 정치적으로 과거제도가 발달

---

8 납채는 양가가 혼인 의사를 확인한 후 남자 집에서 여자 측에 혼인을 정식으로 청하는 의식이다. 문명은 신랑 측에서 신부의 이름을 묻는 의식이다. 그 다음 신랑 측은 점을 쳐서 얻은 길조를 신부 측에 고하는 납길을 행한다. 납징은 신부 측에 예물을 보냄으로써 혼례가 성사되었음을 알리는 절차이다. 청기는 신랑 측에서 신부 측에 혼인날을 알리는 의식이다. 그 다음 신랑이 여가로 가서 신부를 맞이하는 친영을 행한다. 친영 후 신랑과 신부는 동뢰·합근례를 행한다. 저녁이 되면 연회를 열어 손님을 접대한 후 합방을 한다. 이튿날 새벽에 며느리는 목욕을 하고 복장을 단정히 한 후 시부모를 뵙는 의식을 행한다.

9 의혼이란 남가에서 보낸 중매인이 여가와 남가를 왕래하면서 의사를 전달하고 혼례를 논의하는 의식절차이다. 주자사례는 주육례와 마찬가지로 납채·납징·친영을 행하는데 그 가운데서 '납징'을 '납폐'라고 불렀다.

함에 따라 귀족사회가 해체되고 중소지주 출신의 사대부 계층이 사회의 중심세력으로 성장하였다. 또한, 이민족의 침입으로 전통 예속이 무너졌다. 이에 사대부들은 귀족의 예제인 주육례, 왕조례와 구별되는, 사대부 자신이 주도하는 예법을 정비할 필요를 느꼈으며『주자가례』는 그 대안의 성격을 가진다.『주자가례』는 원대에 이미 중국 전역에 보급되어 사대부 사회의 표준적인 예서가 되었으며 명나라 초기에는『성리대전』에 편입됨으로써 그 권위가 확고하게 되었다.[10]

한민족과 만주족 모두 마지막 봉건 왕조에 진입하는 시기에『주자가례』를 민간풍속의 규범으로 택하였다. 한민족은 여말선초 종법 체제를 확립함에『주자가례』를 활용하였다. 조선 건국의 중심세력이 된 사대부 계층은 불교에 기반을 둔 고려의 구 귀족 세력을 타파하기 위하여 숭유억불(崇儒抑佛)을 표방하였으며, 새로운 문화의 대안을『주자가례』에서 찾았다.

만주족은 1644년 명나라를 멸망시키고 북경을 장악한 후 중국 전역을 통치하는 집단으로 급부상하는 과정에『주자가례』의 예법을 차용하였다. 소수인 만주족이 다수인 한족을 통치하고 청 정권을 지속적으로 유지하기 위해서는 무력만으로는 한계가 있다. 문화적 융합을 통해 일체성을 확보하는 과제가 대두될 수밖에 없다. 그들은 한족의 유학을 통치이념으로 선택하고 만주족 사회를 개혁하기 시작하였으며, 이것이 문화적 측면에서는『주자가례』의 수용으로 이어졌다.

『주자가례』는 한민족과 만주족이 국가체제를 정비하는 과정에서 중요한 역할을 하였지만『주자가례』수용 과정은 일사천리로 진행된 것이 아니라 지난한 과정을 겪었다.

---

10   李迎春. 2016. "宋代 이후의『家禮』연구와 朝鮮의 수용."『한국계보연구』6: 8-11.

1. 한민족: 주자사례와 고유 혼속의 대립

『주자가례』의 조선 유입은 고려 시기에까지 거슬러 올라가는데 고려 후기 성리학 도입에 힘쓴 안향, 백이정, 이제현 등에 의해서 이루어진 것으로 보인다.[11] 고려 말기까지 몇몇 성리학자를 제외하고 『주자가례』를 시행한 사례가 보이지 않는다.[12] 수용자 집단이 형성되지 않은 것이다. 사대부 주도의 건국 이후, 조선 초기에 주자가례식의 제례 · 상례가 확산하기 시작하였으나, 아직 혼례와 관례는 확산되지 않고 있었다.

조선은 건국 초부터 『주례』 · 『예기』 · 『주자가례』를 강조하였으며, 『국조오례의』를 편찬할 때에 『주자가례』를 주요 교본으로 삼았다. 조선 초기부터 『주자가례』는 『소학』과 함께 과거 시험의 필수선수과목이 되면서 응시자들의 필독서가 되었다.[13] 태종 3년(1403)의 기록에 의하면 국가는 처음에 입사(入仕)하는 사람과 이미 입사했던 7품 이하의 관리들로 하여금 『주자가례』를 시험 보게 하였으며,[14] 각 사(各司)에 『주자가례』를 나누어주고 또 150부를 인쇄하여 평양부에 보냈다고 한다.[15]

이러한 노력에도 불구하고 주자 혼례의 수용은 난관에 봉착하였다. 조선의

---

11 고영진. 1989. "15 · 16世紀 朱子家禮의 施行과 그 意義." 『韓國史論』 21 : 84.

12 공민왕 시기의 관리 윤귀생(尹龜生)은 관직을 그만둔 뒤 금주(錦州)에서 『주자가례』에 따라 사당을 세우고 삭(朔) · 망(望) · 사중(四仲)에 삼대에 제사 지냈으며 동지에는 시조에게, 입춘에는 선조에게 제사를 지냈다. 우왕 시기의 정습인(鄭習仁)도 『주자가례』에 따라 부모의 상례를 치렀다. 위의 논문, 83쪽.

13 李迎春, 앞의 논문, 8쪽.

14 『태종실록』 3년 6월 을묘.

15 『태종실록』 3년 9월 갑술.

주자식 혼례의 수용에 있어서 쟁점은 친영례이다. 주자사례에 의하면 혼례 당일 아침에 신랑이 여가(女家)에 가서 신부의 부모님에게 절을 올린 후 신부를 데리고 남가(男家)에 가서 상견례를 해야 한다. 친영은 오래된 한족의 고유풍속이며, 친영례가 행해진 신붓집의 장소는 시대마다 달랐다. 하나라 사람들은 신붓집의 정(庭)에서 친영을 행하고, 은나라 사람들은 신붓집의 당(堂)에서 하였으며, 주나라 사람들은 여가의 호(戶)에서 친영을 한 후 남가로 돌아갔다고 한다.[16] 조선의 남귀여가혼(서류부가혼이라고도 함)은 친영례와 다른 것으로, 혼례를 여가에서 행한 후 신부가 친정에 일정 기간 머물다가 나중에 자식을 데리고 시댁으로 들어가는 풍속이다.[17]

조선의 친영례에 대한 태도는 그것을 전적으로 수용하려는 입장과 보류하는 입장으로 양분된다. 14-16세기 친영 논의는 주로 태종·세종·중종대에 집중되었으며 16-19세기에 네 유형의 절충안이 등장하지만, 친영례는 끝내 정착하지 못했다.

조선을 건국한 사대부 세력의 이데올로기는 유교였다. 사대부들은 국가 제도는 물론 의례풍습도 유교식으로 개혁할 것을 희망했고, 『국조오례의』는 개혁의 지침서라 할 수 있다. 사례의 다른 분야는 노력한 만큼, 개혁의 성과가 나왔다. 문제는 혼례였다. 민간은 전통 혼례풍습을 고수했고, 사대부 안에서도 이견이 존재했다.

조선 건국 초기 주자 혼례의 수용세력은 왕실과 일부 사대부들이었다. 태조

---

16 서정화. 2013. "傳統婚禮에 대한 反省的 考察-婚禮의 淵源과 展開過程을 中心으로." 『東洋哲學研究』 75: 232.

17 고구려의 서옥제가 고려 시대에는 남귀여가혼으로 발전하였으며 그것이 조선 중기까지 지속되었다.

는 처음부터 중국의 혼속을 도입하려는 의사를 밝혔다. 조선 건국 직후에 반포한 즉위교서(卽位敎書)에서 그는 "관혼상제는 나라의 중요한 규범이니, 예조에서는 경전을 자세히 연구하고 고금의 시세를 참작하여 표준이 될 만한 예를 정하여 인륜을 두텁게 하고 예를 바로 잡으라"라고 지시하였다.[18] 이는 조선 예법의 기준을 명시한 대목이다. 태조 4년(1395) 6월 왕은 유학자 권근에게 명하여 관혼상제의 구체적인 절차와 규정을 정하도록 하였다.[19]

태종 4년(1404) 의정부는 사대부의 혼례 모델로 『주자가례』를 명시하였다.[20] 그러나 태종 14년(1414) 1월에 이르러서도 혼속이 바뀌지 않자 의정부는 불만을 드러냈다.[21]

〈표 3〉 태종~세종대 친영 논의

순서	시기	主張者	입장	출처	비고
1	태종대	태종	찬성	『태종실록』 14년 10월 18일 무자	태종과 황희의 대화
		황희	반대		
2	세종대	신상	찬성	『세종실록』 7년 5월 12일 신사	세종과 신상의 대화
		세종	반대		
3	상동	고약해	찬성	『세종실록』 12년 6월 1일 경오	세종과 고약해의 대화
		세종	반대		
4	상동	신상	찬성	『세종실록』 16년 4월 12일 기미	세종과 신상의 대화
		세종	반대		

---

18 『태조실록』 원년 7월 정미.

19 『태조실록』 4년 6월 6일 무진.

20 『태종실록』 4년 8월 20일 기축: 議政府議, (前略) 願自今, 士大夫婚姻之家, 皆法文公家禮, 違者痛治.

21 『태종실록』 14년 1월 4일 기묘.

조선족 차세대 학자의 연구 동향과 전망

태종대에서 세종대에 이르기까지 모두 네 번의 친영 논의가 행해졌다. 태종은 의정부의 견해에 동조하는 입장이다. 같은 해(1414) 10월 18일 태종은 황희와의 대화에서 처음으로 『주자가례』를 강조하였다. 태종은 조선의 의관 문물이 한결같이 중국의 제도를 따르지만, 혼례만은 구습을 따르는 데에 불만을 제기하면서 중국의 혼속에 따라 제도를 정할 것을 요구하였다. 이에 황희는 여복(女服) 개혁을 우선시해야 하며 혼속 개혁은 천천히 해도 된다고 하였다. 그러나 태종은 혼례를 먼저 정한 뒤에 여복을 고쳐도 늦지 않다고 하였다.[22] 태종과 대신이 친영례에 대하여 태도를 달리하고 있음을 알 수 있다. 친영 강경론을 펼친 태종은 왕실의 친영례 시행을 끌어냈지만, 사대부를 설득하지는 못하였다.[23]

태종과 달리 세종은 친영례 도입에 신중한 태도를 보였다. 급진적인 민속 개혁이 민간의 저항을 가져올 것을 우려한 것이다. 세종 7년(1425) 5월 12일, 세종 16년(1434) 4월 12일의 기록에는 세종과 예조판서 신상의 대화가 보인다. 두 번의 대화에서 신상은 세종에게 친영례를 권하지만, 수용되지 않았다.[24]

세종은 중국의 의례 복제를 수용했지만, 친영례는 서두르지 말 것을 주장하였다. 세종 12년(1430) 6월의 기록에 의하면 상정소에서 외조부모·처부모의 복(服)을 한 달 더 입게 할 것을 건의하자, 세종은 중국의 법대로 해야지 함부로 늘여서는 안 된다고 하였다. 이에 고약해는 혼례에서 친영을 실시하지 않으면서 유독 복제에 있어서는 중국의 것을 따르고자 하는 데에 이의를 제기하자, 세

---

22 『태종실록』 14년 10월 18일 무자.

23 태종 7년(1407) 7월, 세자가 친영을 행하였으며, 태종 14년(1414) 12월 성녕대군 이종이 친영례에 따라 대호군 성억의 딸과 혼인하였다. (『태종실록』 7년 7월 갑자; 『태종실록』 권 28, 태종 14년 12월 22일 신묘)

24 『세종실록』 7년 5월 12일 신사; 『세종실록』 16년 4월 12일 기미.

종은 혼속과 복제를 동일시할 수 없으며 복제보다 혼속 개혁이 훨씬 복잡하고 어렵다고 하였다.[25]

세종은 왕실과 사대부의 혼속에 대하여 다른 기준을 제시하였다. 왕실은 친영례를 행해야 하지만 사대부에게 강요하지 말라고 전지하였다. 세종 12년(1430) 12월의 기록에 따르면 왕은 왕실에서 먼저 친영례를 행하고 사대부들로 하여금 모방하도록 하되, 시행하지 않아도 죄나 처벌을 내리지 말 것을 예조에 전지하였다.[26]

왕실의 친영례는 일사천리로 진행되었다. 태종대에 비하여 세종대에는 더욱 많은 사례가 등장한다. 세종 17년(1435) 파원군 윤평(坡原君尹評)이 숙신옹주(淑愼翁主)를 친영하여 맞아들인 것을 필두로 하여, 세종 18년(1436)에서 26년(1444)까지 광평대군 여(廣平大君璵), 계양군 증(桂陽君璔), 의창군 강(義昌君玒), 밀성군 침(密城君琛) 등의 친영 사례가 등장한다.[27]

왕실의 솔선수범에도 불구하고 사대부들의 참여는 저조하였다. 세종 21년(1439) 6월 26일의 기록에 따르면 사대부들은 친영례를 거부하고자 남녀 나이 열 살이 될 때 혼인하는 예서제(五婿制)[28]까지 고안해냈다고 한다.[29]

친영례의 시행이 난관에 봉착한 이유는 다음과 같다. 중국의 친영례는 음이 양을 따른다는 음양 사상이 기저에 깔려있다. 친영례에서 신랑이 신부를 시댁

---

25 『세종실록』 12년 6월 1일 경오.

26 『세종실록』 12년 12월 무자.

27 『세종실록』 17년 3월 4일 병자; 『세종실록』 18년 1월 13일 기묘; 『세종실록』 19년 12월 9일 병인; 『세종실록』 21년 12월 16일 경인; 『세종실록』 26년 8월 24일 경오.

28 10세 정도의 남녀가 납채 · 납폐만 행하고 임시 혼인하는 민속.

29 『세종실록』 21년 6월 26일 임인.

으로 안내할 때 최대한 정중하게 인도해야 하며 딸은 시집가면 출가외인이라는 인식이 강하다. 이러한 인식에 비하여 조선의 혼속은 음양 논리가 강하지 않다. 남녀균분상속제에서 잘 드러나듯 아들 못지않게 딸을 중시하며 혼례 당사자인 두 집안을 동등하게 대하는 전통이 강하다. 친영례를 행하면 딸을 빨리 시댁에 보내야 하는 친정의 심리적 저항감도 한몫했다. 이와 더불어 경제문제도 있다. 세종 12년(1430) 12월 왕과 김종서(1383-1453)의 대화가 이를 잘 보여준다.[30] 김종서는 친영례를 행할 경우 남녀 양가에 경제적 부담이 큰 것을 지적한다. 신붓집의 경우 천천히 준비해도 되는 노비, 의복, 기명(器皿) 등을 당장 준비해야 하는 부담에 놓이게 되며, 신랑 집의 경우 혼례비용과 신랑·신부가 거주할 공간을 동시에 준비해야 했다.

중종대에 이르러 친영 논쟁을 둘러싼 사대부 내의 대립 양상이 표면적으로 드러났다. 친영 수용세력이 확산되는 한편, 대립 양상도 격화되었다. 그들은 친영 찬성파와 반대파로 양분되었다. 찬성파는 이자·송질·조계상·최숙생·정수강 등을 중심으로 하며, 반대파는 정광필·김응기·김전·신용개·권균·이계맹 등 세력을 중심으로 한다. 구체적인 내용은 후술하고자 한다.

2. 만주족: 주육례와 주자사례의 선별적 수용

1644년 입관(入關, 북경 진입) 전까지 만주족의 혼례는 간단한 구조였다. 선진 시기의 혼례와 금대의 '남하녀' 모두 특별한 의식 없이 남녀 동거하는 방식을 취하였다. 그러다 입관 이후 한족의 영향을 받아 『주자가례』의 예법을 따르기

---

30 『세종실록』 12년 12월 22일 무자.

시작하였다.[31] 한족의 문화를 수용한 이후, 만주족의 혼례는 통매(通媒) · 문명 · 상간(相看) · 방소정(放小定) · 방대정(放大定) · 결친(結親) · 회문(回門) · 주대월(住對월) 등의 순서로 진행된다.[32]

만주족은 주육례와 주자사례 가운데서 필요한 절차를 도입하여 선별적으로 수용하는 태도를 보인다.

〈표 4〉 주육례, 주자사례, 만주족의 혼례 절차 비교

구분	1단계	2단계	3단계	4단계	5단계	6단계
주육례	납채	문명	납길	납징	청기	친영
주자사례	의혼	납채	납폐	친영		
만주족의 혼례	통매	문명	방대정	타하처	삽거례	

만주족은 주육례와 주자사례에서 공동으로 제시한 납폐를 행하는데 '방대정'이라고 부른다. 이 절차를 제외한 나머지 의식은 상황에 따라 양자 사이에서 취사선택하는 모습을 보인다.

우선, 『주자가례』의 혼속을 받아들여 중매인이 남녀 양가를 오가면서 중요한 역할을 맡는데 이를 '통매'라고 한다. 중국은 선진시기부터 중매인이 의혼

---

31 만주족은 동북 지역에서 생활하다가 1644년 명나라 내전을 이용하여 북경에 진입한 후 1911년까지 중국 전역을 통치하였다.

32 통매는 남자 집에서 두 집안의 가세, 지위가 비슷한 가문을 선택하여 중매인을 통하여 혼례를 신청하는 절차이다. 두 집안에서 의혼이 끝난 후 여자의 이름과 외모를 체크하게 되는데 이것이 문명과 상간이다. 만약 외모가 마음에 들면 여의(如意) · 비녀와 팔찌(釵釧)를 처녀에게 줌으로써 예물로 하는데 이것을 '방소정'이라고 한다. 그 뒤에 행하는 방대정은 남자의 집에서 여자의 집에 예물을 보내는 의식이다. 결혼식은 보통 사흘 진행된다. 첫째 날에는 남녀 양가가 각자 준비를 한다. 둘째 날에는 혼례식을 올린다. 셋째 날은 신부가 시댁의 친지들에게 인사 올리는 날이다. '회문'은 혼례가 끝난 후 3일이나 5일 또는 7일 되는 날에 신혼부부가 여가로 가서 여자의 부모에게 예를 올리는 의식이다. '주대월'은 결혼 한 달 후 신부가 친정에 돌아가 한 달간 머무는 풍속이다.

단계에서 중요한 역할을 하였는데 '부모의 명령과 중매인의 말(父母之命, 媒妁之言)', '중매인을 통해 정식으로 배우자로 맞아들이다(明媒正娶)' 등의 표현들이 이를 잘 보여준다. 이러한 절차는 『주자가례』에 명문화되어 있으며 만주족도 이 절차를 택하였다.

다음, 문명은 주육례에 포함되어 있지만 『주자가례』에서 생략된 절차이다. 만주족은 조상신을 중시하였으며 혼속에서도 점치는 풍속을 견지하였다. 우선 통매를 거쳐 상대를 물색한 후 만약 양가가 통혼 의향이 있다면 각자의 기좌(旗佐), 성씨, 3대 정보 등을 적은 가첩(門戶帖)을 중매인을 통하여 상대방에게 전한다. 양가는 상대방의 '가첩'을 받은 후 3일간 조상신 앞에 놓아둔다. 만약 그동안 무사태평하면 조상들도 동의한 것으로 간주한다. 문명은 사주팔자를 교환하는 의식으로 양가는 상대방의 사주팔자를 점술가에게 보여주면서 문제가 있는지를 확인하기도 한다.[33] 이처럼 만주족은 의혼 단계에서 조상이나 귀신에게 혼인 여부를 확인함으로써 신중을 기하는 모습을 보였다.

마지막으로 친영이다. 만주족은 양가의 집이 멀리 떨어져 있는 경우 '타하처(打下處)'·'삽거례(揷車禮)'를 행하는데 친영례에서 차용하였다.[34] 『주자가례』에 의하면 양가의 거리가 멀어 친영례를 행하기 어려울 경우 양가 사이에 '관소'를

---

33 전영란, 앞의 논문, 91-92쪽.

34 '타하처'·'삽거례'의 구체내용은 다음과 같다. 신부는 혼례 전날 친오빠의 호위 하에 집을 떠난다. 신부 일행은 신랑 측이 미리 준비해놓은 집에 도착하여 하루 투숙한다. 이것을 '타하처'라고 한다. 신랑은 보통 신랑 측과 가까운 곳에 집을 마련한다. 이튿날 약속한 시각에 신부는 수레를 타고 출발한다. 이때에도 신부의 오빠가 직접 호송한다. 신랑도 친영 무리를 거느리고 출발하는데 음악을 연주한다. 이들 무리는 길 가운데서 만나는데 이때 신부는 신랑 측 수레로 바꾸어 탄다. 이것을 '삽거례'라고 한다. 楊英杰. 1991.『淸代滿族風俗史』. 瀋陽: 遼寧人民出版社: 27.

마련한 후 혼례를 올려도 무방하다고 하였다.[35] 만주족은 바로 이 사항에 근거하여 '타하처'·'삽거례'를 행하였다.

만주족은 입관 이후 주육례와 주자사례를 수용하였다. 양자 가운데서 주자사례가 주된 모델이다. 그 이유는 다음과 같다. 첫째, 1644년 입관 당시 한족의 혼속은 주자사례였으며 만주족은 그것을 혼속의 준거로 삼았다. 둘째, 조선의 영향을 받은 것으로 보인다. 『조선왕조실록』에는 조선의 관리와 여진족의 대화가 등장하는데 여진족 고유 혼속인 남귀여가와 수계혼에 대한 내용도 포함한다.[36] 당시 조선의 관리들은 『주자가례』에 대한 논의가 한창이었으며 여진족의 혼속에 관심을 보였다. 여진인들은 조선과의 교류에서 혼속 개혁의 필요성을 인지한 것으로 보인다. 마지막으로, 만주족의 중요한 혼속인 '타하처'·'삽거례'의 근거는 『주자가례』에만 등장한다. 이러한 혼인풍속은 20세기 50-60년대까지만 해도 만주족 사이에서 흔히 보였으나 1980년대에 이르면 현대혼례로 바뀌기 시작하였다.[37]

---

35 『주자가례』 권3, 혼례 친영. "지금 처가가 먼데 예를 행하고자 한다면 한 방법은 처가로 하여금 가까운 곳으로 나와 한 처소를 마련하게 한 다음 그곳에 가서 맞이하여 객사로 돌아와 예를 행하는 것이다. 또 한 방법은 처가가 나와 어떤 곳에 이르면 신랑이 그곳으로 가서 맞이하여 돌아와 집에서 예를 이루는 것이다. (今妻家遠, 要行禮, 一則令妻家就近處設一處, 却就彼往迎歸館行禮. 一則妻家出至一處, 壻則就彼, 迎歸至家成禮.)" 朱熹. 2007. 『朱子家禮』. 임민혁 역, 서울: 예문서원: 164-165.

36 성종 14년(1483) 10월의 기록에는 조선의 관리가 여진족 이목장합(李木長哈)에게 수계혼을 묻는 내용이 등장한다. 거기에 의하면 이목장합은 여진인들이 수계혼을 행한다고 대답했지만, 그의 동료 동거우동(童巨右同)은 그것이 노비들만의 혼속일 뿐 귀족들은 행하지 않는다고 하였다. 여진 귀족들 사이에서 수계혼을 수치로 여기기 시작했음을 알 수 있다. 동일 기록에는 조선의 문신 이세좌(李世佐)가 여진인 조이시합(趙伊時哈)에게 여진인들의 남귀여가혼에서 납채와 납폐를 행하는지 묻는 내용도 등장한다. (『성종실록』 14년 10월 무인)

37 전영란, 앞의 논문, 94-95쪽.

조선족 차세대 학자의 연구 동향과 전망

두 민족의 『주자가례』 수용 과정은 자발적이고 적극적인 수용이라는 점에서 공통성을 보인다. 두 민족 모두 문화의 전달자에 의해 강제 이식된 경우가 아니다. 수용자가 새로운 문화를 받아들이기 위해 체계적인 노력을 기울였다. 주자사례 수용 전에도 두 민족의 전통 혼속은 유사성을 보였다. 모두 노역혼에서 남귀여가혼으로의 발전 경로를 겪었다. 그러다 조선과 청을 건국한 세력은 각자 자신의 필요에 따라, 『주자가례』를 수용하였다. 조선을 건국한 양반 사대부 세력은 고려의 구 귀족과는 구별되는 문화적 정체성을 확립할 필요가 있었으며, 주자가례는 좋은 대안이었다. 1644년 중원을 제패한 만주족은 소수의 인구로 다수의 한족을 통치해야 하는 과제를 가지고 있었다. 만주족 역시 주자의 혼례를 수용하면서, 한족과의 문화적 동질감을 확보하려 했다.

Ⅲ. 수용주체: 사대부와 황제의 역할

한민족과 만주족의 주자사례 수용 과정은 주체와 양상에 있어 다른 모습을 보인다. 한민족은 사대부가 중심이 되어 혼례개혁의 논쟁을 긴 시간 동안 이끌었고, 만주족은 황제의 솔선수범과 명으로 한족의 혼례를 빠르게 흡수하였다.

1. 한민족: 사대부의 다양한 개혁안

일반적으로 조선에서의 친영 논의는 중종대에 집중된 것으로 알고 있지만 실은 조선 시대 전반에 걸쳐 이루어졌다. 조선 초기의 친영 논쟁이 왕실과 사대부의 이견으로 나타났다면, 중종대 이후에는 사대부 사이의 대립으로 나타난다.

가. 중종대 친영 논쟁

〈표 5〉 중종~명종대 친영 논의

순서	시기	主張者	입장	출처	비고
1	중종대	임권	찬성	『중종실록』10년 8월 10일 갑자	
		기준	찬성	『중종실록』10년 10월 23일 병자	
		유순·정광필·김응기·김전	반대	『중종실록』10년 10월 26일 기묘	
2	상동	중종	찬성	『중종실록』11년 1월 25일 정미	
		김응기	반대	『중종실록』11년 2월 6일 정사	중종 동조
		박세희	찬성	『중종실록』11년 2월 20일 신미	
		정광필	반대	상동	중종 동조
3	상동	중종	찬성	『중종실록』12년 3월 15일 경인	
		정광필	반대	상동	중종 동조
		고례파	찬성	『중종실록』12년 3월 17일 임진	중종 동조
4	상동	이자·유순·남곤·송질·조계상·최숙생·정수강	찬성	『중종실록』12년 3월 19일 갑오	중종 동조
		정광필·김응기·신용개·권균·김전·윤순·고형산·이계맹	반대	상동	
5	상동	정광필·김응기·김전·신용개·권균·이계맹	반대	『중종실록』12년 3월 24일 기해	중종 동조
		이자	찬성	상동	중종 동조
		정광필	반대	상동	
		남곤·이사균·조계상·한세환·김안로	찬성	상동	중종 동조
6	상동	정광필, 김응기, 권균, 신용개, 조계상	반대	『중종실록』12년 4월 9일 갑인	
		중종	찬성	상동	
		김전·윤금손·고형산안당	반대	상동	
		이언호·남곤	찬성	상동	중종 동조
7	명종대	윤개	찬성	『명종실록』4년 4월 2일 신축	
		사헌부	반대	『명종실록』9년 9월 27일 을축	

중종대 친영 논쟁의 특징은 고례파(古禮派)와 국조오례의파(國朝伍禮儀派) 사이 정론으로 번졌으며, 중종은 그 가운데서 상황에 따라 판단하고 견해를 달리하는 입장을 보였다는 점이다. 사대부들은 중종반정 이후 예학을 회복하는 과정에 두 입장으로 갈라졌는데 정광필 등 대신과 예조의 관리들을 중심으로 한 국조오례의파와 조광조를 위시한 신진사대부 중심의 고례파가 그것이다.[38] 국조오례의파는 친영을 점진적으로 수용할 것을, 고례파는 즉각 도입을 주장했다.

중종대의 친영 논쟁은 성균관 생원의 글이 발단이 되었다. 중종 5년(1510) 12월 성균관 생원 이경 등은 「편의십조(便宜十條)」를 올리면서 남귀여가혼의 문제점을 지적하였다.[39] 중종 7년(1512) 11월 소세양ㆍ손중돈도 남귀여가를 비판하였다.[40]

중종 10년(1515)에 이르러 고례파와 국조오례의파 사이 친영 논쟁이 시작되었다. 1515년 8월 임권이 우선 친영례를 강조하였다. 그는 "혼인이란 처음을 바르게 하는 도리이다. 그 예가 올바른 뒤에야 일들이 따라서 올바르게 된다. 만약 큰 해가 없으면 모름지기 친영의 예를 신명하는 것이 좋다."라고 하였다.[41] 기준도 사대부와 서인의 친영을 주장하였다. 그는 혼례는 만세의 시초로, 왕실에서만 친영을 행하고 아래에서 행하지 않는 것은 만세의 시작을 바르게 하는 것이 아니라고 하였다. 이에 중종은 적극적인 찬성 의사를 표명하였다.[42]

국조오례의파는 반대 의사를 드러냈다. 유순ㆍ정광필ㆍ김응기ㆍ김전 등은

---

38 고영진, 앞의 논문, 127쪽.

39 『중종실록』 5년 12월 19일 신축.

40 『중종실록』 7년 11월 임진.

41 『중종실록』 10년 8월 10일 갑자.

42 『중종실록』 10년 10월 23일 병자.

친영을 행하고자 하는 뜻은 좋지만, 풍속의 고유성과 여성들의 친영례에 대한 등한시 등을 이유로 행하기 어렵다고 하였다.[43]

중종은 그때그때 다른 태도를 보였다. 중종 11년(1516) 1월 왕은 "친영례는 성인이 정한 것으로 반드시 준행되어야 한다."라고 하면서 친영례·향음주례를 고제에 따라 행하라고 예조에 하교하였다.[44] 2월에 김응기가 토속을 이유로 반대하자, 중종은 그의 의견에 동조하였다.[45] 박세희가 친영 도입 강경론을 펼치자 정광필은 물론이고, 중종도 반대하였다.[46]

친영 논쟁은 일단락되는 듯한 모습을 보였다. 그러다 중종 12년(1517) 3월부터 다시 불붙었다. 중종이 윤지임의 딸을 왕비로 맞이할 때 친영례를 올리고 싶어 한 것이 발단이다. 3월 15일부터 4월 9일까지 고례파와 국조오례의파 사이에 네 번의 논쟁이 벌어졌다.[47] 7월에 이르러 중종은 태평관에 관소를 설치하고

---

43 『중종실록』 10년 10월 26일 기묘.

44 『중종실록』 11년 1월 25일 정미.

45 『중종실록』 11년 2월 6일 정사.

46 『중종실록』 11년 2월 20일 신미.

47 첫 번째 논쟁은 3월 15일, 3월 17일에 진행되었다. 3월 15일 왕이 의정부와 육조에 명하여 왕비를 맞이하는 의식을 논하게 하였는데 정광필이 반대하자 중종은 그의 뜻을 따랐다. (『중종실록』 12년 3월 15일 경인) 그러나 3월 17일 고례파가 친영례를 주장하자 중종은 이에 찬성하였다. (『중종실록』 12년 3월 17일 임진) 두 번째 논쟁은 3월 19일에 재개되었다. 이자·유순·남곤·송질·조계상·최숙생·정수강 등이 왕의 친영례를 권장하자 정광필·김응기·신용개·권균·김전·윤순·고형산·이계맹 등이 『오례의』에 없는 것을 이유로 반대하였다. 중종은 고례파의 입장에 동의하면서 친영례를 『오례의주』에 새로 추가할 것을 전지하였다. (『중종실록』 12년 3월 19일 갑오) 3월 24일의 세 번째 논쟁에서 정광필·김응기·김전·신용개·권균·이계맹 등이 왕의 친영을 반대하자 왕은 이를 따랐다. 이에 홍문관 직제학 이자 등이 친영을 주장하자 정광필은 조선 고유 혼속을 다시 강조하였다. 이에 남곤·이사균·조계상·한세환·김안로 등이 친영례를 주장하였다. 중종은 결국 후자의 의견을 따랐다. (『중종실록』 12년 3월 24일 기해) 4월 9일의 네 번째 논쟁에서 양측은 다시 팽팽하게 대립하였다. 정광필·김응기·권균·

조선족 차세대 학자의 연구 동향과 전망

친영례에 따라 문정왕후를 맞이하였다.[48] 명종대에도 친영례 도입논의가 있었지만, 끝내 성공하지 못하였다.[49]

〈표 3〉과 〈표 5〉에서 보면 태종대에서 명종대에 이르기까지 총 11번의 중요한 친영 논의가 있었음을 알 수 있다. 태종 · 세종대의 논의는 왕이 주도하고 소수의 대신이 본인 입장을 표명하는 정도에 그쳤지만, 중종대에 이르러 고례파와 국조오례의파에 의해 주도되었다. 중종은 본인의 확고한 의견을 제시하기보다는 두 세력의 견해를 상황에 따라 그때그때 지지하는 모습을 보였다. 대부분의 사대부들은 『주자가례』 수용에 동의하지만, 시행 속도와 범주에서 차이를 보였다. 고례파는 당장 전면적으로 수용하자는 태도를 보였고, 국조오례의파는 고유 혼속을 유지하며 점진적으로 수용할 것을 주장하였다. 이러한 논쟁은 중종대에 일단락되고 그 뒤 여러 형태의 절충안이 등장한다.

신용개 · 조계상 등이 조선 고유 혼속을 강조하자 중종은 친영례를 주장하였다. 김전 · 윤금손 · 고형산 · 안당 등이 친영을 반대하자, 이번에는 이언호 · 남곤 등이 친영을 행함으로써 인륜의 시초를 바로잡을 것을 강조하였다. 이에 중종은 친영례를 시행하기로 결정하였다. (『중종실록』 12년 4월 9일 갑인)

48 『중종실록』 12년 7월 19일 계사.

49 명종 4년(1549) 4월 예조판서 윤개가 왕에게 남귀여가를 폐지하고 친영을 행하되 법령으로 정할 것을 요청하였다. (『명종실록』 4년 4월 2일 신축) 그러나 명종 9년(1554) 9월 사헌부에서 여전히 관행을 이유로 친영례를 반대하였다. (『명종실록』 9년 9월 27일 을축)

나. 사대부들의 친영 절충안

〈표 6〉 조선 시기 혼속 일람표

순서	혼속 유형	主張者	출현 시기	혼례 장소	상견례 시기	현구고례 시기	시행 시기	시행 대상
1	남귀여가혼(삼일 상견례)	국조오례 의파	고려	여가	혼례 셋째 날	우귀하는 날	조선 중기 이전	사대부, 서인
2	친영례	고례파	중종대	남가	혼례 첫날	혼례 다음날	거의 시행되지 못함	왕실
3	당일 상견례	서경덕, 조식	명종 이전	여가	혼례 첫날	우귀하는 날	조선 중기 이후	사대부, 서인
4	반친영		명종대	여가	혼례 첫날	혼례 다음날	조선 중기 이후	서울 중심 사대부가
5	가관 친영례	송시열을 비롯한 충청 5현	17세기	주로 여가	혼례 첫날	주로 우귀하는 날	조선 중기 이후	호서 사림
6	제4의 대안(친영 후 여가 살이)	이진상· 곽종석· 이승희	19세기	남가	혼례 첫날	혼례 다음날	거의 시행 되지 못함	이승희 둘째 아들

사대부들의 친영 절충안 가운데서 명종대 이전의 당일 상견례,[50] 명종대의 반친영, 인조대의 가관 친영, 19세기 제4의 대안(친영 후 여가 살이) 등이 대표적이다. 네 가지 대안은 혼재하여 시행되다가 16세기부터 20세기 초까지 당일 상견례와 우귀를 결합한 혼속이 주류를 차지하였다.[51]

---

50   남귀여가혼을 따르되 삼일 상견례를 당일 상견례로 바꾼 혼속.

51   우귀는 신붓집에서 혼례 당일에 상견례를 한 후 신부가 친정에 일정 기간 머물다가 나중에 시댁

조선족 차세대 학자의 연구 동향과 전망

〈표 7〉 조선 시기 친영 절충안과 주자사례 비교표

순서	혼속 유형	당일 상견례	익일현구고례 (翌日見舅姑)	친영	혼례 장소(남가)	성혼 후 남가 거주
1	당일 상견례	○				
2	반친영	○	○			
3	가관 친영례	○		○	○	
4	제4의 대안	○	○	○	○	

　　조선 고유 혼속은 주자사례와 비교하면 다섯 가지 면에서 차이가 있다. 당일 상견례·익일현구고례·친영의 여부와 혼례를 신랑 집에서 행하는지, 성혼 후 신랑 집에 거주하는지 등이다. 16세기부터 등장한 네 대안은 일정 정도 이러한 부분들을 해소한 측면이 있다.

　　당일 상견례는 혼례 당일에 교배례를 행하는 혼속으로 여기에는 서경덕(1489 ~1546)과 조식(1501~1572)의 공이 컸다. 『회은집』에 의하면 서경덕은 제일 먼저 당일 상견례를 창안하였으며 그의 문하생들 사이에서 행해졌다고 한다.[52] 『증보문헌비고』에 의하면 조식도 당일 상견례를 행하였다고 한다.[53] 서경덕·조식 모두 『주자가례』를 적극적으로 권장한 성리학자들로 특히 조식의 경우 『주자가례』를 가정·국가·사회를 다스리는 치도(治道)와 치법(治法)의 도구로 생각하였다. 성경덕·조식은 당일 상견례의 창안과 보급에 힘썼으며 그것이 조선 중기

에 들어가는 절차이다. 우귀에는 3일 우귀, 달묵이, 해묵이 등이 있다.

52　南鶴鳴,「晦隱集」, 卷5,「禮制」: 我東婚禮鹵莽, 中古以來, 士大夫婚夕, 委禽於婦家, 而不行合巹之禮. 三日後方行之. 此甚無謂. 徐花潭, 始折衷爲婚夕合巹之禮, 至今行之. 其時則猶多不行者. 族祖東岡公與洪恥齊家, 結嘉事, 始斷然行之. 公朗, 花潭門人也.

53　『增補文獻備考』, 卷89,「禮考」36, (私婚禮) 晉山志: 國俗婚姻, 則三日後相見, 爲之三日對飯. 文貞公曺植, 一遵朱文公家禮, 而親迎之禮, 則有難行之勢, 故裁損之. 以爲初婚交拜相見之禮, 蓋以是爲復古之漸也.

이후 주된 혼속으로 자리매김하는 데에 큰 영향을 미쳤다.

반친영은 당일 상견례 이후에 등장한 대안으로 명종 22년(1567)에서 선조 5년(1572) 사이에 창안된 것으로 알려져 있다.[54] 당일 상견례가 수용되자 이에 고무된 일부 인사들이 '당일 상견례'와 '익일현구고례'(명일현구고례라고도 함)를 포함한 반친영을 제시하였다. 혼례를 여가에서 행하되 혼례 당일에 교배례·합근례 등을 행하며, 성혼 다음 날에 며느리가 시부모를 뵙는 예이다. 혼례장소와 거취 문제는 변함이 없지만, 의례 절차에 변화를 줌으로써 개혁 의지를 보여줬다. 그러나 '익일현구고례'는 양가 거리가 가까울 때만 가능하기에 반친영은 서울의 일부 사대부가에서만 행해졌다.

17세기 인조대에 이르러 가관친영례(假館親迎禮)가 등장한다.[55] 19세기에 제4의 대안이 등장하는데 필자는 그것을 '친영 후 여가 살이'로 명명하고자 한다.[56]

---

54 장병인. 2015. "조선 중·후기 사대부의 혼례방식-新俗禮·半親迎·假館親迎의 시행을 중심으로." 『한국사연구』 169: 144.

55 가관 친영은 『주자가례』에 소개된 것으로 양가가 멀리 떨어져 있을 경우 관소를 마련하여 신부를 거기에 잠시 머물게 한 후 친영례를 올리는 혼속이다. 주자는 아들과 손녀의 혼례식을 이 예에 따라 행하였다. 가관친영례는 조선 중기 호서 사림에 의해 주도되었는바 충청 5현을 중심으로 인조 22년(1644)부터 이후의 50여 년간 시행되었다. 영조 7년(1731)을 마지막으로 시행사례는 더 이상 등장하지 않는다. 위의 논문, 148-159쪽.

56 이것은 주리론 계열의 성리학자인 이진상·곽종석·이승희 등이 제시한 대안이다. 그들은 남가에서 친영을 행한 후 고유 혼속을 고려하여 신혼부부를 여가로 보내 거주할 것을 제안하였다. 이승희는 둘째 아들의 혼례를 이 예에 따라 행하였다. 위의 논문, 159-161쪽.

〈표 8〉 조선조 『주자가례』 혼례의 수용 주체 일람표

시기	인물	학문적 성향	주장	출처
태조대	정도전		남귀여가는 남녀 사이 음양의 조화를 무너뜨리고 가도(家道) 파괴함.	정도전, 『삼봉집』 권7, 「혼인조」
태종대	의정부		사대부의 혼례 모델로 『주자가례』 명시; 조선의 전장과 문물은 모두 중국을 본받으면서 혼인의 예만 옛 풍속을 따라서 양으로써 음을 따르게 한다고 함.	『태종실록』 4년 8월 20일 기축; 『태종실록』 14년 1월 4일 기묘
세종대	신상		혼례개혁이 선행되면 상례도 바뀌게 됨; 남귀여가혼 비판.	『세종실록』 7년 5월 12일 신사; 『세종실록』 16년 4월 12일 기미
세종대	고약해		친영은 실시하지 않으면서 복제만 중국의 것을 따르는 세종의 태도에 이의 제기.	『세종실록』 12년 6월 1일 경오
중종대	이경		남귀여가혼의 문제점 지적, 친영례를 회복하여 인륜의 시초를 바르게 할 것 주장.	『중종실록』 5년 12월 19일 신축
중종대	소세양·손중돈		남귀여가혼 비판	『중종실록』 7년 11월 임진
중종대	임권·기준·박세희·이자·송질·조계상·최숙생·정수강·이사균·조계상·한세환·김안로·이언호	사림	혼례는 만세의 시초라고 하면서 친영례 주장	『중종실록』 10년 8월 10일 갑자; 『중종실록』 10년 10월 23일 병자; 『중종실록』 11년 2월 20일 신미; 『중종실록』 12년 3월 17일 임진; 『중종실록』 12년 3월 19일 갑오; 『중종실록』 12년 3월 24일 기해; 『중종실록』 12년 4월 9일 갑인

시기	인물	학문적 성향	주장	출처
중종대	유순·남곤	훈구	예법의 명분을 이유로 왕이 친영례를 행할 것을 권장, 친영을 행함으로써 인륜의 시초 바로잡을 것 주장.	『중종실록』 12년 3월 19일 갑오; 『중종실록』 12년 3월 24일 기해; 『중종실록』 12년 4월 9일 갑인
명종대 이전(16세기)	서경덕·조식		당일 상견례	남학명, 『회은집』, 권5, 〈예제〉; 『증보문헌비고』, 권89, 〈예고〉 36, (사혼례) 진산지
명종대	윤개		남귀여가를 폐지하고 친영례를 법령으로 정할 것을 상소함.	『명종실록』 4년 4월 2일 신축
인조 22년(1644) 이후 약 50여 년간 (17세기)	송시열을 비롯한 충청 5현	호서 사림	가관 친영례	송시열, 『송자대전』 권114, 서 답김화수(무신 정월 9일)
19세기	이진상·곽종석·이승희	주리론(主理論)	제4의 대안(친영 후 여가 살이)	이진상, 『사례집요』 권4, 혼례, 친영; 곽종석, 『면우집』 권26, 서 답정후윤(을해); 이승희, 『한계유고』 2, 3, 4, 서 3, 397, 825, 여장대경(무술), 별지

조선의 혼속 개혁을 주장한 주체는 다음과 같은 특징을 지닌다. 첫째, 조선조 사회 개혁에 관심을 지닌 성리학자들이 친영 논의에 대거 참여하면서 활기 띤 모습을 보였다. 어느 특정 성향의 성리학자가 논의를 주도한 것이 아니라 여러 성리학자들이 각자의 이념에 따라 다양한 대안을 시도한 점이 특징적이다. 중종대 고례파와 국조오례의파의 친영 논쟁을 필두로 서경덕·조식의 당일 상견례, 충청 5현의 가관친영례, 주리론자들의 '친영 후 여가 살이' 등의 논의는

조선족 차세대 학자의 연구 동향과 전망

그 누구도 절대적 우세를 점하지 못한 채 상호 견제 속에서 의견을 교환하고 절충하는 모습을 보인다.

다음, 사대부들은 지행합일(知行合一)의 모습을 보인다. 혼속에 대한 주장은 저서를 통하여 드러날뿐더러 본인 혹은 후손들의 혼례에 직접 적용하는 모습을 보여준다. 성리학자들에 있어서『주자가례』는 이념뿐 아니라 실천 차원의 문제이다.

셋째, 사대부들은 거취문제에서 여가 거주를 찬성하였다. 남가 못지않게 여가를 중시했던 것이다. 이는 여가의 지위 · 재산 등이 남가와 동등하기 때문에 가능하다. 사대부들은 혼인을 통하여 한 집단이 다른 한 집단을 흡수해버리는 형태보다는 두 집단이 공존하면서 관계를 도모하는 방식을 더 선호했던 것이다.[57]

2. 만주족: 황제의 확고한 개혁 의지

한민족과 마찬가지로 만주족의 주자 혼례 수용도 전통 혼속과 결혼비용 문제에서 난항을 겪었다. 1644년부터 전국을 통치하게 된 만주족은 복장, 변발 등 여러 면에서 본인들의 전통을 한족들에게 강요하기 시작하였다. 일방적인 강요는 반항을 일으키기 쉬움을 직감한 만주족은 황제의 호소 하에 한족의 풍속을 일정 정도 수용하기 시작하였는데 주자 혼례의 수용에서 제일 큰 난관은 두 가지이다. 하나는 수계혼(收繼婚)이다.[58] 오대시기부터 나타난 수계혼은 복잡한 혼례절차를 생략한 채 과부를 가문의 다른 남자가 처로 맞이하는 혼속으로 주자사례의 시행에 걸림돌이 된다. 다른 하나는 경제적 여건이다. 혼례를 준비

---

57 강설금. 2009. "조선조 혼례의 친영제 연구." 성균관대학교 석사학위 논문: 83-85.

58 남편이 죽은 후 과부를 가문의 아들, 조카나 형제들이 거두어들여 아내로 삼는 풍속.

하는 과정에 예물에서부터 시작하여 신방을 꾸미는 데 필요한 비용, 혼례식 날 연회에 드는 비용까지 일정한 결혼자금이 필요하다. 이 두 난제의 해결 과정에 누르하치와 홍타이지는 중요한 역할을 하였다.[59]

만주족의 수계혼은 금대에서 청대 초기에 이르기까지 성행하였다. 수계혼이 비판받는 이유는 아버지의 첩이나 계모, 숙부 또는 형제의 아내를 처로 맞이하는 것이 비윤리적이라는 점과 특별한 혼례절차 없이 아내를 맞이하는 것이 야만적이라는 이유에서이다. 홍타이지는 그것을 과감히 금지하였다. 당시 청에 항복한 명대의 한족 관리들이 제일 먼저 홍타이지에게 구습을 폐지하고 한족의 제도인 명나라 제도로 개혁할 것을 제기하였다. 즉 한족의 법령을 참조하여 만주족의 법령을 만들어 나중에 중국 전역을 통치할 것에 대비하라고 조언하였다.[60] 이에 한족의 유가 이데올로기에 따라 건국할 것을 결심한 홍타이지는 수계혼을 금지하기 시작하였다. 그는 1631년에 처음으로 수계혼 금지령을 반포한 후 1636년에 이르기까지 5년 동안 꾸준히 노력하였다.

홍타이지는 1631년 금지령(「천총오년상유(天聰伍年上諭)」)에서 만약 수계혼을 행하면 간통죄로 처벌할 것을 명령하였다. 1632년에도 수계혼 금지령을 강조하였다.[61] 1635년에는 관련 조서도 내렸다. 같은 해(1635) 6월 11일, 기타 사무를 논하는 과정에 또 한 번 수계혼 금지령을 강조하였다. 1636년 4월 12일, 홍타

---

59 명말에 건주여진의 수령인 누르하치(愛新覺羅 努爾哈赤, 1559~1626)는 수년간의 통일 전쟁을 통하여 1616년에 금나라를 세웠는데 역사에서는 '후금'이라고 한다. 1626년 누르하치가 죽은 뒤 그의 넷째 아들 홍타이지가 그의 자리를 계승하였다. 홍타이지는 1636년에 황위에 오른 후 국호를 '금'에서 '청'으로 바꾸었으며 연호를 '숭덕'으로 하였다.

60 定宜莊. 1999. 『滿族的婦女生活與婚姻制度硏究』. 北京: 北京大學出版社: 26.

61 『청태종실록』 권11, 천총 6년(1632) 3월 경술.

이지는 황제에 등극하면서 반포한 법령인『숭덕회전』에 처음으로 법률의 형식으로 금지령을 명시하였다.『숭덕회전』은 모두 50개 조항으로 되어 있는데 그 가운데서 없애야 할 풍속에 수계혼을 포함시켰던 것이다. 여성은 남편을 잃은 후 재가할 수 있지만 한 가문 내에서 재혼하는 것은 금지되어 있다.[62]

누르하치와 홍타이지가 발전시킨 팔기 제도는 혼례의 경제적 문제를 해결하였다. 1615년에 창안된 팔기 제도는 정치 · 경제 · 군사 조직이다.[63] 팔기 제도는 수계혼의 존립 기반인 '오극손(烏克孫)'을 해체함으로써 수계혼 폐지에 일조하였다. 구체적으로 '오극손'을 해체하여 '우록(牛錄)'[64]을 만들었다.[65]

팔기 제도는 혼례비용 문제도 해결하였다. 이 제도는 기인(旗人)들의 생활을 보장해 주는데 관혼상제 비용도 마련해주었다. 만약 수계혼을 행한다면 혼례 보조금은 받을 수 없다.[66] 이처럼 팔기제는 만주족 고유 혼속의 기초를 뒤흔들었다.

---

62 定宜莊, 앞의 책, p.28.

63 팔기 제도 출현 시기에 대하여 천명원년설(1616), 천명삼년설(1618)도 존재한다. 徐正欽. 2005. "팔기제와 만주족의 중국 지배-팔기제의 興衰와 滿洲政權의 消長."『만주연구』3: 83.

64 만주 팔기의 호구 편제는 매 300人 1니루(牛彔=佐領)가 기본단위로, 5개 니루가 1잘란(甲喇=參領), 5개 잘란이 1구사(固山=都統)를 이룬다. 일반적으로 니루는 현급(縣級)에 해당하고 잘란은 구(專區)에 상당하며 구사는 성급(省級)에 상당한다. 위의 논문, 81쪽.

65 여진족의 혈연조직은 합랍(哈拉, hala) · 목곤(穆昆, mukun) · 오극손(烏克孫, uksun) 등으로 나뉜다. 여기서 '합랍'은 '성'으로 번역되는데 동일한 선조의 혈연 실체를 가리킨다. '목곤'은 '씨'로 번역되는데 동일한 혈족을 가리킨다. 명대 중엽부터 '목곤'보다 더 작은 혈연조직인 '오극손'이 나타났다. '오극손'은 형제와 그들의 자손들을 가리킨다. 수계혼의 범주는 오극손에 국한되어 있다. 즉 동일한 오극손 내에서 수계혼이 행해졌던 것이다.
우록은 만주어 'niru'를 번역한 용어로 기존의 혈족과 혈연으로 구성된 단위를 개편하여 새로 만들어낸 집단이다. 하나의 '오극손'을 여러 개의 '우록'에 편입시키는 등의 방식을 통하여 '오극손'을 근본적으로 해체하였다. 이러한 과정을 통하여 개편된 우록의 구성원들 사이에는 그 어떠한 혈연관계도 존재하지 않는다. 定宜莊, 앞의 책, 31-32쪽.

66 위의 책, 40쪽.

한민족과 만주족은 주자 혼례 수용 주체와 양상에서 차이를 보인다. 한민족은 사대부들에 의해 주도된 측면이 강하지만 만주족의 경우 황제에 의해 수용이 주도되었다.

조선과 청 모두 건국 초기의 국왕들이 주자사례를 전적으로 찬성하였다는 점에서 유사성을 지닌다. 차이점은 친영 논쟁 기간과 대신들 태도에 있다. 만주족의 경우 홍타이지는 북경에 진입하는 순간부터 혼례개혁의 필요성을 인지하고 대신들을 이끌어 혼속 개혁을 주도하였으며 대신들의 전적인 지지를 받았다. 조선의 경우 태조와 태종은 주자가례를 찬성하였으나 세종은 고유 혼속인 남귀여가혼을 견지했으며 중종과 명종 모두 고례파와 국조오례의파의 의견에 따라 친영을 찬성할 때도 있고 반대할 때도 있었다. 그리고 조선의 친영 논쟁은 태종대부터 명종대에 이르기까지 150여 년 동안 지속되었으며 19세기에 이르기까지 친영례 절충안들이 고안되었다.

조선의 경우 주자 혼례에 대한 사대부와 평민들 태도는 달랐다. 사대부는 조선 중·후기부터 친영례와 남귀여가혼을 절충한 당일 상견례를 시행하였지만, 평민의 경우 조선말에 이르기까지 전통 혼속인 남귀여가혼을 고수하였다. 만주족의 경우 대신들과 백성들 모두 황제의 제안을 수용하여, 개정된 혼속을 따랐다.

주자사례를 중심에 두고 보았을 때, 두 민족의 문화교류는 다른 양상을 보였다. 조선의 경우 문화의 전달이 일방향적 성격을 가진다. 한족의 주자사례가 조선에 유입되고 수용되는 과정이 있을 뿐이고, 한민족의 혼례를 비롯한 풍속이 한족에게 전달된 바는 없다. 반면 만주족이 선택한 방식은 문화적 거래였다. 만주족은 한족의 의례를 적극적으로 받아들이는 대신, 자신의 복식과 변발을 한족이 수용하도록 강제했다.

Ⅳ. 결론

지금까지 한민족과 만주족의 주자 혼례 수용 과정을 살펴보았다. 한민족과 만주족이 주자사례를 수용하는 과정의 특징은 다음과 같다. 먼저 두 민족 모두 내부에 문화 수용세력이 형성되어 주자의 혼례를 도입하고자 적극적으로 노력했다는 공통점이 있다. 문화의 전달자에 의해 강제 이식된 것이 아니다. 수용자가 새로운 문화를 받아들이기 위해 국가 차원의 체계적인 노력을 기울였다.

조선을 건국한 양반 사대부 세력은 성리학을 자신의 이데올로기로 전면에 내세웠다. 그들은 고려의 구 귀족과는 구별되는 문화적 정체성을 확립할 필요가 있었고, 주자가례는 좋은 대안이었다. 그들은 조선의 새로운 질서 형성을 위해, 즉 자신들의 필요에 의해 성리학에 기반을 둔 의례를 도입하고자 노력하였다. 중원을 제패한 만주족은 소수의 인구로 다수의 한족을 통치해야 하는 과제를 가지고 있었다. 국인의 일체성 형성을 위해서는 만한(滿漢) 두 민족의 문화적 융합이 필수적인 과제였으며, 만주족은 자발적으로 한족의 의례를 수용하면서 한족의 민심을 모으려 하였다. 만주족 역시 자신의 정치적 필요에 따라 주자의 혼례를 비롯한 의례를 수용한 것이다.

두 민족은 수용 주체에서 차이를 보인다. 만주족은 황제를 정점으로 위에서 아래로의 개혁에 힘입어 주자사례를 일사불란하게 수용하였다. 조선의 경우 사대부가 수용의 주체가 되었다. 한민족과 만주족 모두 자신의 고유 혼속을 고려하면서 절충안을 만들어냈다. 조선의 사대부들은 16세기부터 19세기에 이르기까지 네 가지 대안을 제시하면서 친영례에 근접하고자 노력하는 모습을 보였다. 만주족은 주육례와 주자사례에서 취사선택하는 모습을 보였다.

문화의 전달-수용양상도 다르다. 조선의 경우 유교 문화의 전달이 일방향적 성격을 가진다. 한족의 주자사례가 조선에 유입되고 수용되는 과정이 있을 뿐이고, 한민족의 혼례를 비롯한 풍속이 한족에게 전달된 바는 없다. 반면 만주족의 경우에는 상황이 다르다. 그들은 한족을 지배하는 동시에 정권 운영의 파트너로 받아들여야 했다. 만주족이 선택한 방식은 문화적 거래였다. 만주족은 한족의 의례를 적극적으로 받아들이는 대신, 자신의 복식과 변발을 한족이 수용하도록 관철시켰다. 이러한 문화적 빅딜은 지배민족인 만주족과 피지배 민족들의 문화적 일체감을 형성하는 데 도움을 주었다. 문화적 빅딜은 만주족이 안정적으로 중원을 통치할 기반을 다지는 데 기여하였다. 이 거래의 영향은 오래갔다. 한족은 청이 망하는 20세기 초까지 만주족의 복식과 변발을 자신의 생활문화로 받아들였으며, 치파오는 지금도 한족의 전통복장으로 널리 애용된다. 한민족의 문화가 한족에 미친 영향에 관해서는 추가연구가 필요하겠다.

참고문헌

1) 저서

朱熹. 2007. 『朱子家禮』. 임민혁 역, 서울: 예문서원.

楊英杰. 1991. 『淸代滿族風俗史』. 瀋陽: 遼寧人民出版社.

定宜莊. 1999. 『滿族的婦女生活與婚姻制度硏究』. 北京: 北京大學出版社.

2) 논문

강설금. 2009. "조선조 혼례의 친영제 연구." 성균관대학교 석사학위 논문: 83-85.

고영진. 1989. "15 · 16世紀 朱子家禮의 施行과 그 意義." 『韓國史論』 21: 83-127.

서재선. 2008. "중국 고대 결혼제도와 풍속 그리고 후대에 미친 영향." 『중국학연구논총』
　　　1: 35-46.

서정화. 2013. "傳統婚禮에 대한 反省的 考察-婚禮의 淵源과 展開過程을 中心으로."
　　　『東洋哲學硏究』 75: 232.

徐正欽. 2005. "팔기제와 만주족의 중국 지배-팔기제의 興衰와 滿洲政權의 消長." 『만
　　　주연구』 3: 81-83.

원용진. 2015. "동아시아 정체성 형성과 '한류'." 『문화와 정치』 2(2): 8.

李迎春. 2016. "宋代 이후의 『家禮』 연구와 朝鮮의 수용." 『한국계보연구』 6: 8-11.

장병인. 2015. "조선 중·후기 사대부의 혼례방식-新俗禮·半親迎·假館親迎의 시행을 중
　　　심으로." 『한국사연구』 169: 144-161.

전영란. 2013. "만주족의 혼례 습속에 관한 연구." 『한국동북아논총』 66: 90-95.

허정. 2010. "동아시아론의 재검토와 정전연구." 『동북아문화연구』 23: 225-226.

제6부

경제학

제7장

중국의 인구 고령화와 경제성장 사이 관계
-중국 및 성(省)별 '인구 보너스'의 전환점을 중심으로-

신선희 · 김부용

Ⅰ. 서론

중국은 21세기에 들어서 고령화 사회에 진입한 이래, 유례없는 빠른 속도의 고령화를 경험하고 있다. 특히 가장 최근의 공식적 인구조사인 제7차 전국인구센서스 결과에 따르면, 2020년 중국의 65세 이상 인구 비중은 13.5%로 제6차 (2010년, 8.9%) 대비 4.6%p 상승하는 등 최근 20년 간 중국의 인구 고령화가 가속화되고 있는 상황이다. Luo and Zheng (2021)에 따르면 중국은 2001년에 고령화 사회에, 2021년에 고령사회에 진입했고, 2033년에 초고령사회에 진입할 전망이다 (〈표 1〉 참조). 고령화 사회에서 고령사회로 전환하는 데 프랑스는 126년, 독일은 40년, 일본은 24년 소요한 반면, 중국은 20년만 소요했다. 한편, 중국의 노인 인구 규모 자체도 문제 되는데, 2021년 중국의 65세 이상 인구는 2.01억 명으로, 세계에서 유일하게 노인 인구가 2억 명을 상회하는 국가이다. 특히 1인당 소득이 낮은 상태에서 고령화 문제에 직면한 것이 중국 고령화의 가장 큰 문제점이다. 통상적으로 한 국가가 1인당 GDP가 1만 달러 이상일 때 고령화 사회에 진입하는데, 중국은 2001년에 1,053달러에 불과한 수준에서 고령화 사회에 진입해 고령화 진척이 경제발전 수준을 크게 상회하였다.

〈표 1〉 중국의 인구 고령화 현황 및 전망

구분	기준 (65세 이상 인구 비중)	중국의 진입 시기
고령화 사회	7% 이상	2001년
고령사회	14% 이상	2021년
초고령사회	20% 이상	2033년

자료: Luo and Zheng (2021)를 기반으로 저자가 정리

중국의 고령화는 주로 출산율[1] 하락과 기대수명 증가에 기인한다. 중국의 출산율 하락은 '1가구 1자녀 (獨生子女) 정책'[2] 시행 때문인데, 중국의 출산율은 1970년 5.5명에서 2021년 1.2명으로 지속적으로 감소했다(김성자 외 2021). 한편, 생활 수준 및 의료기술의 향상 등으로 중국인의 기대수명이 증가하면서 고령화가 심화되었다(김성자 외 2021).

중국은 세계 최대 인구 대국으로, 그 동안 '세계 공장'의 역할을 해왔고, 향후 '세계 시장'이 될 잠재력이 커, 중국의 고령화 문제는 더 이상 중국 국내문제가 아닌 글로벌 관심사이다. 경제 규모 상 중국의 경쟁 상대국인 미국 그리고 '세계 공장' 역할 상 경쟁국인 인도와 비교 시, 중국의 고령화 문제는 향후 중국

---

1   한 여성이 가임기간 동안 낳을 수 있는 자녀의 수를 의미하는 합계 출산율(total fertility rate)을 말하며 본문에서는 모두 출산율로 통일하여 사용하였다.

2   해당 정책은 1979년부터 시작, 1980년에 중국의 핵심 국가정책으로 결정되었다. 도시지역 가구는 원칙적으로 1명의 자녀만 허용되며 2명 이상 자녀를 낳을 경우 과중한 벌금 등의 제재를 받게 된다.

의 국제 경쟁력을 제약할 수 있다. 2015년 중국, 미국, 인도의 중위연령[3]은 각각 36.5세, 37.6세, 26.8세였으나 2050년에는 각각 50.7세, 42.7세, 38.1세로, 중국의 중위연령이 미국과 인도를 크게 상회할 전망이다(코트라 2019). 특히 중국의 고령화 문제는 對중국 경제 의존도가 높은 한국 경제에 많은 시사점을 함축하고 있다. 이에 중국의 고령화 문제 및 그에 따른 거시 경제적 영향에 대한 연구가 절실하다.

본 연구는 중국 전체 및 성별 인구 보너스의 전환점을 찾는 데에 그 목적이 있다. 전문가들은 개혁개방 이후 전체 경제성장률의 15-25% 정도를 인구 보너스가 기여한 것으로 추정하고 있다(Cai 2004; Cai and Wang 2005; Wei and Hao 2010). 한편, 중국은 31개 성 간 경제 · 사회 발전 수준의 차이로, 고령화 정도도 지역 불균형을 보인다. 따라서 지역별로 인구 보너스가 소멸하는 시점도 상이할 것으로 생각된다. 인구 보너스는 과거 중국경제가 고속성장을 이룰 수 있었던 중요한 요인이었으나, 중국의 대표적인 인구경제학자인 차이팡(蔡昉) 등은 인구 고령화가 빠르게 진행되면서 2013-2015년경에 1차 인구배당 효과가 소멸하였다고 주장하고 있다(Cai 2013). 다만, 실증적으로 중국 인구 보너스의 전환점에 대해 고찰한 연구가 미미하며, 성별 인구 보너스의 전환점에 대한 고찰은 더욱 부재한 상황이다. 본 연구는 중국 전체의 인구 보너스 전환점뿐만 아니라 성별 인구 보너스의 전환 시점도 찾아본다는 점에서 의미가 있다.

이를 위해 본 연구에서는 2011-2020년 간 중국 및 성급 균형 패널 데이터를 활용해 인구의 고령화가 경제성장에 미치는 영향을 Pearson 상관관계 추정 방법으로 실증적으로 분석하고자 한다. 아울러 중국의 인구 고령화와 경제성장

---

3   중위연령이란 전체 인구를 연령 순서로 나열할 때 한 가운데 있게 되는 사람의 연령을 말한다.

사이 관계의 현주소에 대한 답을 찾고자 한다.

Ⅱ. 이론적 배경 및 선행연구 검토

중국의 인구문제와 관련된 실증적 연구는 중국의 인구구조와 경제성장 사이 관계를 둘러싸고 진행되어 왔다(Ye, and Peng 2021). 다만 중국의 지역 간 자료를 활용해 노인 인구 비중과 경제성장 사이 관계를 분석한 연구가 대단히 제한적으로 이루어졌을 뿐 아니라, 명확한 결론을 제시하지 못했다는 한계가 있다(Li and Chan 2012; Liu and He 2012; You and Cai 2017). 본 연구는 중국 및 성별 인구의 고령화가 경제성장에 어떠한 영향을 미치는지를 살펴볼뿐더러 연도별로 그 영향의 변화 추이까지 살펴본다는 점에서 기존의 선행연구들과는 확실한 차별성과 독창성을 갖는다고 할 수 있다.

인구의 고령화가 경제성장에 미치는 효과는 인구배당 효과[4](인구 보너스, demographic dividend)로 파악 가능하다. **Bloom and Williamson** (1998)에 따르면, 인구배당 효과는 1차 인구배당 효과와 2차 인구배당 효과로 구분 가능하다. 1차 인구배당 효과는 고출산 농촌경제가 저출산 도시경제로 전환되면서 생산가능 인구 비율이 높아지는 반면, 부양률[5](dependency ratio)이 낮아져 저축률이 증가하고 경제성장률이 높아지는 효과를 의미한다. 2차 인구배당 효과는 인구구조 변화에 따라 노년층의 경제활동 참여가 확대되는 것으로 개인의 경제 행위와 정

4　인구통계학상 배당은 전체 인구 중 근로자 비율이 높을 때 발생하는데, 근로자 비율이 높으면 더욱 많은 사람들이 생산성을 발휘하고 경제성장에 기여할 수 있는 잠재력이 있게 된다.

5　부양률= (15세 미만 인구 + 65세 이상 인구)/(15-64세 인구).

부 정책의 조정이 이루어지면서 경제성장이 촉진되는 효과를 의미한다.

개혁개방 이후 인구 보너스는 중국경제가 고속성장을 이룰 수 있었던 중요한 요인으로 지목되었다. 그러나 2010년 이후 고령화와 저출산에 의해 인구 보너스가 사라지고 있는 점이 강조되면서 인구의 고령화가 경제성장에 부정적인 영향을 미치고 있는 것으로 지적되었다(문익준 2016). 중국은 개혁개방 이후 생산가능인구의 지속적인 증가와 부양률의 감소로 저렴한 노동력을 공급받을 수 있었으며, 이를 배경으로 급속한 경제성장을 달성해 상당한 인구배당 효과를 수혜했다. 중국이 1953년 이래 7차례에 걸쳐 실시한 전국인구센서스 데이터를 보면 전체 인구 중 15-64세의 생산가능인구가 차지하는 비중은 지속적으로 증가하여 제6차 전국인구센서스 시점인 2010년에는 74.5%에 이르렀다(〈표 2〉 참조). 생산가능인구의 증가로 중국은 인구 보너스를 톡톡히 누렸는데, 구체적으로 Cai (2004), Cai and Wang (2005), Wei and Hao (2010) 등은 개혁개방 이후 전체 경제성장률의 15-25% 정도를 인구 보너스가 기여한 것으로 추정하고 있다. 다만 그 이후 인구의 고령화가 빠르게 진행되면서, 2013-2015년경에 1차 인구배당 효과가 소멸하고, 중장기적으로 중국경제에 부정적 영향이 불가피하다는 주장이 제기되고 있다(Cai 2013). 한편, 2차 인구배당 효과에 대해서는 아직 판단하기 어려우며, 정책이 뒷받침될 때에만 인구변화가 빠른 성장의 기회를 제공하는 것으로 제기되고 있다.

〈표 2〉 7차례의 전국인구센서스 결과로 본 중국의 인구구조 변화 (단위: %)

구분	1953	1964	1982	1990	2000	2010	2020
0~14세	36.3	40.7	33.6	27.7	22.9	16.6	18.0
15~64세	59.3	55.7	61.5	66.7	70.1	74.5	68.6
65세 이상	4.4	3.6	4.9	5.6	7.0	8.9	13.5

자료: 중국 국가통계국, CEIC

조선족 차세대 학자의 연구 동향과 전망

본 연구에서는 이상의 선행연구 결과를 바탕으로 연속된 시계열 자료가 가용한 31개 성급 자료를 활용해 인구의 고령화가 경제성장에 미치는 영향을 파악하고자 한다. 구체적으로 중국 전체 및 성별 1차 인구배당 효과가 과연 소멸하였는지, 소멸하였다면 언제 소멸하였는지를 파악하고자 한다. 이를 통해 최근 연구의 쟁점인 중국 전체 및 성급 지역의 인구 고령화가 경제성장에 부정적인 영향까지 미치고 있는지도 파악할 예정이다.

Ⅲ. 중국 인구 고령화의 성별 차이 및 경제발전에 미치는 영향

1. 중국 인구 고령화의 성별 차이

본 연구는 통계자료가 가용한 2002-2020년간[6] 중국의 31개 성급 데이터를 활용했다. 본 연구에서 사용한 자료는 중국 통계국 사이트, CEIC 데이터베이스를 통해 확보했다. 분석 기간 동안, 중국의 31개 성급 지역 간 경제·사회 발전 수준의 차이로 고령화 수준과 경제발전 수준도 차이를 보였다.

실증분석을 위해서는 종속변수로 사용되는 경제성장을 측정할 수 있는 변수를 선정해야 하는데, 본 연구에서는 실질 1인당 GDP 증가율을 경제성장률로 정의하고 종속변수로 사용했다. 분석 기간, 중국 전체의 인구 고령화와 경제성장에 대한 기본정보는 〈표 3〉에 요약되어 있다. 이 기간 중국의 평균 경제성장률은 8.1%였고, 최대치는 2007년의 13.6%, 최소치는 2020년의 2.1%였다.

---

6 중국 정부는 2002년부터 연속된 성별 연령별 인구수 데이터를 발표하고 있다.

연도	노인 인구 비중(%)	1인당 GDP 증가율(%)
2002	7.3	8.4
2003	7.5	9.4
2004	7.6	9.5
2005	7.7	10.7
2006	7.9	12.1
2007	8.1	13.6
2008	8.3	9.1
2009	8.5	8.9
2010	8.9	10.1
2011	9.1	8.9
2012	9.4	7.1
2013	9.7	7.1
2014	10.1	6.7
2015	10.5	6.5
2016	10.8	6.2
2017	11.4	6.4
2018	11.9	6.3
2019	12.6	5.6
2020	13.5	2.1

자료: CEIC 데이터를 기반으로 저자가 정리

31개 성급 지역의 고령화와 경제성장률에 대한 기본정보는 〈표 4〉에 요약되어 있으며, 표에서 보듯 분석 기간 성간 경제성장률의 격차가 컸다. 예를 들면, 분석 기간 네이멍구의 평균 경제성장률은 11.4%인 반면, 베이징은 6.4%에 불과하였다. 대체로 경제가 낙후된 서부지역보다 발달한 동부지역으로 가면서 1인당 GDP 증가율이 낮아지는 것을 확인할 수 있다. 2020년 동부지역 1인당 GDP 증가율은 2.06%, 중부지역은 2.62%, 서부지역은 3.10%이다.

〈표 4〉 중국의 성별 1인당 GDP 증가율과 노인 인구 비중

지역	2002년		2020년	
	1인당 GDP 증가율(%)	노인 인구 비중(%)	1인당 GDP 증가율(%)	노인 인구 비중(%)
동부				
베이징(北京)	8.8	10.8	1.1	13.3
허베이(河北)	8.9	7.6	3.6	13.9
상하이(上海)	8.5	13.4	1.4	16.3
장쑤(江蘇)	11.0	9.9	3.6	16.2
저장(浙江)	11.6	11.2	2.1	13.3
산둥(山東)	10.5	8.5	2.9	15.1
광둥(廣東)	11.0	7.7	1.2	8.6
톈진(天津)	9.9	10.7	1.3	14.8
랴오닝(遼寧)	10.0	8.1	1.1	17.4
푸젠(福建)	9.2	7.6	2.6	11.1
하이난(海南)	8.6	7.6	1.8	10.4
평균	9.8	9.4	2.1	13.7
중부				
지린(吉林)	6.7	6.7	4.4	15.6
헤이룽장(黑龍江)	9.8	6.4	3.6	15.6
안후이(安徽)	9.6	8.2	3.5	15.0
산시(山西)	12.1	6.9	3.8	12.9
허난(河南)	8.4	7.4	0.7	13.5
후베이(湖北)	8.9	8.8	-2.4	14.6
후난(湖南)	8.5	8.6	3.7	14.8
장시(江西)	9.6	7.4	3.7	11.9
평균	9.2	7.5	2.6	14.2
서부				
광시(廣西)	9.8	8.6	2.9	12.2
쓰촨(四川)	10.9	8.6	3.6	16.9
충칭(重慶)	11.1	9.1	3.2	17.1
네이멍구(內蒙古)	13.1	7.1	0.7	13.1
구이저우(貴州)	8.0	6.9	4.2	11.6
윈난(雲南)	7.8	7.0	3.8	10.7
티베트(西藏)	11.2	6.4	6.3	5.7

지역	2002년		2020년	
	1인당 GDP 증가율(%)	노인 인구 비중(%)	1인당 GDP 증가율(%)	노인 인구 비중(%)
샨시(陝西)	10.8	8.0	1.8	13.3
간쑤(甘肅)	9.6	6.3	4.1	12.6
칭하이(靑海)	10.8	5.5	1.0	8.7
닝샤(寧夏)	8.5	4.8	3.3	9.6
신장(新疆)	6.6	6.1	2.2	7.8
평균	9.9	7.0	3.1	11.6

자료: CEIC 데이터 기반으로 저자가 정리

노인 인구가 전체 인구에서 차지하는 비중인 인구 고령화 정도 역시 지역 간 편차가 크다는 사실을 확인할 수 있었다. 2020년 랴오닝의 65세 이상 인구 비중이 17.4%로 고령화 수준이 가장 높았고, 티베트가 5.6%로 가장 낮았다. 상하이는 1979년에 고령화 사회에 진입했고, 티베트는 아직 고령화 사회에 진입하지 않은 상황으로, 지역 간 고령화 수준의 시간 격차가 40여 년이 되는 등 중국의 고령화는 지역 불균형이 크다.

한편, 경제가 상대적으로 발달한 동부와 중부지역이 고령화 정도가 그렇지 못한 서부지역 대비 고령화 정도가 심각함을 확인할 수 있다. 2020년 동부지역의 노인 인구 비중은 13.7%, 중부지역은 14.2%, 서부지역은 11.6%였다. 이로부터 동부지역은 고령사회에 근접했고, 중부지역은 이미 고령사회에 진입했으며, 서부지역은 고령화 사회에 진입했음을 알 수 있다.

2. 중국 및 성별 인구 고령화가 경제발전에 미치는 영향

실증분석을 위한 충분한 샘플 확보, 균형패널 구성 등을 위해 본 연구의 분석 기간은 2011-2020년[7]으로 선정했다. 중국의 생산가능인구(15-64세) 비중이 2010년 이후에야 하락세로 전환했고(〈표 2〉 참조), 1차 인구배당 효과가 2013-2015년경에 소멸하였다는 기존 연구 결과 등을 고려 시, 이러한 분석 기간 선정은 인구 보너스의 전환점을 고찰하는데 무리가 없을 것으로 보인다.

추정방법은 Pearson 상관계수를 활용해 인구의 고령화와 경제성장 사이 관계를 파악하고자 한다. Pearson 상관계수는 두 변수 간 관련성을 표시하는데, 두 변수가 완전히 동일하면 +1, 전혀 다르면 0, 반대 방향으로 완전히 동일하면 -1로 표시된다(Benesty et al. 2009). 따라서 고령화와 경제성장 간 통계적으로 유의한 양(+)의 상관관계를 보이면 인구 보너스가 경제성장에 기여하고 있음을, 통계적 유의성을 보이지 않으면 1차 인구배당 효과가 소멸하였음을, 유의한 음(-)의 상관관계를 보일 시 인구의 고령화가 경제성장에 부정적인 영향을 미치고 있음을 의미한다. 때문에 중국 전체 및 31개 성별로 인구의 고령화와 경제성장 사이 통계적 유의성을 보이지 않은 시점을 찾아내면, 1차 인구배당 효과 소멸 시점을 알 수 있다. 본 연구에서 인구 고령화와 경제성장 간 관계를 분석함에 있어 기존 연구처럼 회귀분석을 수행하지 않은 이유는, 본 연구의 주요 목적이 1차 인구배당 효과의 소멸 시점을 찾는 것이기 때문이다, 상술한 목적은 전체 기간 혹은 전체 기간을 2-3개 구간으로 나누어 회귀분석을 수행하는 방법으로는 달성할 수 없으며, 연도별로 Pearson 상관계수 추정방법으로 분석하는 것이 필요하다.

---

7   특히 성별 1차 인구배당 효과의 소멸 시점을 파악하려면 최소 10개 이상의 샘플로 상관관계 파악이 필요하다.

3. 중국의 인구 고령화와 경제성장률 간 상관관계에 대한 분석

본문 내용〈표 5〉에서 보듯, 중국 전체 데이터로 노인 인구 비중과 경제성장률 간 상관관계를 분석한 결과, 2011-2013년에는 양자 간 통계적으로 유의한 양의 상관관계를 보이는데, 이는 2014년 전까지는 중국에서 인구 보너스가 존재했음을 의미한다.

한편, 2014-2016년 간 Pearson 상관계수가 0.1 정도로 나타났으며 통계적 유의성을 보이지 않고 있는데, 이는 중국에서 1차 인구배당 효과가 2014년경에 소멸하였음을 설명한다.

아울러 2017년부터는 양자 간 유의한 음의 상관관계를 보이는데, 이는 이 시기에 1차 인구배당 효과가 소멸하였을 뿐만 아니라, 인구의 고령화가 중국 경제성장에 부정적인 영향을 미치고 있음을 설명한다.

이러한 분석결과는 앞서 Cai (2013) 등이 내놓은, 2013-2015년경에 중국에서 1차 인구배당 효과가 소멸하였다는 주장과 일치한 결과이며, 이 시기 광둥성을 비롯한 중국의 동남부 연해 지역에서 농민공을 중심으로 한 구인난 문제가 불거진 시점과도 대체로 일치한다.

〈표 5〉 중국의 인구 고령화와 경제성장 간 회귀분석 결과

연도	Pearson 상관계수
2020	-0.34***
2019	-0.22***
2018	-0.16***
2017	-0.11**
2016	상관관계 없음
2015	상관관계 없음
2014	상관관계 없음

조선족 차세대 학자의 연구 동향과 전망

연도	Pearson 상관계수
2013	0.09*
2012	0.12**
2011	0.11**

주: *, **, ***는 각각 10%, 5%, 1% 수준에서 유의함을 의미

4. 성별 인구 고령화와 경제성장률 간 상관관계에 대한 분석

이어 31개 성별로 1차 인구배당 효과가 언제 소멸하였는지 고찰하고자 한다. 성별 데이터로 인구의 고령화와 경제성장률 간 상관관계를 분석한 결과 2020년 기준, 모든 지역에서 둘 간 통계적으로 상관관계가 없는 것으로 나타나, 31개 성급 지역 모두 1차 인구배당 효과가 소멸하였음을 알 수 있었다 (〈표 6-1〉 -〈표 6-3〉 참조).

그러나 1차 인구배당 효과의 소멸 시점은 성별로 상이하다. 본 논문의 분석 기간과 중국 전체 인구 보너스의 전환점을 고려하여 전체 기간을 2011년, 2014년, 2017년, 2020년을 기준으로 나누어 살펴본 결과, 분석 시작 시점인 2011년 전에 1차 인구배당 효과가 이미 소멸한 지역은 허베이, 장쑤, 산둥 등 15개였다. 이들 지역은 중국에서 고령화가 가장 심각하다고 볼 수 있다. 여기에는 발달한 동부지역의 직할시 중 하나인 톈진[8]도 포함되어 있는데, 최근 몇 년 해당 도시의 경제가 뒤처지고[9] 있는 이유 중 하나가 바로 1차 인구배당 효과의 소멸이 아닌가 하는 생각이 든다.

한편, 중국 전체의 1차 인구배당 효과가 사라진 2014년 전(2011년 이후)에 1차

---

8   2020년에는 톈진의 인구의 고령화가 경제성장에 통계적으로 유의한 음의 영향을 미치고 있다.

9   톈진은 2021년부터 중국 GDP 상위 10대 도시에서 제외되었다.

인구배당 효과가 사라진 성급 지역은 후베이, 후난 등 6개이다. 이들 지역 또한, 고령화 수준이 중국 전체 대비 심각한 지역으로 볼 수 있다.

이어 중국의 인구 고령화가 경제성장에 부정적인 영향을 미친 시점인 2017년 전(2014년 이후)에 1차 인구배당 효과가 사라진 지역은 저장, 광둥 등 6개이다.

끝으로 2017년 이후에 1차 인구배당 효과가 소멸한 지역은 베이징, 상하이 등 3개 지역인데, 이 가운데 베이징과 상하이는 무려 2020년에야 1차 인구배당 효과가 소멸한 것으로 확인되었다. 위 두 가지 유형의 지역은 중국이 1차 인구 배당 효과가 소멸한 2014년 이후에 인구 보너스가 소멸하였는지라, 고령화 수준이 중국 전체 평균 대비 양호한 지역으로 볼 수 있다.

〈그림 1〉 중국 성별 인구 보너스 소멸 시기

주: 2011년 이전 인구 보너스가 사라진 성의 경우 보다 정확한 인구 보너스 소멸 시기를 파악하기 어려워 연도를 별도로 표기하지 않음.
자료: 실증분석 결과를 기반으로 저자가 정리

〈표 6-1〉 경제성장과 인구 고령화 간 상관관계 (동부지역)

연도	베이징 (北京)	광둥 (廣東)	상하이 (上海)	장쑤 (江蘇)	저장 (浙江)	푸젠 (福建)	산둥 (山東)	톈진 (天津)	랴오닝 (遼寧)	하이난 (海南)	허베이 (河北)
2020	없음	없음	없음	-0.84***	없음	없음	-0.89***	-0.64***	-0.78***	없음	-0.79***
2019	0.53**	없음	0.48**	-0.79***	없음	없음	-0.87***	없음	-0.70***	없음	-0.70***
2018	0.56**	없음	0.60**	-0.75***	없음	없음	-0.83***	없음	-0.72***	없음	-0.70***
2017	0.57**	없음	0.65***	-0.70***	없음	없음	-0.81***	없음	-0.76***	없음	-0.69***

조선족 차세대 학자의 연구 동향과 전망

연도	베이징 (北京)	광둥 (廣東)	상하이 (上海)	장쑤 (江蘇)	저장 (浙江)	푸젠 (福建)	산둥 (山東)	톈진 (天津)	랴오닝 (遼寧)	하이난 (海南)	허베이 (河北)
2016	0.63**	없음	0.66***	-0.62**	없음	없음	-0.78***	없음	-0.73***	없음	-0.65***
2015	0.70***	없음	0.68***	-0.50*	0.51*	0.56**	-0.72***	없음	-0.61**	없음	-0.57**
2014	0.72***	없음	0.68**	없음	0.68***	0.68***	-0.61**	없음	없음	없음	없음
2013	0.72***	0.54*	0.67**	없음	0.69**	0.63**	없음	없음	없음	없음	없음
2012	0.71**	0.55*	0.65**	없음	0.65**	0.62**	없음	없음	없음	없음	없음
2011	0.69**	없음	0.59*	없음	없음	0.63*	없음	없음	없음	없음	없음

주: *, **, ***는 각각 10%, 5%, 1% 수준에서 유의함을 의미

〈표 6-2〉 경제성장과 인구 고령화 간 상관관계 (중부지역)

연도	허난 (河南)	후베이 (湖北)	후난 (湖南)	산시 (山西)	지린 (吉林)	장시 (江西)	안후이 (安徽)	헤이룽장 (黑龍江)
2020	-0.78***	-0.72**	-0.52**	-0.67***	-0.68***	-0.85***	-0.59***	-0.86***
2019	-0.66***	-0.52**	없음	-0.64***	-0.57**	-0.74***	-0.41*	-0.79***
2018	-0.62***	-0.44*	없음	-0.69***	없음	-0.68***	없음	-0.74***
2017	-0.58**	없음	없음	-0.82***	없음	-0.63***	없음	-0.69***
2016	-0.52**	없음	없음	-0.85***	없음	-0.54**	없음	-0.67***
2015	없음	없음	없음	-0.82***	없음	없음	없음	-0.48*
2014	없음	없음	없음	-0.73***	없음	없음	없음	없음
2013	없음	없음	없음	-0.63**	0.76***	없음	0.55*	없음
2012	없음	0.54*	0.54*	-0.66**	0.9***	없음	0.66**	없음
2011	없음	0.77***	0.65**	-0.71**	0.91***	없음	0.73**	없음

주: *, **, ***는 각각 10%, 5%, 1% 수준에서 유의함을 의미

〈표 6-3〉 경제성장과 인구 고령화 간 상관관계 (서부지역)

연도	광시 (廣西)	쓰촨 (四川)	충칭 (重慶)	네이멍구 (內蒙古)	구이저우 (貴州)	윈난 (雲南)	티벳 (西藏)	샨시 (陝西)	간쑤 (甘肅)	칭하이 (青海)	닝샤 (寧夏)	신장 (新疆)
2020	-0.54**	-0.68***	-0.74***	-0.85***	-0.5**	-0.54**	없음	-0.84***	-0.73***	-0.79***	-0.8***	-0.69***
2019	없음	-0.58**	-0.64***	-0.82***	없음	없음	없음	-0.76***	-0.64***	-0.72***	-0.73***	-0.62***
2018	없음	-0.52**	-0.55**	-0.79***	없음	없음	0.43*	-0.69***	-0.58**	-0.62***	-0.67***	-0.51**
2017	없음	-0.46*	-0.44*	-0.76***	없음	없음	0.44**	-0.64***	-0.48*	-0.57**	-0.61**	-0.46*
2016	없음	없음	없음	-0.65***	없음	없음	0.47*	-0.56**	없음	없음	-0.48*	없음
2015	없음	없음	없음	-0.56**	없음	없음	없음	없음	없음	없음	없음	없음
2014	없음	없음	없음	없음	없음	없음	없음	없음	없음	없음	없음	없음
2013	없음	없음	없음	없음	없음	없음	없음	0.5*	없음	없음	없음	없음
2012	없음	없음	없음	없음	0.54*	0.53*	없음	없음	없음	없음	없음	없음

연도	광시 (廣西)	쓰촨 (四川)	충칭 (重慶)	네이멍구 (內蒙古)	구이저우 (貴州)	윈난 (雲南)	티벳 (西藏)	샨시 (陝西)	간쑤 (甘肅)	칭하이 (靑海)	닝샤 (寧夏)	신장 (新疆)
2011	없음	없음	0.65**	0.56*	0.71**	없음	없음	없음	없음	없음	0.56*	없음

주: *, **, ***는 각각 10%, 5%, 1% 수준에서 유의함을 의미

Ⅳ. 결론

본 연구는 중국 및 31개 성별 인구의 고령화와 경제성장 사이 관계에 대해 분석했다. 분석결과, 2013년까지 중국의 노인 인구 비중은 경제성장에 통계적으로 유의한 양의 영향을 미친 것으로 나타났고, 2014-2016년 간 양자 사이 통계적으로 유의한 관계가 발견되지 않았으며, 2017년부터 통계적으로 유의한 음의 상관관계를 보였다. 결론적으로 2014년경에 중국의 1차 인구배당 효과가 소멸한 것으로 관측되었다. 중국의 31개 성의 1차 인구배당 효과의 소멸 시점도 상이한 것으로 나타났다. 2020년 베이징과 상하이의 인구 보너스가 소멸하면서 31개 성급 지역 모두 인구 보너스가 소멸하였다.

1차 인구배당 효과는 과거 중국경제가 고속성장을 이룰 수 있었던 중요한 요인이었다. 중국은 개혁개방 이후 생산가능인구(15-64세)의 지속적인 증가 등으로 저렴한 노동력을 공급받을 수 있었으며, 이를 배경으로 급속한 경제성장을 달성해 상당한 인구배당 효과를 수혜했다. 특히 1962-1975년 출생한 베이비부머 세대가 개혁개방 후 경제 건설의 주역으로 활약했다. 이들이 생산과 저축을 많이 하면서 저축률과 투자율이 상승하고, 1인당 소득수준의 제고로 소비도 업그레이드되면서 잠재 성장률이 제고되었다. 그러나 2010년대에 들어 중국 및 31개 성급 지역의 1차 인구배당 효과의 소멸은 잠재 성장률 하락으로 이어지면서, 중장기적으로 중국경제에 부정적 영향이 불가피할 것으로 보인다.

조선족 차세대 학자의 연구 동향과 전망

중국의 인구 고령화가 빠르게 진행되면서 2014년경에 중국의 1차 인구배당 효과가 소멸하고, 2020년 기준으로 모든 31개 성급 지역의 1차 인구배당 효과가 모두 소멸하였다.

다만 타국 대비 낮은 부양률, 중국경제의 엔진 역할을 하는 베이징과 상하이가[10] 2020년에야 1차 인구배당 효과가 소멸한 점 등을 고려 시, 중국 정부의 대응으로 2차 인구배당 효과로 성공적으로 이행할 가능성도 상존한 상황이다. 2020년 중국의 부양률은 28.6%로 여전히 '인구 기회의 창(Population Window of Opportunity)'인 50% 미만 수준이다(Peng 2005). 중국은 최근에도 농민공[11] 등 농촌 인구의 도시 유입이 이어지고 있어 도시의 고령화 문제를 일부 완화하고, 2차 인구배당 효과로의 이행을 위한 시간 여력을 보유하고 있다. 중국이 고령화로 인한 경제성장의 제약을 막으려면 노인 인구의 경제활동 참가를 증가시켜 2차 인구배당 효과를 창출하려는 노력이 요구되는데, 이에 중국 정부의 적극적인 대응 여부 등을 예의주시할 필요가 있겠다. 만약 2차 인구배당 효과로의 이행 실패 시 경제성장률이 추가 둔화할 소지가 있을 것이다.

중국의 인구 고령화 문제는 對중국 경제 의존도가 높은 한국 경제에 여러 시사점을 함축하고 있다. 고령화에 따른 노동비용 상승으로 세계 경제에서 중국의 역할이 생산기지에서 소비시장으로 전화되고 있는 바, 한국의 기업들 역시 이러한 변화에 대응할 필요가 있겠다. 우선 중국에서 1차 인구배당 효과가 사라지는 과정에서 뚜렷하게 나타나는 임금 상승이 장기적인 추세로 굳어질 수 있다. 이에 한국 기업들은 중국을 기존의 생산기지에서 소비시장으로 접근 방

---

10 2021년 기준 1인당 GDP 상위 2위 성급 지역.

11 중국의 농민공 수 (백만 명): 242(2010년)→ 277(2015년)→ 286(2020년) → 293(2021년) (CEIC).

식을 변화할 필요가 있겠다. 고령화는 새로운 소비 수요를 창출해 한국 기업들에 기회가 될 수 있다. 중국 노인 인구의 잠재 소비력은 2014년 4.6조 위안에서 2050년 106.7조 위안으로 증가할 전망이고, 이에 GDP에서 차지하는 비중도 2014년 8.3%에서 2050년 33.6%로 증가할 것으로 추정된다(한국보건산업진흥원). 한편, 중국의 성별 인구 보너스의 소멸 시점이 달라, 시장을 구분해서 접근할 필요가 있겠다. 즉 인구 보너스의 소멸 전후 과거 선진국의 경험을 접목해 효율적 진출 방안을 마련할 필요가 있겠다.

조선족 차세대 학자의 연구 동향과 전망

참고문헌

1. 저서/보고서

코트라. 2019. 『심각해지는 중국의 저출산 문제』.

한국보건산업진흥원. 2016. 『중국 고령화 추이와 시사점』.

Benesty, J., Chen, J., Huang, Y. and Cohen, I. 2009. "Pearson correlation coefficient." 『Noise reduction in speech processing』. pp. 1-4. Springer, Berlin, Heidelberg.

Cai, F. 2013. 『Series on Chinese Economic Research – Vol. 5: Beyond Demographic Dividends』. World Scientific.

National Bureau of Statistics. 2021. 『Major Figures on 2020 Population Census of China』 (Chinese).

2. 논문

김성자 · 오혜정 · 서선영 · 이중희. 2021. "중국 인구 고령화에 따른 실버 소비의 특징과 전망." 『현대중국연구보』 22(4): pp. 215-246.

문익준. 2016. "중국의 인구구조 변화와 지역경제 성장 간의 관계: 한국과의 비교." 『중소연구』 40(2): pp. 7-45.

Bloom, D. E. and Williamson, J. G. 1988. "Demographic transitions and economic miracles in emerging Asia." 『World Bank Economic Review』 12(3): pp. 419-455.

Cai, F. 2004. "Demographic Transition, Demographic Dividend, and the Sustainability of Economic Growth." 『Population Research』 128(12): pp. 2-9.

Cai, F. and Wang, D. 2005. "Demographic transition: implications for growth." 『The China boom and its discontents』 34.

Li, X., and Luke Chan, M. W. 2012. "An analysis of demographic change and economic growth of China based on system GMM." 『Statistical Research』 29(4): pp. 81-85.

Liu, Q., and He, Q. 2012. "Aging, economic growth, and fiscal policy." 『China Economic Quarterly』 12(1): pp. 119-134 (Chinese).

Luo, Y., Su, B. and Zheng, X. 2021. "Trends and challenges for population and health during population aging - China, 2015 - 2050." 『China CDC Weekly』 3(28): pp. 593-598.

Wei, Z., and Hao, R. 2010. "Demographic structure and economic growth: Evidence from China." 『Journal of Comparative Economics』 38(4): pp. 472-491.

Ye, J., Chen, Z., and Peng, B. 2021. "Is the demographic dividend diminishing in China? Evidence from population aging and economic growth during 1990 - 2015." 『Review of Development Economics』 25(4): pp. 2255-2274.

You, S., and Cai, Y. 2017. "Dynamic analysis of the population aging effects on economy growth." 『Economy and Management』 31(1): pp. 22 - 29 (Chinese).

제7부

법학

제8장

한-중 FTA의 환경과 무역챕터의 개선에 대한 연구

김명자

I. 서론

1980년대 후반부터 중국은 급속한 경제성장을 이루었다. 그러나 중국의 경제성장을 이끌어온 산업이 제조, 가공, 제련, 채굴 등의 2차 산업이었기 때문에 자원과 에너지의 소모가 크고 오염물질의 배출이 심각해졌다. 중국의 환경문제는 주변국인 한국뿐만 아니라 전반 국제사회의 관심을 집중시키고 있으며, 중국정부도 환경문제의 심각성을 인식하고 산업구조를 조정하고 환경법규를 정비하는 노력을 기울이고 있다. 2008년 올림픽 개최를 기점으로 중국의 환경규제는 대폭 강화되었다.

지난 2014년에는 환경보호법을 전면 개정하여 환경보호법 위반의 법적 책임을 강화하고 정부규제를 보다 명확히 하였다. 그리고 중국은 아시아 신흥국 중에서 가장 발 빠르게 배출권 거래시장을 구축하였고, 2021년 7월 전국적인 탄소배출권거래소를 열었다.[1] 아울러, 2018년 1월 1일부터 환경보호세법이 발

---

1   碳排放交易: http://www.tanpaifang.com/tanjiaoyi/2021/0724/78843.html (검색 일자 2023-7-6)

효되어 환경보호세를 성공적으로 도입하였다.

2016년부터 중국은 '녹색발전'을 중국의 5대 국가발전전략 중 하나로 부상시켰으며,[2] 더 이상의 자원 약탈식의 발전방식이 아닌, 저탄소의 생산방식과 생활방식을 전면 추진하려고 하고 있다. 또한, 탄소 저감에 관하여 중국은 2060년까지 탄소 중립을 달성한다는 목표를 발표한 바 있다.[3] 중국은 경제성장에 있어 환경적 요인을 점차 고려하고 있으며, 기타 국가들과의 FTA 체결에 있어서도 환경문제에 관한 논의를 진행하고 있다.

중국의 발효된 FTA 중에서 독립된 환경챕터를 두고 있는 FTA는 중-스위스 FTA, 중-조지아 FTA, 한-중 FTA 그리고 최근에 업데이트를 진행한 중-싱가포르 FTA 등 총 네 개에 달한다.[4] 환경보호 수준이 높은 선진국들이 개도국과 FTA를 체결할 때 경제이익 추구의 측면만 고려하는 것이 아니라 자국의 환경

---

2 搜狐: http://mt.sohu.com/20160307/n439626573.shtml (검색 일자 2023-7-6)

3 碳排放交易: http://www.tanpaifang.com/tanzhonghe/2020/0923/74144.html (검색 일자 2023-7-6)

4 중국이 체결한 FTA의 환경 관련 규정은 아래 도표 참조.

순서	중국 FTA	발효일	환경관련 규정						환경 챕터
			전문	SPS	TBT	투자	일반예외	협력	
1	중국-ASEAN FTA	2002.11.04.		○			○	○	
2	중국-홍콩 CEPA	2004.01.01.							
3	중국-마카오 CEPA	2004.01.01.							
4	중국-파키스탄 FTA	2006.01.01.	○	○					
5	중국-칠레 FTA	2006.10.01.	○	○			○	○	
6	중국-뉴질랜드 FTA	2008.10.01.	○	○			○(환경조치 명시)	○	
7	중국-싱가포르 FTA	2009.01.01.		○	○		○	○	○
8	중국-페루 FTA	2010.03.01.	○	○			○	○	
9	중국-대만 ECFA	2010.09.12.							
10	중국-코스타리카 FTA	2011.08.01.		○			○(환경조치 명시)	○	
11	중국-아이슬란드 FTA	2014.07.01.	○	○			○		
12	중국-스위스 FTA	2014.07.01.					○		○
13	중국-한국 FTA	2015.12.20.		○			○		○
14	중국-호주 FTA	2015.12.20.		○			○		
15	중국-조지아 FTA	2018.01.01.	○	○			○		○
16	중국-모리셔스 FTA	2021.01.01.					○		

출처: 中国自由贸易区服务网의 자료를 바탕으로 저자가 직접 작성

여건에도 피해가 가지 않도록 방지하기 위하여, FTA에 환경에 관한 규정을 폭넓게 마련하고 있으며 수준 높은 환경보호를 규정하고 있다.

한-중 FTA도 마찬가지로 경제적 효과만을 평가하기보다는 FTA에 포함되어 있는 환경에 관한 규정을 평가하고 분석하여, 향후 한-중 양국의 환경 관련 협력이 어떠한 방향으로 나아가야 할지에 대한 논의가 필요하다. 특히 체결한 지 8년이 지난 현재 시점에서 업그레이드의 필요성이 부각되고 있다. 이 글에서는 우선 한-중 FTA의 환경과 무역챕터의 주요 내용을 소개하고, 그 성과와 한계점을 지적하며, 한국이 체결한 비교적 대표적인 FTA인 한-미 FTA 및 한-EU FTA의 환경챕터와 최근에 중미 4국과 체결한 한-중미 FTA의 환경챕터의 내용, 그리고 비교적 성숙한 환경챕터의 구조를 지닌 NAFTA[5]의 관련된 내용을 비교·분석하여, 한-중 FTA 환경과 무역챕터의 개선방안에 대하여 시사점을 제시하고자 한다.

Ⅱ. 한-중 FTA 환경과 무역챕터의 주요 내용

1. 환경과 무역챕터의 목적 및 적용 범위

한-중 양국은 경제발전, 사회발전 그리고 환경보호가 상호 의존하고 보완함으로써, 지속 가능한 발전의 목적을 달성하기 위하여 FTA에 환경과 무역챕터를 포함시켰다.[6] 양국은 「1972년 인간 환경에 관한 스톡홀름 선언」, 「1992년

5 　비록 2018년 11월 30일에 NAFTA협정은 USMCA협정에 의해 대체되었지만, NAFTA의 환경 관련 규정은 여전히 학계에 참고가치가 많은 것으로 판단된다.

6 　한-중 FTA 제16.1조 1항.

환경과 개발에 관한 리우 선언」, 「1992년 의제 21」, 「2002년 지속가능발전에 관한 요하네스버그 이행계획」, 그리고 「2012년 리우+20의 결과문서 "우리가 원하는 미래"」를 상기하면서,[7] 지속 가능한 발전의 목적에 기여하는 방식으로 경제 발전을 증진하며, 이 목적이 양국의 무역 관계에 통합되고 반영되는 것을 보장하겠다고 약속하였다.[8] 양국은 환경문제에 관한 협력의 필요성을 강조하였고,[9] 환경기준이 보호무역주의 목적에 입각하여 이용되지 않을 것에 동의하였다.[10]

2. 수준 높은 환경보호 의무

한-중 FTA에 의하면 양국은 자국의 환경보호 수준과 환경발전 우선순위를 설정하고 자국의 환경법과 정책을 채택하거나 수정할 수 있는 주권적 권리를 가진다.[11] 이는 환경보호라는 국제적 인식에는 동조하지만 환경보호에 관한 양국의 역량 차이를 인정하고 자신에게 맞는 환경보호 수준을 설정할 수 있다고 규정한 것이다.[12]

그리고 양국은 위와 같은 법과 정책이 높은 수준의 환경보호를 규정하고 장려하도록 보장하기 위하여 노력하며, 각국의 환경보호 수준을 지속적으로 개선하기 위하여 노력하여야 한다고 약속하였다.[13]

---

7   한-중 FTA 제16.1조 1항.

8   한-중 FTA 제16.1조 2항.

9   한-중 FTA 제16.1조 1항.

10   한-중 FTA 제16.1조 3항.

11   한-중 FTA 제16.3조 1항.

12   강준하, "한국-EU FTA 환경 분야에 관한 연구", 국제법평론 통권 제31호(2010), 9면.

13   한-중 FTA 제16.3조 2항. "…shall strive to continue to improve its respective levels of

3. 다자간환경협정의 의무 이행

환경문제는 단지 양 당사국의 문제가 아닌 전 지구적 차원의 문제이다. 따라서 전 지구적 환경보호의 목적을 달성하기 위해서는 다자간환경협정의 효과적인 이행이 필요하다. 한-중 FTA 환경과 무역챕터에서 양국은 세계적 · 국내적 환경보호에 대한 다자간환경협정의 중요한 역할을 인정하면서, 한-중 FTA의 환경과 무역챕터가 다자간환경협정의 목적 달성에 기여할 수 있다는 점을 인정하고 있다.[14] 그리하여 양국은 자국의 법과 관행에서 양국이 모두 당사국인 다자간환경협정을 효과적으로 이행하겠다는 약속을 재확인하였고,[15] 상호 관심 있는 무역 관련 환경문제에 관하여는 다자간 협상에서 상호 협의하고 협력하기로 약속하였다.[16]

4. 환경 조치의 효과적 집행

한-중 양국은 위와 같이 높은 수준의 환경보호를 규정 · 장려하기 위하여 노력하고 지속적으로 환경보호 수준을 향상하기 위하여 노력하기로 약속하였는데, 이러한 약속을 이행하기 위해서는 환경 조치의 효과적인 적용과 집행이 수반되어야 할 것이다. 한-중 FTA의 환경과 무역챕터에서는 양국 간 무역 또는 투자에 영향을 미치는 방식으로, 작위 또는 부작위의 지속적 또는 반복적 과정을 통하여 자국의 법과 규정을 포함한 환경 조치를 효과적으로 집행하지 못하

---

environmental protection."

14   한-중 FTA 제16.4조 1항.

15   한-중 FTA 제16.4조 3항.

16   한-중 FTA 제16.4조 2항.

조선족 차세대 학자의 연구 동향과 전망

여서는 아니 되도록 약속하였다.[17]

아울러, 자국의 환경법, 규정, 정책 및 관행에서 부여된 보호를 약화시키거나 감소시킴으로써 무역 또는 투자를 장려하는 것이 부적절하다는 것도 인정하고 있다.[18] 만약 무역 또는 투자를 장려하기 위하여 환경보호 기준이 약화될 경우, 환경이 악화되는 문제가 발생할 수 있으므로 환경과 무역의 조화가 무너지는 리스크가 존재한다. 이에 따라 양국은 이러한 법, 규정, 정책 및 관행에서 부여된 보호를 약화시키거나 감소시키는 방식으로 그 의무를 면제하거나 달리 이탈하여서도 아니 되는 것이다.[19]

5. 환경영향평가

한-중 FTA에서는 협정이 발효한 후 적절한 시기에 양국의 참여적 절차와 제도를 통하여 이 협정의 이행에 따른 환경 영향을 검토할 것을 약속하였다.[20] 여기서 '적절한 시기'에 대한 규정은 명확하게 정해진 것이 아니며, 환경 영향 검토 또한, 강제적 의무가 아닌 약속에 속한다.

환경영향평가의 기법과 방법에 관하여는 적절한 경우 양국은 다른 쪽 당사국과 공유하기로 약속하였다.[21] 여기서 '적절한 경우'는 언제인지, 환경영향평가의 기법과 방법은 구체적으로 어떤 기법과 방법을 포섭하는지에 대하여는 명

---

17   한-중 FTA 제16.5조 1항.

18   한-중 FTA 제16.5조 2항.

19   한-중 FTA 제16.5조 2항.

20   한-중 FTA 제16.6조 1항.

21   한-중 FTA 제16.6조 2항.

확하게 규정하지 않았고, 공유에 관한 규정 또한, 강제적인 의무가 아닌 약속에 해당한다.

6. 양자 협력

양국은 지속 가능한 발전 목표의 달성에 관한 환경 분야 협력의 중요성을 인정하면서, 한-중 FTA 환경과 무역챕터에서 기존의 양자 협정 또는 약정을 기반으로 공동의 관심 분야에 대하여 한층 강화된 협력을 진행하기로 약속하였다.[22] 특히 황사, 미세먼지 등 대기오염 분야의 협력이 절실한 상황에 비추어, 양국은 FTA 제16.7조 3항에서 2014년 7월 3일에 서명된 「대한민국 환경부와 중화인민공화국 환경보호부 간의 환경협력에 관한 양해각서」를 포함한 기존 양자 합의에서 약속된 대기오염 예방과 관리를 포함한 환경 분야에서의 협력을 강화할 것을 재확인하였다.[23] 이에 따라 양국은 미세먼지, 초미세먼지, 오존, 이산화질소, 이산화황과 일산화탄소 등의 실시간 측정자료를 안정적으로 확보할 수 있게 되었고, 공동연구단 운영, 대기 분야 과학기술 인력 교류 등의 협력을 진행하게 되었다.[24]

협력 분야에 관하여 양국은 예시적 목록의 형태를 채택하고 있다. 물론 양국의 협력에는 이 장에서 예시하지 않은 형태의 협력도 포함될 수 있다. 한-중 FTA 환경과 무역챕터에서 열거하고 있는 협력 분야는 환경 친화 제품을 포함

22　한-중 FTA 제16.7조 1항.

23　한-중 FTA 제16.7조 3항.

24　환경부 보도 · 해명자료, "정상회담 계기로 한-중 환경 상생의 동반자 시대 열어": http://www.me.go. kr/home/web/board/read.do?boardMasterId=1&boardId=354740&menuId=286 (검색 일자 2023-7-6)

한 환경상품과 환경서비스의 보급 촉진, 환경기술 개발 및 환경산업의 증진에 관한 협력, 환경보호를 위한 정책, 활동과 조치에 관한 정보교환, 환경전문가 교류를 포함한 환경 두뇌집단 협력 메커니즘 구축, 환경 분야의 워크숍, 세미나, 박람회 및 전시회를 포함한 역량 구축, 각국에서 시범지대로서 환경산업단지 조성, 양 당사국이 적절하다고 판단할 수 있는 그 밖의 형태의 환경협력 등이다.[25] 이밖에 이 장에서는 양국 간 협력 활동의 적용과 혜택을 가능한 한 광범위하게 보장하기 위하여 최선의 노력을 다할 것을 약속하였다.[26]

7. 제도적 및 재정적 장치

한-중 양국은 FTA의 환경과 무역챕터의 효과적인 이행을 위하여 제도적 장치를 마련하여[27] 이 장에서 발생하는 어떠한 사안에 대해서도 접촉선을 통하여 협의를 요청하도록 약속하였다.[28] 다만, 그 접촉선을 명확하게 지정하지는 않았다.

아울러, 환경과 무역챕터의 이행을 감독하기 위하여 한-중 양국은 행정부 내의 고위 공무원으로 구성된 환경과무역위원회(이하 "위원회")를 설치하기로 약속하였다.[29] 그리고 필요하다고 판단되는 경우에 회합하기로 약속하였다.[30]

이밖에 양국은 한-중 FTA의 환경과 무역챕터의 이행을 위해서는 재정적 자

---

25 한-중 FTA 제16.7조 2항.

26 한-중 FTA 제16.7조 4항.

27 한-중 FTA 제16.8조 1항.

28 한-중 FTA 제16.8조 2항.

29 한-중 FTA 제16.8조 3항.

30 한-중 FTA 제16.8조 4항.

원이 필요하고, 그러한 자원은 이용 가능하여야 함을 인정하였다.[31] 여기에서 재정적 자원의 제공 측과 제공조건 등에 관하여 명시하지 않았다.

8. 일반분쟁해결절차의 미적용

한-중 FTA의 환경과 무역챕터에서는 이 장에서 발생하는 어떠한 사안에 대하여도 일반분쟁해결절차를 이용하지 못하도록 규정하고 있다.[32] 비록 앞서 제도적 장치 부분에서 양국이 접촉선을 통하여 환경과 무역챕터에서 발생하는 어떠한 사안에 대해서도 협의를 요청할 수 있다고 규정하였는데, 여기서는 이른바 '협의'를 담당하는 기관을 명시하지 않았다. 전반적으로 분쟁이 발생하였을 때 효과적인 해결방법을 명확히 제시하지 않고 있다.

III. 한-중 FTA 환경과 무역챕터의 성과와 한계점

1. 다자간환경협정 이행의 문제

한-중 FTA 환경과 무역챕터에 "상호 관심 있는 무역 관련 환경문제에 관하여, 양 당사국 모두가 당사국인 다자간환경협정의 협상에 대하여 적절한 경우 협의하고 협력하기로 약속"하였는데, 이와 같은 무역 관련 환경문제와 관련된 다자간환경협정으로는 나고야의정서, 유엔기후변화협약, 파리협정 등을 그 예

31　한-중 FTA 제16.8조 5항.

32　한-중 FTA 제16.9조.

로 들 수 있다. 이 조항은 한-미 FTA[33]와 한-EU FTA[34]의 관련 조항과 유사한 형태를 하고 있으며, 특히 한-EU FTA의 관련 조항과 거의 일치한 규정을 하는 것을 알 수 있다. 이는 중요한 교역 국가들 간에는 상호 간의 무역에 영향을 미치는 환경문제에 대하여는 반드시 협의와 협상을 통하여 양국의 무역에 미치는 영향과 환경보호 문제의 균형을 도출하려는 의도로 파악된다.

다자간환경협정의 범위에 관하여, 한-중 FTA의 환경과 무역챕터는 한-미 FTA의 환경챕터에서 7개의 다자간환경협정을 규정한 것과는 달리, 의무 이행에 관한 다자간환경협정의 범위를 명시하지 않았다. 따라서 의무 이행 대상인 다자간환경협정의 범위가 다소 넓어진 것으로 평가된다.

다만, 한-중 FTA의 환경과 무역챕터에서는 다자간환경협정과 FTA 간의 우선순위 적용에 관하여 명시하지 않고 있다. 즉, 양국이 모두 당사국인 다자간환경협정의 의무와 한-중 FTA의 규정 사이에 충돌이 발생했을 때, 다자간환경협정의 의무를 준수해야 하는지 아니면 FTA의 규정을 준수해야 하는지의 문제가 발생할 수 있다.

2. 환경영향평가의 실효성 문제

앞서 살펴본 바와 같이, 한-중 FTA 환경과 무역챕터에서는 협정이 발효한

---

33 "양 당사국은 적절한 경우, 상호 관심 있는 환경문제에 관한 협상에 대하여 협의한다."라고 규정함으로써 협의의 대상이 무역 관련 환경문제에 한하지 않는다는 것을 알 수 있다. 한-미 FTA 제20.10조 2항.

34 "…상호 관심 있는 무역 관련 환경문제에 관한 협상에 대해 적절한 경우 협의하고 협력하기로 약속한다."라고 규정함으로써 무역 관련 환경문제에 한하여 협의하고 협력한다는 것을 알 수 있다. 한-EU FTA 제13.5조 1항.

후 적절한 시기에 양국의 참여적 절차와 제도를 통하여 이 협정의 이행에 따른 환경 영향을 검토할 것을 약속하였다. 비록 '적절한 시기'에 대한 규정이 명확하지 않고, 환경 영향 검토 또한, 강제적 의무가 아닌 약속에 불과하지만, 한-미 FTA와 한-EU FTA에서는 약속하지 않은 사항을 포함한 내용이라 의미가 있다고 볼 수 있다. 다만, '이 협정의 이행에 따른 환경 영향'을 검토하는 것으로 약속하였기 때문에, 모든 환경문제에 관하여 환경영향평가를 진행할 수 있는 권한은 없다는 한계점이 존재한다.

이밖에 환경영향평가의 기법과 방법에 관하여 적절한 경우 양국은 다른 쪽 당사국과 공유하기로 약속하였는데, 여기서 '적절한 경우'는 언제인지, 환경영향평가의 기법과 방법은 구체적으로 어떤 기법과 방법을 말하는지에 대하여는 명확하게 규정하지 않았고, 공유에 관한 규정 또한, 강제적인 의무가 아닌 약속에 불과하다. 다만, 한-중 양국이 환경영향평가에 관하여 어느 정도의 투명성을 제고하려고 노력하였다는 점에서는 적극적인 의미가 있다고 생각된다.

인접 국가인 한-중 양국은 FTA 발효로 인한 무역증대에 따라 양국 국내의 환경여건이 악화할 수 있는 우려가 실질적으로 존재한다. 양국의 협력하에 환경영향평가를 진행함으로써 환경보호에 대한 양국의 경각심을 높이고, 환경과 무역의 조화를 더 잘 끌어낼 필요가 있다. 또한, 한-중 FTA 환경과 무역챕터 상의 환경영향평가를 통하여 환경 관련 협력을 증진함으로써, 나아가 황사, 미세먼지, 해양오염 등 월경성 환경문제에 관하여도 효율적인 협력을 진행해야 하는데, 이에 대한 약속이 결여된 상태이다.

3. 협력체제의 미흡

나날이 복잡해지는 환경문제에 대응하기 위하여 국가들은 환경 관련 법과 정책 등을 제정하여 집행하는 노력을 기울이고 있다. 그러나 환경문제를 다루는 국가들의 역량에는 차이가 있고, 환경문제 해결과 관련하여 축적한 경험과 노하우도 상이하다.[35] 따라서 국가들은 환경문제에 관하여 폭넓은 협력을 진행할 필요가 있다. 한-중 양국은 지리적으로 인접한 국가들로, 양국의 환경문제는 각 국가의 국내에만 국한되는 문제가 아닌 월경성 문제로서 양국의 협력이 절실히 필요하다.

수교 이후 한-중 양국은 환경 관련 여러 개의 협력협정을 체결하였다. 그중에는 2015년 2월 28일에 발효한 「대한민국 정부와 중화인민공화국 정부 간의 기후변화 협력에 관한 협정」 등을 포함한 다수의 협정이 있다.[36] 앞서 살펴본 바와 같이, 양국은 「대한민국 환경부와 중화인민공화국 환경보호부 간의 환경협력에 관한 양해각서」를 통하여 미세먼지, 초미세먼지, 오존, 이산화질소, 이산화황과 일산화탄소 등의 실시간 측정자료를 안정적으로 확보할 수 있게 되었고, 공동연구단 운영, 대기 분야 과학기술 인력 교류 등의 협력을 진행하게 되었다는 점은 상당히 고무적이다.

다만, 한-중 FTA 환경과 무역챕터는 양자 협력에 관하여, 「대한민국 환경부와 중화인민공화국 환경보호부 간의 환경협력에 관한 양해각서」와 기타 양자 합의에서 약속한 협력을 강화할 것을 재확인하는 형식에 그쳤다는 한계

---

35 강준하, "한국-미국 FTA 환경챕터에 관한 연구", 홍익법학 제11권 제1호(2010), 439면.

36 한-중 양국 간에 체결한 환경 관련 협정들로는 「대한민국 정부와 중화인민공화국 정부 간의 기후변화 협력에 관한 협정」, 「대한민국 정부와 중화인민공화국 정부 간의 철새 보호에 관한 협정」, 「대한민국 정부와 중화인민공화국 정부 간의 중국 서부지역 조림사업에 관한 교환각서」, 「대한민국 정부와 중화인민공화국 정부 간의 어업에 관한 협정」, 「대한민국 정부와 중화인민공화국 정부 간의 환경협력에 관한 협정」 등이 있다. 외교부 조약정보 참조: http://www.mofa.go.kr/www/wpge/m_3834/contents.do (검색 일자 2023-7-6)

가 존재한다. 이밖에, 한-중 FTA 환경과 무역챕터에서 열거하고 있는 협력 분야에는 실질적으로 긴급한 환경 관련 문제들은 포함되어 있지 않다는 문제점도 보인다.

4. 제도적 장치의 불확실성

한-중 양국은 제도적 장치를 마련하여 환경과 무역챕터에서 발생하는 어떠한 사안에 대해서도 협의를 요청하도록 약속하였다. 즉 양국 간의 접촉선 역할을 하는 사무소를 자국 행정부 내에 지정하도록 약속하였다. 중-스위스 FTA에서 중국 내의 접촉선을 중국 상무부를, 스위스 내의 접촉선을 스위스 연방경제청으로 명확하게 지정한 데 반하여,[37] 한-중 FTA에서는 접촉선을 명확하게 지정하지는 않았다.

아울러, 환경과 무역챕터의 이행을 감독하기 위하여 한-중 양국은 행정부 내의 고위 공무원으로 구성된 환경과무역위원회(이하 "위원회")를 설치하기로 약속하였다.[38] 이는 한-미 FTA와 한-EU FTA의 제도적 장치의 규정과 유사하다. FTA 환경챕터의 이행을 감독하기 위하여 한-미 FTA에서는 환경을 담당하는 공무원으로 구성된 환경협의회를, 한-EU FTA에서는 무역과 지속가능발전위원회를 설치하였다. 다만, 한-미 FTA와 한-EU FTA에서는 모두 "FTA 발효 1년 안에, 그리고 그 이후에는 필요에 따라 회합"하기로 약속하였지만, 한-중 FTA에서는 "필요하다고 판단되는 경우에 회합"하기로 약속하였으므로,[39] 위원

---

37 중-스위스 FTA 제12.7조 1항.

38 한-중 FTA 제16.8조 3항.

39 한-중 FTA 제16.8조 4항.

회의 역할이 많이 약화되었다고 볼 수 있다.[40]

이밖에, 한-미 FTA의 경우에는 환경협의회가 협의회 의제 개발에 있어 대중으로부터 자문을 구할 수 있도록 규정하고 있고,[41] 한-EU FTA도 지속 가능한 발전에 관한 자문 업무를 제공할 수 있도록 독립적인 시민사회 대표 단체들로 구성된 국내자문단을 설치하였다.[42] 그러나 한-중 FTA 환경과 무역챕터에는 대중의 참여에 대하여 어떠한 내용도 규정하지 않고 있다.

5. 일반분쟁해결절차의 미적용

앞서 살펴본 바와 같이, 한-중 FTA의 환경과 무역챕터에서는 이 장에서 발생하는 어떠한 사안에 대하여도 일반분쟁해결절차를 이용하지 못하도록 규정하고 있다.

비록 제도적 장치 부분에서 살펴본 바와 같이, 한-중 양국이 접촉선을 통하여 협의를 진행하는 약속과, 위원회를 통하여 필요한 경우에 회합한다는 약속을 하였지만, 이러한 규정은 한-중 FTA 환경과 무역챕터의 효과적인 이행에 대하여 회의를 갖도록 한다.

한-미 FTA 환경챕터에 의하면 환경 분야의 분쟁이 발생한 경우, 우선적으로 환경협의와 환경협의회를 거치며,[43] 그다음으로 일반분쟁해결절차를 원용할 수 있음을 규정하고 있다.[44]

---

40 오선영, "한국-중국 FTA 환경과 무역챕터 분석과 정책적 시사점에 관한 연구", 국제경제법연구 제13권 제3호(2015), 18면.

41 한-미 FTA 제20.6조 3항.

42 한-EU FTA 제13.12조 4-5항.

43 한-미 FTA 제20.9조 1-3항.

44 한-미 FTA 제20.9조 5항.

한-EU FTA의 경우, 무역과 지속 가능한 발전의 챕터에서 발생하는 모든 분쟁은 일반분쟁해결절차를 이용할 수 없고, 정부 간 협의와 전문가 패널 절차를 통하여 해결하도록 명확히 규정하고 있다.[45] 즉, 한-EU FTA도 일반분쟁해결절차를 이용할 수 없도록 약속하였지만, 환경챕터 내에 해결방법을 제시하고 있다.

한-중 FTA의 환경과 무역챕터에는 오로지 제도적 장치 부분에서 양국이 접촉선을 통하여 환경과 무역챕터에서 발생하는 어떠한 사안에 대해서도 협의를 요청할 수 있다고 규정하였는데, 여기서는 이른바 '협의'를 담당하는 기관도 명시하지 않았다. 참고로 중국이 체결한 독립된 환경챕터를 두고 있는 FTA의 환경챕터는 모두 일반분쟁해결절차를 이용할 수 없도록 규정하고 있고, 일부는 분쟁해결절차에 관한 규정이 없는 경우도 있다.[46]

Ⅳ. 한-중 FTA 환경과 무역챕터의 개선방안

1. 다자간환경협정과 FTA의 충돌 해결

북미자유무역협정(NAFTA) 제104조는 CITES 협약, 몬트리올 의정서, 바젤협약 또는 부속서 104.1에 열거된 협약에서 요구하는 특정 의무와 NAFTA 규정 사이에 충돌이 발생할 때, 충돌범위 내에서는 다자간환경협정의 의무가 우

---

45   한-EU FTA 제13.16조.

46   중-스위스 FTA 제12.7조 3항은 "이 협정의 제15장(분쟁 해결)은 이 장에 적용되지 않는다. …"
       중-싱가포르 FTA 제17.7조는 "이 장에서 발생하는 어떠한 사안에 대하여도, 임의의 당사국은 제12장(분쟁 해결)을 원용할 수 없다."라고 규정하고 있다;
       한편, 중-조지아 FTA 환경챕터에는 분쟁해결절차에 대한 규정을 별도로 두지 않고 있다.

선 적용되며, 당사국 간에 위의 다자간환경협정을 준수하면서 동등하게 효과적이고 합리적으로 이용 가능한 수단이 존재할 경우, NAFTA 규정과 가장 덜 불일치 하는 대체수단을 적용한다고 규정하고 있다.[47] 즉, 다자간환경협정과 FTA 간의 충돌이 발생할 때, 다자간환경협정이 우선시 됨을 명확히 하고 있다.

한-미 FTA 환경챕터에서도 다자간환경협정과 한-미 FTA 간 불합치가 있는 경우, 당사국은 양 협정상의 자국 의무의 균형을 추구한다고 약속하고 있다. 다만, 이는 당사국이 그 적용대상 협정상의 자국의 의무를 준수하기 위하여, 위장된 무역 제한 조치가 아닌 특정 조치를 하는 것을 배제하지 않는다고 규정하고 있다.[48]

이처럼 협정 간의 충돌이 발생하는 경우를 대비하여, 다자간환경협정과 FTA 간의 우선순위를 규명하는 것은 매우 중요한 사항이며, 한-중 양국도 이에 관한 논의를 통하여 한-중 양국이 공동 당사국인 다자간환경협정과 FTA 간의 우선순위를 명백히 할 필요가 있다고 생각한다.

2. 환경영향평가 체제의 보완

오늘날 국제환경법은 초국경적 환경피해를 예방하기 위하여 관련 국가에 초국경적 잠재적 환경 위해를 평가할 의무와 위험한 활동에 대한 정보를 제공하고 통지할 의무를 포함하는 절차적 의무를 원칙적으로 부과하고 있다.[49] 환경영향평가가 바로 국가에 부과된 이러한 주요한 절차적 의무이다.[50]

---

47 NAFTA 제104조 1항.

48 한-미 FTA 제20.10조 3항.

49 이재곤·박덕영·박병도·소병천, 「국제환경법」, 박영사, 2015, 106면.

50 위의 책, 107면.

한-중 FTA 환경과 무역챕터는 이 협정의 이행에 따른 환경 영향을 검토할 것을 약속하였다. 중국이 체결한 독립된 환경챕터를 두고 있는 기타 FTA 중에서 중-조지아 FTA와 중-칠레 FTA가 환경영향평가에 관하여 약속하고 있다. 다만, 이들은 한-중 FTA의 환경과 무역챕터의 해당 규정보다도 더 간략하고, 선언적인 수준에 불과하다.

한-중 FTA의 환경영향평가의 규정이 실질적인 역할을 발휘하기 위해서는 환경영향평가를 진행할 수 있는 '적절한 시기'와 '적절한 경우', 환경영향평가의 '기법과 방법'에 관하여 명확하게 약속할 필요가 있다. 또한, 어떤 '절차와 기구'를 통하여 환경영향평가의 절차를 개시할 수 있는지도 명확히 약속할 필요가 있다.

3. 환경협력협정을 통한 양자 협력

이밖에 이 장에서는 양국 간 협력 활동의 적용과 혜택을 가능한 한 광범위하게 보장하기 위하여 최선의 노력을 다할 것을 약속하였다.[51] 다만, 이 장에서는 협력의 노력을 경주할 것만을 약속하고, 협력 업무의 점검이나 추진 기관에 대하여는 명시하지 않았다. 한-미 FTA에서는 환경챕터와는 별도로 환경협력협정(Agreement on Environmental Cooperation)을 체결하여 이를 통하여 구체적인 환경협력사업을 추진하고 있으며,[52] 그 협력 업무를 점검하고 추진하기 위하여 환경협력위원회를 설치하였다.[53] 한-중 양국도 환경협력을 한층 더 활성화하기 위

---

51 한-중 FTA 제16.7조 4항.

52 한-미 FTA 제20.8조 3항.

53 대한민국 정부와 미합중국 정부 간의 환경협력에 관한 협정 제3조.

해서는 추후의 협상을 통하여 협력 업무의 점검과 추진을 담당하는 기관을 설치하여야 할 것이고, 환경협력협정을 별도로 체결하여 구체적인 협력의 이행에 관한 사안을 명확하게 약속하는 것이 바람직하다고 생각된다.

한-중 FTA 환경과 무역챕터에서 열거하고 있는 협력 분야에는 실질적으로 긴급한 환경 관련 문제들은 포함되어 있지 않다는 문제점도 보인다. 이에 관하여는 한-중미 FTA의 환경챕터의 협력 분야의 예시목록이 참고가치가 있는 것으로 보인다. 즉, 환경관리, 다자간 환경협정을 포함한 환경법 집행을 위한 제도적 역량, 청정생산기술, 임업, 수질, 대기질, 에너지 효율 및 재생에너지, 이산화탄소 포집 기술을 포함하는 혁신적 환경기술, 기후변화 취약성 및 적응 평가 조치, 그리고 자국의 우선순위에 따라 당사국들이 합의할 수 있는 그 밖의 환경 사안이다.

이 중에서 특히 대기질, 기후변화, 재생에너지 등의 분야는 최근 양국 모두의 최대 관심사다. 양국 모두 파리협정의 당사국으로서 한국은 2050년까지, 중국은 2060년까지 탄소 중립을 선언한 바 있다. 이러한 목표를 가지고 양국은 온실가스 배출 감축에 관한 실질적이고 상호 구속력 있는 약속을 함으로써, 지속적으로 상호 모니터링하고 온실가스 배출 측정결과를 공유하는 협력을 진행하여야 한다. 즉, 협력협정을 통하여 매년 정해진 시간에 해당 연도의 각국의 온실가스 배출 감축 목표를 설정·공유하고, 이행에 관한 모니터링을 상호 허용하며, 온실가스 배출 감축을 유도하는 메커니즘을 개발하여 공유하여야 한다.

이러한 환경 분야의 운영을 위한 중립적인 역할을 적절히 수행하기 위하여, 한-중 FTA의 보충협정인 환경협력협정을 체결하여 상설 환경협력위원회를 설

치하는 것을 제안한다.[54]

4. 제도적 장치의 완비

한-중 양국은 제도적 장치를 마련하여 환경과 무역챕터에서 발생하는 어떠한 사안에 대해서도 협의를 요청하도록 약속하였고, 이 챕터의 이행을 감독하기 위한 위원회를 설치하기로 약속하였다. 다만, 이러한 제도적 장치에 대하여 구체적으로 지정하지는 않았다. 위원회의 경우 필요하다고 판단되는 경우에 회합하기로 약속하였으므로, 효과적인 회합의 가능성을 약화시킨다.

한-중미 FTA 환경챕터에서는 환경위원회의 역할에 관하여 구체적으로 예시하고 있다. 즉, 협력 활동의 합의된 작업계획을 수립하고, 합의된 협력 활동을 감독 · 평가하며, 상호 관심 있는 환경 사안에 대한 대화의 장 역할을 하며, 이 장의 운영 및 결과를 검토하며, 당사국들이 원하는 경우 언제든지 모든 조치를 한다.[55] 이밖에도 한-중미 FTA 환경챕터는 환경위원회가 이 장의 적용 범위 내에 있는 그 밖의 모든 문제를 고려할 수 있고, 가능한 신규 분야의 발굴도 장려하고 있다.[56]

한-중 FTA의 환경과 무역챕터 역시 이와 같은 FTA를 참조하여, 이 장의 이행을 보다 명확히 하기 위해서는 제도적 장치의 구성요건, 구성 기간, 회합의 주기 등에 대하여 보다 구체적으로 약속할 필요가 있다. 아울러, 위원회의 목적

---

54 NAFTA의 보충협정인 환경협력협정(NAAEC)에서 환경협력위원회(Commission for Environmental Cooperation)가 설치되었고, 이 위원회는 NAAEC의 환경 분야 운영을 위한 중립적인 역할을 한다.

55 한-중미 FTA 제17.8조 2항.

56 한-중미 FTA 제17.8조 3항.

을 명시하여 위원회의 역할을 명확히 하며, 위원회가 신규 협력 분야를 발굴할 수 있도록 격려하는 것이 필요하다. 포스트 코로나 시기에 위원회의 회합은 꼭 직접 대면이 아니라 당사국들이 이용 가능한 기술 수단을 통하여 실시할 수 있도록 약속할 필요도 있다.[57]

5. 대중 참여 제도 신설

한-중 FTA의 환경과 무역챕터를 살펴본 바에 따르면, 제도적 장치 부분에서 대중의 참여를 허락하지 않고 있다. 한-미 FTA의 경우에는 환경협의회가 협의회 의제 개발에 있어 대중으로부터 자문을 구할 수 있도록 규정하고 있고,[58] 협의회 공식결정은 원칙적으로 공개하도록 규정하고 있다.[59] 한-중미 FTA의 경우에도 당사국들이 협력 활동의 개발과 이행에 대중이 참여할 수 있는 기회를 창출하도록 약속하고 있다.[60] 한-EU FTA도 지속 가능한 발전에 관한 자문 업무를 제공할 수 있도록 독립적인 시민사회 대표 단체들로 구성된 국내자문단을 설치하였다.[61]

의제 개발 등 이외에도, 환경법의 집행에 관하여도 대중의 참여가 허락되고 있다. 한-미 FTA는 자국의 이해관계인이 당사국의 권한 있는 당국에 자국 환경법 위반 주장을 조사하도록 요청하는 절차를 포함하여, 환경법의 집행 및 준

57　한-중미 FTA의 제17.8조 4항에서 "회의는 직접 대면 또는 당사국들이 이용 가능한 기술 수단을 통하여 실시할 수 있다."라고 규정하고 있는 점을 참고하였다.

58　한-미 FTA 제20.6조 3항.

59　한-미 FTA 제20.6조 5항.

60　한-중미 FTA 제17.11조 2항 나.

61　한-EU FTA 제13.12조 4-5항.

수 절차에 관한 정보가 공개되도록 보장한다고 규정하고 있다.[62] 한-중미 FTA
도 개인이 자국 환경법의 집행을 위하여 재판소에 적절한 접근권을 가질 수 있
도록 보장하고 있다.[63]

환경문제에 대한 대중 참여 제도는 NAFTA의 보충협정인 환경협력협정
(NAAEC)에서 규정한 환경법집행에 관한 청원제도에서 기원한다.[64] NAAEC에
의하여 환경협력위원회가 설치되었고, 이 위원회는 NAAEC의 환경 분야 운영
을 위한 중립적인 역할을 한다. 이와 다르게 한-미 FTA의 대중 참여 제도는 자
국이나 상대국의 사인이 제기한 서면 입장을 접수하면, 당사국이 국내절차에
따라 이러한 입장에 응답하고 그 응답이 대중에게 시의적절한 방식으로 용이하
게 접근 가능하도록 한다고 약속하고 있다.[65]

이처럼 환경법과 환경정책의 투명성을 제고하고 환경 조치의 효과적인 집행
을 위해서는 대중의 참여 제도를 보장하여야 하며, 한-중 FTA에 대중의 참여
에 관한 규정을 추가할 필요성이 있다고 생각된다. 대중의 참여 제도에 관하여
앞서 제도적 장치 부분에서 언급되었던 위원회가 대중의 입장을 수렴하고 응답
하는 역할을 하도록 약속하는 것을 고려할 수 있다.

6. 분쟁해결절차의 수립

현재의 한-중 FTA의 환경과 무역챕터의 양국의 약속은 강제적인 의무보다

---

62 한-미 FTA 제20.7조 1항.

63 한-중미 FTA 제17.6조 1항.

64 전용일, "TPP (환태평양경제동반자협정) 환경규정에 관한 연구 – 무역과의 연관성을 중심으
로-", 박사학위 논문, 전북대학교, 2017, 160-161면.

65 한-미 FTA 제20.7조 2항 나.

는 선언 내지는 권고적 수준에 그치고 있다.[66] 그러나 양국이 환경협력이나 환경보호 수준의 지속적 제고에 관하여 노력하겠다는 약속 등을 위반할 여지도 존재하므로, 분쟁 해결방법에 대하여 명확하게 약속하지 않은 점을 개선할 필요가 있다고 생각된다.

NAAEC는 NAFTA의 일반분쟁해결절차와는 별도의 절차를 규정하고 있다. 즉, 환경 관련 분쟁이 발생할 경우 당사국들은 우선 협의를 요청하며,[67] 60일 이내에 분쟁이 해결되지 않을 경우 이사회는 기술자문 등을 소집하여 주선, 조정 중개 및 기타 분쟁해결절차에 회부할 수 있다고 규정하고 있다.[68] 다만, 위원회 소집 후 60일 이내에 해결되지 않을 경우 중재 패널을 설치하게 된다.[69]

한-중 양국은 FTA 재협상을 통하여 양국 간에 보다 구체적인 약속을 명시할 경우에는 분쟁해결절차에 관하여 명확히 할 필요가 있다. 특히 분쟁 해결에 관하여 접촉선을 통하여 협의할 것인지, 위원회를 통하여 협의할 것인지의 여부, 그리고 그 적용의 순서와 역할에 대하여 명확히 하여야 한다. 앞서 언급한 바와 같이, 환경협력협정을 체결하여 양국의 환경 관련 협력의 의무를 구체화하는 작업이 이루어진다면, NAAEC의 분쟁해결절차처럼 환경협력협정에 별도의 환경 관련 분쟁해결절차를 명시하여야 한다고 생각된다.

---

66   오선영, 앞의 글, 19-20면.

67   NAAEC 제22조.

68   NAAEC 제23조 1-4항.

69   NAAEC 제24조.

V. 결론

한-중 FTA가 발효된 지 어느덧 8년이 지났다. 그러나 한-중 FTA 환경과 무역챕터의 내용은 실체적 권리 · 의무 창설보다는 선언적 수준에 불과하다는 아쉬움이 존재한다. 이 글에서는 한-중 FTA의 환경챕터의 주요 내용을 소개하고, 한-미 FTA, 한-EU FTA, 한-중미 FTA와 NAAEC의 관련 내용을 비교 · 분석하여, 한-중 FTA 환경과 무역챕터의 개선방안을 제시하였다.

우선 한-중 FTA 환경과 무역챕터에서는 다자간환경협정과 FTA의 우선순위에 관하여 명확히 하지 않았는데, NAFTA 그리고 한-미 FTA의 환경챕터의 관련된 규정을 비교하여 분석하면서, 한-중 양국이 공동 당사국인 다자간환경협정과 FTA 간의 우선순위를 명백히 할 필요가 있음을 제시하였다.

그리고 이 협정의 이행에 따른 환경 영향을 효과적으로 평가하기 위하여, 환경영향평가를 개시할 수 있는 시기와 조건, 그 기법과 방법 그리고 어떠한 절차와 기구를 통해야 하는지에 관하여 모두 명확하게 약속할 필요가 있다고 생각한다.

또한, 한-중 양국 간의 가장 큰 문제점인 월경성 환경피해를 해결하기 위하여 환경협력이 절실하다는 점을 상기하면서, 한-중 FTA의 보충협정으로 별도의 환경협력협정의 체결을 제안한다. 그리고 이에 따라 상설 환경협력위원회를 설치하며, 환경협력협정을 통하여 환경과 무역 관련 구체적인 협력의 이행에 관한 사안을 명확하게 약속하는 것이 바람직하다고 생각된다.

제도적 장치에 관하여는, 환경과 무역챕터에서 발생하는 사안의 협의 및 이행 역할을 수행하는 위원회의 설치에 관한 구체적인 시간, 회합의 주기 등에 대하여 명확히 규정하여야 하고, 위원회의 역할을 구체적으로 약속할 필요가 있다고 생각한다. 이밖에도 대중의 참여를 허용하는 규정을 FTA 환경과 무역챕터에 보완할 필요성을 제시하였다.

　마지막으로, 현재의 한-중 FTA 환경과 무역챕터는 분쟁 해결의 공백 상태에 있다. 이에 관하여 앞서 제안한 바와 같이 환경협력협정을 체결하여, 별도의 환경 관련 분쟁해결절차를 마련하여 향후 양국의 월경성 환경오염문제, 미세먼지 문제, 기후변화 협력의 문제 등 중요한 사안의 발생 가능한 분쟁에 해결방안을 대비할 필요가 있다고 생각한다.

참고문헌

강준하. 2010. "한국-미국 FTA 환경챕터에 관한 연구." 홍익법학 11(1): 427-447.

_____. 2010. "한국-EU FTA 환경 분야에 관한 연구." 국제법평론 31: 1-24.

오선영. 2015. "한국-중국 FTA 환경과 무역챕터 분석과 정책적 시사점에 관한 연구." 국제경제법연구 13(3): 7-24.

이재곤 · 박덕영 · 박병도 · 소병천. 2015. 『국제환경법』. 서울: 박영사.

전용일. 2017. "TPP(환태평양경제동반자협정) 환경규정에 관한 연구 -무역과의 연관성을 중심으로-." 전북대학교 박사학위 논문.

관세청 종합 솔루션 YES FTA: https://www.customs.go.kr/ftaportalkor/cm/cntnts/cntntsView.do?mi=3310&cntntsId=986 (검색 일자 2023-7-6)

외교부 조약정보: http://www.mofa.go.kr/www/wpge/m_3834/contents.do (검색 일자 2023-7-6)

환경부 보도 · 해명자료, "정상회담 계기로 한-중 환경 상생의 동반자 시대 열어": http://www.me.go.kr/home/web/board/read.do?boardMasterId=1&boardId=354740&menuId=286 (검색 일자 2023-7-6)

碳排放交易: http://www.tanpaifang.com/tanjiaoyisuo/ (검색 일자 2023-7-6)

搜狐: http://mt.sohu.com/20160307/n439626573.shtml (검색 일자 2023-7-6)

中国自由贸易区服务网: http://fta.mofcom.gov.cn/ (검색 일자 2023-7-6)

대한민국 정부와 미합중국 정부 간의 환경협력에 관한 협정

한-미 FTA

한-EU FTA

한-중 FTA

한-중미 FTA

중-스위스 FTA

중-싱가포르 FTA

중-조지아 FTA

NAFTA 협정문

NAAEC 협정문

제9장

중국 컴플라이언스 정책에 대한 고찰

장지화

I. 서론

1. 컴플라이언스 개요

가. 개념

카르텔, 회계부정 등 위법행위가 발생하는 경우 기업은 민사적, 형사적, 행정적 처분이 따르고, 소비자 피해 및 기업 이미지 손상 등 유무형의 막대한 손해를 감수해야 한다. 규제기관 또한, 기업범죄에 대한 조사나 기소를 위해 막대한 자원을 투입하고 형사처벌을 강화하고 있으나 기업범죄는 오히려 고도화, 지능화, 첨단화, 다양화되고 있다.[1]

이에 기업은 스스로 자율규제(self-regulation) 또는 자기 감시(self-policing) 체제를 운영함으로써 위법행위를 사전에 예방하여 민·형사적 법률 리스크 및 유무

---

[1] 기업의 불법행위로 인한 총비용은 연간 5,000억\$에서 1조 6,000억\$ 사이로 추정된다고 한다. Todd Haugh, "Contagion in Organizational Crime and Compliance", August 2020.

형의 손해 발생 가능성을 봉쇄하거나 최소화하려는 시도를 하고 있다. <u>기업의 이러한 시스템 구축 및 운영을 기업 컴플라이언스(Corporate Compliance, CP)라고 하고 '준법감시' 또는 '준법통제'로 불리기도 한다.</u>

나. 컴플라이언스의 필요성

CP가 기업 관련 법 실무에서 날이 갈수록 중요해지는 원인은 아래 두 가지에 있다고 보는데, 하나는 CP 관리 소홀이 기업 스스로에게 주는 리스크가 너무 큰 데 있고(방망이), 또 다른 하나는 국가 차원에서 실질적인 CP를 운영하는 기업에는 각종 인센티브를 부여하고 있어서(당근) 궁극적으로 CP의 유효적인 운영이 기업에는 실보다 득이 더 많기 때문이다.

(1) 컴플라이언스 관리 소홀의 부정적 영향

CP 관리를 소홀히 하는 함에 기업에 주는 리스크가 막대하다:

<u>i) 금전적 임팩트가 크다.</u> 예컨대 한국에서 공정거래 관련 법규 위반행위는 과징금으로 끝나는 것이 아니라 민사상 손해배상 소송으로 이어지기도 하고, 현재 징벌적 손해배상제도 적용이 확산해가고 있는 지금은 더욱이 그렇다. 또 최근의 한국 공정거래법 개정 동향을 살펴보면 과징금 상한 상향이 주요 개정 내용인 것임을 알 수 있다.[2]

<u>ii) 형사제재가 강화되고 있다.</u> 한국 공정거래법 및 공정거래위원회의 관련 지침들의 개정 추세를 보면 불법행위에 대한 고발 활성화를 독촉하고 있다. 또

---

2 지난 2020. 12. 9. 전면 개정 공정거래법이 국회 본회의를 통과하였고, 2020. 12. 29. 공포된 공정 거래법의 일부를 예를 들면, 제8조 과징금 상한은 10억 원에서 20억 원으로, 과징금 부과율 상한은 기존의 3%에서 6%로 향상하였다.

최근 중대재해처벌법 등의 실행도 기업 불법행위에 대한 형사처벌 강화 추세를 방증하고 있다고 본다.[3]

iii) 거래 기회 상실. 예컨대 World Bank의 프로젝트를 수행한 기업 또는 개인이 뇌물수수와 담합 등의 행위가 적발된 경우 World Bank는 그 기업 또는 개인을 일정 기간 프로젝트에 참여할 수 없도록 하고, 명단을 공개하고 있는데, 이 명단에 포함된 다른 국제기구, 국책은행 또는 글로벌 선도 기업들은 거래처에서 제외될 가능성이 높다.[4]

(2) 컴플라이언스 관리의 긍정적 역할

기업이 CP를 잘하면 국가 차원에서 인센티브를 부여하게 된다. 그 원인은 기업이 CP를 잘하면 범죄를 예방하거나 조기에 발견할 수 있어서 소비자 피해를 일찍이 최소화하고 기업의 불법행위에 대한 수사와 법 집행 활동의 필요성을 줄이는 등 납세자 자원을 절약하는 동시에 기업의 불법행위가 사회에 주는 악영향을 최소화할 수 있기 때문이다.[5]

---

3   2020년 4월 24일 법무부의 '우리 국민의 법에 대한 인식과 국민이 바라는 법무부의 역할' 조사 결과를 보면 '처벌이 더욱 강화돼야 한다고 생각하는 범죄 유형' 조사에, 응답자 중 12.8%가 기업인 경제 비리 범죄를 택하였다. 전체 응답자의 65.1%가 한국사회에서 법이 잘 지켜지지 않고 있다고 답했다. 그 이유로는 49.5%가 '단속이 되지 않거나 처벌이 약하기 때문'이라고 했다. 국민들의 이러한 인식은 입법에서의 기업대상 형사제재 강화로 이어지게 된다. 김계연, "처벌 강화 필요한 범죄 유형 물었더니", 연합뉴스, 2020년 4월 24일. https://www.yna.co.kr/view/AKR20200424065400004.

4   이준길, 공정거래 리스크 관리, 유비북스, 2018년, 제25면.

5   Makan Delrahim, "Wind of Change : A New Model for Incentivizing Antitrust Compliance Programs", Department Of Justice, July. 11, 2019, p. 4.; 김재득, "미국의 실효적 기업 컴플라이언스 운영 유인정책과 국내 시사점", 법학논총 제52집, 2022년 1월, 제35면.

2. 미국과 한국의 CP 현황

미국의 경우 각 기업은 1960년대 이후 컴플라이언스 및 리스크 관리에 적극적으로 참여해 왔다. 특히 2000년대 초기 엔론(Enron), 월드컴(WorldCom), 타이코(Tyco) 등의 회계부정 및 파산사건, 2008년 9월 글로벌 금융위기 때, 리먼 브러더스(Lehman Brothers) 파산사건 이후 기업 컴플라이언스는 보다 강화되는 추세를 보인다. 미국에서는 그동안 기업이 운영하는 강력한 컴플라이언스는 반독점 민·형사 책임을 회피하는 데 중요한 요소로 작용하였고, 오랫동안 기업 형사 범죄에 대한 집행의 특징이었지만 미국 법무부(U.S. Department of Justice, DOJ) 반독점국(Antitrust Division)은 최근에서야 효과적인 컴플라이언스 프로그램을 평가하고 신뢰하는 접근 방식을 발전시키고 있다.

한국의 경우 준법통제를 위해 상법 등 관련 법에서 내부회계관리제도[6]와 준법지원인[7] 및 준법감시인[8] 제도를 운영하고 있으며, 공정거래위원회는 '공정거래 자율준수프로그램(Compliance Program) 운영 및 유인 부여 등에 관한 규정'[9]과 함께 '공정거래 자율준수프로그램' 등급 평가제도를 운영하고 있다. 따라서 한국의 법 실무에서는 주로 공정위의 상기 프로그램을 'CP'라고 칭하고 있다. 그리고 법원은 소위 '국정농단' 사건의 피고 중 하나인 삼성에 대한 2021년 1월 대법원전원합의체 파기환송심에서 재판부는 미국 연방 기업 양형 지침(U.S. Federal Sentencing Guideline for Corporations)을 예시하면서 '기업 내 준법감시제도의

---

6   주식회사 등의 외부감사에 관한 법률 제8조.

7   상법 제542조의 13.

8   금융회사의 지배구조에 관한 법률 제24조 내지 제26조.

9   공정위 예규 제328호, 2019.10.22. 일부 개정.

실효성과 지속가능성'에 대해 판시했으며[10] 2021년 9월 서울고등법원은 대우건설 소액주주들이 제기한 '4대강 사업 입찰담합' 관련 손해배상 소송의 항소심에서 이사의 감시의무를 인정한 대법원 판결[11]과 원고 측이 제출한 미국 법원의 'Caremark' 판결[12]을 받아들여 내부통제 시스템의 운영과 이사들의 배상 책임을 인정했다.[13] 이러한 법원의 판단은 기업의 이사들은 준법감시 시스템을 구축하고 작동시킬 법적 의무가 있으며, 기업이 준법감시 시스템을 구축했더라도 이를 부실하게 관리했다면 책임이 발생한다는 판단으로써 컴플라이언스의 중요성을 강조한 것으로 볼 수 있다.

II. 중국 컴플라이언스 정책 도입 배경

중국은 아직 컴플라이언스 법 제도가 자리 잡았다고 할 수 없고, 행정과 사법 정책으로 운영되고 있다. 중국 행정부가 국유기업에 대해 컴플라이언스를 언급한 것은 2005년부터이고 국제적 기업 경영에서 컴플라이언스를 중요시하게 생각하게 한 계기는 근년에 미국 상무부가 중국 통신장비업체인 ZTE(중싱통

---

10 대법원 2019. 8. 29. 선고 2018도2738 전원합의체 판결; 서울고등법원 2021. 1. 18. 선고 2019 노1937 판결 등 참조.

11 대법원 2019. 1. 17. 선고 2016다236131 판결 등 참조.

12 "이사회가 'Compliance 및 모니터링 시스템'을 구축하지 못했거나 위험 신호(red flags)에 대응하지 못했다면 성실하고 충성스러운 감시자(watch dog) 역할을 하지 못했다는 것이다." In re Caremark Int'l Derivative Litig., 698 A.2d 959, 970 (Del. Ch. 1996).

13 서울중앙지방법원 2020. 9. 17 선고 2014가합535259 판결; 서울고등법원 2021. 9. 3. 선고 2020 나2034989 판결; 이사의 감시의무 및 내부통제시스템 구축에 대한 최근 대법원 판결은 대법원 2021. 11. 11. 선고 2017다222368 판결 참조.

신)에 대한 제재 사건이다.

2012년 ZTE는 미국의 퀄컴, 마이크론테크놀러지 등 미국 기업의 하드웨어와 소프트웨어가 들어가 있는 제품들을 이란 최대 통신사인 TCI에 판매하였는데, 이는 미국의 이란 수출금지령에 반하는 행위[14]여서 미국 상무부는 이에 대한 조사를 전개하였다. 2016년 3월 7일, ZTE의 법 위반행위에 관한 중요한 증거들을 확보한 미국 상무부는 조사결과를 발표하고 미국 수출통제법규를 위반하였다는 이유로 ZTE 등 중국 기업들에 대해 수출제한 제재를 하였다. 2017년 3월 7일, ZTE는 법 위반 사실을 승인하고 미국 상무부와 협상하여 미화 8.9억 달러의 벌금을 납부하기로 하였다. 또 ZTE는 4명의 임원을 해고하고 35명의 직원에게 미국 상무부의 요구대로 징계할 것을 약속하였다.

하지만 2018년 3월, ZTE는 4명 임원 해고는 하였지만 35명의 직원에 대해서는 미국 상무부가 요구한 대로 징계를 하지 않았음을 밝혔다. 동년 4월 16일 미국 상무부는 ZTE가 약속을 이행하지 않았기에 수출제한 제재를 다시 작동하였다. 그 후 2개월간의 협상을 통해 ZTE는 미 정부에 벌금으로 10억 달러를 납부하고, 향후 발생할 위반에 대비하기 위한 보증금 성격으로 4억 달러를 추가로 내기로 합의했다. 이외에도 30일 내에 이사회를 바꾸고 가장 엄격한 컴플라이언스 시스템을 운영할 것을 약속하였다. 이미 납부한 3억6천100만 달러를 합치면 ZTE는 총 17억 달러(약 1조8천억 원)에 달하는 벌금을 납부하였다. 이에 대해 중국국가자산위원회 연구센터가 2018년 4월 20일 자로 연구보고서를 발표하였는데 여기서 ZTE가 미국 등 서방국가에서 준법의식과 비밀유지의식이

---

14 2010년 6월 10일에 UN이 이란 핵 문제 때문에 제1929호령으로 이란에 대한 제4차 제재를 가하였다. 그 후 6월 16일 미국은 이란에 대한 수출금지령을 발표하였고, 이로써 미국에서 생산하는 일부 통신제품들은 수출금지 대상에 포함되었다.

부족하였고 매우 어리석었다고 비판하였다.[15]

Ⅲ. 중국 컴플라이언스 정책 운영 현황

미국과 유럽에서의 컴플라이언스 제도에서의 인센티브는 주로 해당 기업과 불기소 협상을 달성하고 기업은 벌하지 않지만 책임자는 엄벌하는 것이 주요 이념이라고 할 수 있다.[16] 중국에서의 컴플라이언스 정책 취지도 기업이 자체적인 준법경영과 자체감독 촉진을 하는 데 있고, 주로 아래 두 가지 경로를 통해서 컴플라이언스 제도 구축을 추진하고 있다. 하나는 행정감독부서의 감독하에 기업이 일상 경영에서 발생하는 리스크 예방을 목표로 자체적인 컴플라이언스 시스템을 구성하고 운영하는 것이다. 다른 하나는 이미 법을 위반한 기업이 행정처분, 형사처벌 또는 특정 국가 또는 국제조직의 제재를 받지 않기 위해 자체적으로 기업운영 방법 개편, 주요책임자 징계, 미비하였거나 부족하였던 컴플라이언스 시스템 보완 등을 하는 것이다. 상기 두 가지 컴플라이언스 제도 구축 경로에 대해 중국 학자들을 전자를 "일상 컴플라이언스 관리 모드(日常性合規管理模式, 아래 'CP 일상 모드')"라고 하고 후자를 "컴플라이언스 개혁 모드(合規整改模式, 아래 'CP 개혁 모드')"로 칭하고 있다.[17]

---

15 国资委研究中心, "中兴通讯遭遇美国制裁事件的分析和反思", 研究报告2018年第11期, 2018.4.20. http://www.jttime.com.cn/news/news_20659.shtml.

16 陈瑞华, "有效合规管理的两种模式", 法制与社会发展, 2022, 28(01), 제5면.

17 陈瑞华, 전게문, 제5면; 李玉华, 企业合规本土化中的"双不起诉",《法制与社会发展》2022年第1期, 제25면.

1. 컴플라이언스 일상 모드

가. 현황

현재까지 중국의 각 행정관리부서는 컴플라이언스 가이드를 제정하여 특히 국유기업이 자체적인 컴플라이언스 시스템을 구축할 것을 권장하였다. 정리하면 아래와 같다.

〈표 1〉 국유기업 컴플라이언스 가이드

주요 대상	부서	연도	명칭
금융업 종사 기업	중국 은감회	2006년 10월	상업은행 컴플라이언스 리스크 관리 가이드(商业银行合规风险管理指引)
	중국 증감회	2007년 7월	증권회사 컴플라이언스 관리 시행 규정(证券公司合规管理试行规定)
	중국 보감회	2007년 9월	보험회사 컴플라이언스 관리 가이드 (证券公司合规管理试行规定)
국유기업	국유자산관리위원회	2018년 11월	중앙기업 컴플라이언스 관리 가이드(시행)(中央企业合规管理指引(试行))
전체	국가표준화관리위원회 국가질량감독검증검역총국	2017년 12월	컴플라이언스 체계 가이드(合规管理体系指南)
해외투자 기업	국가발전개혁위원회 등 7개 부서	2018년 12월	기업 해외 경영 컴플라이언스 관리 가이드(企业境外经营合规管理指引)

관련 가이드를 발표하는 동시에, 2016년 국유자산관리위원회(国有资产管理委员会, 아래 '국자위')는 중국석유천연가스집단유한회사, 중국이동통신집단유한회사, 초상국집단유한회사, 중국동상전기집단유한회사, 중국철도공정집단유한회사 등 5개 중앙기업을 컴플라이언스 시스템 시범 운영 기업으로 지정하였다.

나. 문제점

행정부서가 주체가 되어 기업의 CP 일상 모드의 중요성을 강요하고 가이드를 제정하여 기업의 자체적 CP 시스템 구축을 촉진하는 것은 현재의 중국 기업들, 특히 국유기업에는 필요하였다. 이미 어느 정도 규모를 갖추고 세계에서도 강한 경쟁력을 보여준 중국의 국유기업들이 아직 글로벌적인 준법경영 기준을 어떻게 적용하고 맞추어 가는지에 익숙하지 못한 면이 있다. 또 이와 동시에 중국도 새로운 발전 국면에 처하여 부단히 자체적이고 독립적인 사회주의 법제도 구축을 완성해야 하기에, 국가가 지속적으로 정책개혁과 법 제도를 변경하고 있었다. 이런 상황에서 국가 행정부서에서 CP 가이드를 작성한 것은 중국 기업들에 국제기준에 적합하면서도 중국의 제반 법규에 반하지 않는 준법경영 시스템을 구축하는 데 도움이 되었다고 본다.

실제로 중국 기업들은 잇따라 컴플라이언스 시스템을 구축하였는데, 문제는 자신이 주로 종사하고 있는 산업 특성과 자체 기업의 특징과 필요를 벗어나 거의 모든 법률·법규들을 나포하여 리스크 관리대상으로 한 '법규준수 운영 시스템'을 만들어서, 형식만 갖추었지 실제로 그대로 운영하기 어려워 실용성과 유효성이 떨어진 '보여주기 컴플라이언스'에 머물러 있는 경우가 종종 보인다.

다. 문제해결책

컴플라이언스 시스템은 기업의 자체적 특징과 필요성에 맞추어 구축하여야 한다. 중국에서의 산업과 법제도 유형별로 주로 구축해야 하는 컴플라이언스 시스템을 대체로 아래와 같이 정리할 수 있다.

〈표 2〉 유형별 컴플라이언스 시스템

기업 유형	CP의 핵심내용	필요한 CP 시스템
해외투자기업	• 수출입통제 • 해외경영에서의 부정부패 • 데이터 보호 • 외환과 자금세탁	• 수출입 CP 시스템 • 해외부패방지 시스템 • 성신(윤리) CP 시스템 • 자금세탁방지 CP 시스템 • 데이터 보호 CP 시스템
플랫폼형 기업	• 데이터 보호 • 공정거래 • 지식재산권보호	• 데이터 보호 CP 시스템 • 개인정보보호 CP 시스템 • 독점 CP 시스템 • 부당경쟁 CP 시스템
생산형 기업	• 산업안전 • 노무와 인력 • 환경보호 • 하청업체 관리	• 산업안전 CP 시스템 • 노무인사 CP 시스템 • 환경보호 CP 시스템 • 상업파트너 CP 시스템
World Bank 등의 프로젝트와 관련 있는 기업	• 부정부패 방지 • 허위공시 방지	• 주요 국제기관의 가이드라인에 적합한 CP 시스템

CP 일상 모드의 핵심은 철저한 사전예방과 상시로 체계화된 감독이다. 실무자들은 유효한 CP 일상 모드의 운영에 있어서 가장 중요한 것이 최고경영자의 의지라고 한다. 따라서 Chief Compliance Officer를 임명하고, 컴플라이언스 관리위원회를 구성하는데, 여기서 기업의 운영에 실제적인 지배권과 결정권이 있는 자가 컴플라이언스 관리위원회에 포함되는 것이 중요하며, CP 시스템의 준수 여부가 기업 내부의 포상과 징계 근거가 되어야 한다.

라. 전형적 사례

중국 법학계에서 가장 처음으로 컴플라이언스에 관하여 연구를 해온 진서화(陳瑞华) 교수는 CP 일상 모드의 전형적 사례로 북기주식유한회사(北汽股份有限公

司)를 예로 들고 있다.[18]

2014년부터 북기주식유한회사는 국자위와 북기그룹(北汽集团)의 지도하에 독일 다임러(Daimler, 대표 차량 벤츠)의 도움을 받아 중국 현지에 적용하는 동시에 국제적 기준에도 적절한 기업관리 시스템 구축에 노력하기 시작하였다. 2018년 12월 북경시 인민정부 국유자산관리위원회는 〈시영 기업 컴플라이언스 업무 실행 방안(市管企业合规管理工作实施方案)〉을 발표하여 북기그룹 등 5개 기업을 컴플라이언스 관리 시범기업으로 지정하였다.

현재 북기주식유한회사는 '컴플라이언스 윤리위원회(诚信合规委员会)'를 구축하였고 산하에 각 분야별로 '윤리 컴플라이언스 전문위원회'를 두어 체계적이고 독립적이며 사내에서 요지부동의 지위를 갖춘 컴플라이언스 감독관리 체계를 구축하였다.

북기주식유한회사는 자신이 종사하고 있는 산업, 규모와 기업특성을 고려하여 CP 시스템의 중점을 i) 공정거래, ii) 자산거래 규범화, iii) 입찰, iv) 제품안전과 품질보증, v) 산업안전과 환경보호, vi) 세수, vii) 지식재산권, viii) 상업파트너 관리에 두고 〈북경 자동차 컴플라이언스 매뉴얼〉과 〈북경 자동차 주식유한회사 행위 준칙〉을 제정하여 관리직, 일반직, 파견 인원 및 상업파트너 각자가 준수해야 하는 준칙을 명확히 하였다.

CP 시스템 운영에 있어서 ① 리스크 분별과 평가 체계, ② CP 리스크 통제 체계, ③ CP 운영에 대한 감독관리 체계, ④ CP에 대한 홍보와 교육 체계, ⑤ CP 결과에 대한 감독과 개정 체계 등 5개 체계를 두어 상호 보완하고 촉진하여

---

18   陈瑞华, "有效合规管理的两种模式", 法制与社会发展. 2022,28(01), 제9~10면.

발전하는 CP 시스템을 구축하였다. 전반적으로 CP 시스템이 상시로 작동되고, 문제 발생 후의 정보수집이나 제재에 끝나지 않고 기업 운영상 리스크가 발생한 원인을 찾아내고 관련 리스크의 재발생을 예방하여 CP 시스템 자체가 업그레이드되는 사이클이 형성되었다.

진서화 교수는 북기주식유한회사의 CP 일방 모드가 성공적으로 운영되고 있다고 판단하는데 대해 아래 4가지 요건을 제시하였다: 첫째, 회사가 제정한 CP 매뉴얼은 기업의 자체적 특성을 충분히 반영하였고 회사 내규 체계에서는 헌법 같은 지위를 보장 받음, 둘째, CP 매뉴얼을 구체적으로 집행할 수 있는 또 다른 내규인 직원행동준칙을 비축, 셋째, CP 시스템이 상시적이고 유효하게 운영하도록 하는 체계가 마련되어 부단히 업그레이드되는 CP 시스템으로 자리 잡음, 넷째, 기업의 관리가 CP 시스템 절차에 따라 운영되고 있음.

2. 컴플라이언스 개혁 모드

CP 개혁 모드를 구체적 사안에서 분석해 보면 공정거래법상 자진신고제를 비추어 '자진신고형 CP'라 하는 것이 더 적절한 것 같다. 해당 모드는 기업이 자체적인 원인 때문에 이미 불법행위를 범한 상황에서 불법이 발생한 원인과 문제점을 찾아내 신속한 보완을 하고 발생한 침해를 최소화하는 동시에 복구 등으로 침해에 대한 구제를 하는 것으로 처벌의 감면을 받아 내는 것을 목적으로 하고 있다.

현재 중국에서 CP 개혁 모드는 주로 행정기관의 행정정책과 사법기관인 검찰의 사법 정책으로 구성되고 있다.

가. 행정부서의 컴플라이언스 개혁 모드

중국은 2020년부터 특히 인터넷 산업에서의 시장독점행위에 대한 조사를 강화하였는데[19] 2022년에 들어서는 단속 강화 추세를 보여주었다. 다만 조사 대상에 대해 바로 행정처분을 부과하는 것이 아니라 정부는 피조사 기업들에 공정거래 CP 시스템 구축을 요구하고 기업 운영상 문제가 되는 행위들에 대한 개정과 정비를 약속하도록 하였다.

나. 검찰기관의 컴플라이언스 불기소 모드

중국 검찰은 근래에 소위 '기업 컴플라이언스 불기소(企业合规不起诉)' 사법 정책을 시범적으로 실행하고 있다. 즉 불법행위가 있는 기업에 대해 바로 기소를 하지 않고, 기업과 같이 불법행위가 발생한 원인은 진단한 후 준법경영에 필요한 기업 개혁을 요구하고 일정 기간의 관찰 기간을 설정한다. 관찰기관 만료 후 검찰은 기업이 구축한 컴플라이언스 시스템에 대한 검수를 진행하고, 만약 기업이 요구에 부합되는 시스템을 구축하였고 해당 시스템이 유효하게 운영될 수 있다면 상황에 따라 불기소 처리를 할 수 있다.

---

19 중국 반독점국이 편저한 반독점 업무 2021년 보고서에 따르면, 2021년 중국 반독점 집행 기관은 인터넷 산업, 특히 인터넷 플랫폼 기업대상으로 시장 지배 지위 남용 사례를 3건, 행정 권력 남용으로 경쟁 제한 및 배제 사례를 2건 조사하였다. 총 28건의 플랫폼 경제 분야의 사업자 집중 사례를 심사하고, 98건의 법에 따른 신고 누락으로 인한 플랫폼 경제 분야 사업자 집중 사례에 대해 행정처분을 내렸다. 위 사건들에서 정부는 총 2,174억 위안의 과태료를 부과하였다. 国家反垄断局编,《中国反垄断执法年度报告(2021)》, 29면.

조선족 차세대 학자의 연구 동향과 전망

Ⅳ. 중국 검찰의 컴플라이언스 불기소 제도

2020년 3월 최고검찰원은 6개의 기층검찰원을 지정하여 기업 컴플라이언스 불기소 사법 정책을 시범적으로 운영하였다. 그 후 2021년 4월 공식적으로 〈기업 컴플라이언스 개혁 시점 업무 전개에 관한 방안(关于开展企业合规改革试点工作的方案)〉을 발표하여 북경, 상해, 랴오닝 등 10개 성(省) 27개 시급검찰원, 165개 기층검찰원을 제2회 기업 컴플라이언스 불기소 사법 정책 시범 운영 검찰기관으로 지정하였다. 최고검찰원은 2021년 6월 3일에 제1회 전형사례를, 2021년 12월 15일에 제2회 전형사례를 발표하였다.

1. 컴플라이언스 전형사례 분석

중국 검찰의 컴플라이언스 전형사례를 아래 도표로 분석해 보면 현행 제도의 트랜드를 엿볼 수 있다.

첫째, 기업의 컴플라이언스 구축과 검수에 있어서 제3자 평가기관을 활용하는 추세를 보여주었다. 제1회 전형사례에서는 전부 검찰기관이 기업의 컴플라이언스 시스템 구축 업무를 직접 지도하고 검수도 직접 하였다. 하지만 제2회 전형사례에서는 전문행정기관 또는 전문가위원회 등의 제3자 평가기관을 선정하고 구체적 업무 지도와 검수를 제3자 평가기관이 진행하였다. 최고검찰원이 발표한 수치에 따르면 2021년 4월 제2회 시범 운영 검찰원을 지정한 후 동년 11월까지 총 525건의 기업 컴플라이언스 사법 정책 적용 사건을 처리하였는데 그 중 254건이 제3자 평가기관을 활용하였다.

둘째, 제1회 전형사례 대비 시, 제2회 사례들에서 보다 구체적이고 정교한 기업 컴플라이언스 제도를 구축하였는데 다수가 로펌 변호사들의 도움을 받았다. 특히 형식적인 시스템을 갖춘 것이 아니라 실제로 기업의 문제점들을 진단하고 실제 경영상황에 맞춘 CP 시스템을 갖추었다.

셋째, 제2회 전형사례는 기업뿐만 아니라 개인에 대한 불기소가 많아졌다. 이는 요구에 부합되는 CP 시스템을 구축하면 법인뿐만 아니라 책임자도 기소유예와 같은 보다 경한 형사제재를 받을 수 있다는 시그널을 주어 기업 컴플라이언스 사법 정책의 인센티브 기능을 어필하였다.

〈표 3〉 전형사례가 적용된 죄명

사례 번호	제1회	제2회
1	환경오염죄	등록상표 위조죄
2	증치계전용 영수증 허위발급죄	등록상표를 위조한 제품 판매죄
3	국가공작인원이 아닌 자에 대한 뇌물증여죄	입찰담합죄
4	입찰담합죄	중대책임사고죄
5	/	일반화물밀수죄
6	/	범죄소득 은닉죄

〈표 4〉 전형사례 개인 피의자의 직책

사례 번호	제1회	제2회
1	총경리(CEO), 부총경리, 행정 주임	회사 및 법정대표인
2	실제 지배인	회사 및 법정대표인
3	종업원, 부총재(부회장), 재무총감, 기술총감.	회사 및 법정대표인
4	회사	회사의 산업안전 책임자
5	/	회사와 회사의 수입업무 책임자
6	/	회사와 공장장

사례 번호	제1회	제2회
1	CP 개혁 검수 후 불기소	CP 개혁 검수 후 불기소
2	CP 개혁 후 법원에 감형처리 의견 제출. 회사에 대해 비교적 낮은 금액의 벌금형을 구형. 실제 지배인에 대해 집행유예를 구형.	CP 개혁 검수 후 공안기관에 사건 철회를 명함.
3	상대적 불기속(相对不起诉)[20]	CP 개혁 검수 후 불기소
4	상대적 불기속	CP 개혁 검수 후 불기소
5	/	CP 개혁 검수 후 불기소
6	/	CP 개혁 검수 후 불기소

2. 기업 컴플라이언스 불기소 사법 정책 적용 기준

기업 컴플라이언스 사법 정책 적용 기준에 대해 명확히 규정하고 있지는 않다. 다만 최고검찰원이 발표한 관련 사법정책과 일부 지방 검찰청에서 제정한 내부규정에서 현재 실무에서의 적용 기준을 엿볼 수 있다.

가. 최고검찰원의 제3자 평가제도 관련 사법 정책

2021년 6월 3일, 최고검찰원, 사법부, 재정부 등 9개 부서는 연명으로 〈사건 관련 기업 컴플라이언스 제3자 감독평가 시스템에 관한 지도의견(시행)(关于建立涉案企业合规第三方监督评估机制的指导意见(试行))(아래 "의견")[21]을 발표하였다. 〈의견〉은 검찰이 기업범죄사건을 처리하는 과정에서 요건을 만족하는 기업범죄 사건은

---

20 상대적 불기소란 죄는 인정되지만 경위가 경미하여 형벌을 가할 필요가 없을 경우 내리는 불기소 결정이다. 한국의 "기소유예"와 유사하다.

21 最高人民检察院、司法部、财政部、生态环境部、国务院国有资产监督管理委员会、国家税务总局、国家市场监督管理总局、中华全国工商业联合会、国家国际贸易促进委员会关于印发《关于建立涉案企业合规第三方监督评估机制的指导意见(试行)》的通知。

기업 컴플라이언스 제3자 감독평가 시스템(아래 '제3자 시스템')을 적용하여 처리해야 한다고 규정하였다(〈의견〉제1조).

소위 '제3자 시스템'이란 특정 절차에 따라 구성된 '제3자 감독평가 시스템 관리위원회(第三方監督評估机制管理委員会)'가 기업이 구축한 컴플라이언스 시스템에 대한 조사, 평가, 감독과 검사를 진행하고, 동 위원회의 업무 결과가 검찰이 기업 컴플라이언스 사법 정책을 적용하여 결정을 내리는 중요한 참작 사유가 되는 것을 말한다(〈의견〉제1조). '제3자 시스템'을 적용할 수 있다면 당연히 기업 컴플라이언스 불기소 사법 정책을 적용할 수 있기에, '제3자 시스템' 적용 기준에 대한 분석이 필요하다. 구체적으로 살펴보면 아래와 같다.

(1) 적용대상

'제3자 시스템'은 기업 등 법인체 외에, 기업 실체지배자, 기업운영관리 주요 책임자, 핵심기술 인원 등 기업의 생산과 운영과 중요한 관련성이 있는 개인이 범한 범죄에도 적용된다고 규정하였다(〈의견〉제3조).

(2) 적용요건

'제3자 시스템'을 적용하기 위해서는 아래의 요건들을 만족해야 한다(〈의견〉 제4조).: ① 해당 기업, 개인이 '인죄인벌(认罪认罚)'[22]을 하였음, ② 해당 기업이 정상적인 생산과 운영을 할 수 있고 건전한 기업 컴플라이언스 시스템을 구축할

---

22 '인죄인벌'이란 피의자가 스스로 죄를 인정하고 건의한 처벌에 수락을 응한 경우 신속한 재판과 관대한 처벌이 이루어지게 하는 절차를 말하여 일종의 사전형량조정제도(事前刑量調停制度) 또는 플리 바겐(영어: plea bargain, plea agreement, plea deal, copping a plea, plea in mitigation)으로 이해할 수 있다. 해당 절차는 중국 형사소송법 제81조 제2항에서 규정하였다.

것을 약속하였음, ③ 해당 기업이 제3자 시스템 적용을 원함(自願適用).

(3) 적용 가능 범죄 유형

'제3자 시스템'을 적용할 수 있는 범죄 유형은 회사, 기업 등 시장 주체의 생산 경영 과정에서 연루한 경제범죄(経済犯罪) 또는 직무범죄(経済犯罪)이다(〈의견〉 제3조). 다만 '경제범죄'와 '직무범죄'에 대한 구체적 정의는 내리지 않았고, 실무에서는 주로 아래 범죄 유형들을 지칭하고 있다.

〈표 6〉 적용 가능 범죄 유형 분석

구분	예시
◆ 생산 관련 범죄	• 위조제품 생산죄 • 중대책임사고죄
◆ 밀수 관련 범죄	• 밀수죄
◆ 부정부패 범죄	• 비국가업무인원 뇌물수수죄 • 비국가업무인원에게 뇌물증여죄 • 단위뇌물증여죄 • 자금이전사용죄(횡령) • 직무침점죄(횡령)
◆ 금융과 시장 질서 관련 범죄	• 대금편취죄 • 입찰담합죄 • 계약사기죄 • 상업점거도피죄
◆ 세수 관련 범죄	• 탈세죄 • 증치세전용영수증 허위발급죄
◆ 지식재산권 관련 범죄	• 등록상표 위조죄
◆ 환경 관련 범죄	• 환경오염죄

이와 동시에 〈의견〉 제5조는 '제3자 시스템'은 아래와 같은 <u>정상적인 생산 및 운영에 무관한 범죄</u>에는 적용하지 않는다고 규정하였다: i) 개인이 범죄를 목적

으로 기업 등 법인을 설립하는 경우, ii) 기업 등이 설립 후 범죄 실행을 주요활동으로 한 경우, iii) 기업의 개인이 법인의 명의를 도용하여 범죄를 실행한 경우, iv) 국가안보침해 관련 범죄, 테러 관련 범죄, v) 적용에 적절하지 않은 기타 범죄.

나. 각 지방 검찰청의 내부규정

최고검찰원은 기업 컴플라이언스 불기소 사법 정책 시범 운영 검찰기관을 지정하면서 각 검찰청이 자체적으로 현지 상황과 실무에 적합한 세부제도 탐색을 격려한다고 밝혔다. 이에 일부 지방 검찰청이 관련 내부규정들을 제정하였는데 그중에서 급별이 가장 높은 검찰청은 랴오닝성(辽宁省) 검찰원이다. 랴오닝성 검찰원은 2020년 12월 16일에 〈기업 컴플라이언스 고찰 제도에 관한 의견 (关于建立涉罪企业合规考察制度的意见)〉을 발표하여 적용 기준을 구체적으로 제시하였는데, 이는 아래 도표로 정리할 수 있다.

〈표 7〉 컴플라이언스 고찰 제도에 관한 의견상 적용요건

적용 요건	①주체적 요건	• 납세를 꾸준히 해왔고 일자리 창출 등 지역경제 발전에 긍정적 역할을 하고 있음. • 지식재산권을 소유하고 있거나 일정한 전문기술 또는 영업비밀을 보유하고 있음. • 현행 산업정책에 부합하고 미래 산업 발전 추세에 알맞음. • 기업운영이 소속 산업 또는 지역에서 일정한 경쟁력을 갖고 있음. • 기업의 직접 책임자, 실제 지배인, 핵심기술 인원 등이 기업운영에 있어서 중요역할을 함.

적용 요건	②객관적 요건	• 기업 또는 개인이 초범과 우발범에 속함. • 범죄사실이 명확하고 증거가 충분함. • 직접 책임자 등 개인에게 3년 이하 유기징역 등 비교적 경한 형사처벌을 받을 가능성이 있는 경우. • 직접 책임자 등 개인들이 주요범죄사실에 대해 이의가 없고 '인죄인벌'에 동의함.
적용 배제 경위		• 국가안보침해범죄, 테러 활동 관련 범죄, 마약범죄, 허위 영수증 발급죄, 수출세수편취죄, 조직폭력배 관련 범죄. • 금융업무종사 자격 없이 금융업무를 전개하여 군중들에게 중대한 손실을 초래한 범죄. • 법에 따라 10년 이상 유기징역, 무기징역, 사형에 처할 수 있는 범죄. • 사람의 사망을 초래한 범죄. • 사회적으로 큰 부정적 영향을 초래하여 군중들의 불만을 야기한 범죄. • 기업이 범죄수익을 주요 수입 내원으로 한 경우. • 기업이 기업 컴플라이언스 시스템 적용에 동의하지 않는 경우.

따라서 기업 컴플라이언스 불기소 사법 정책 적용의 핵심적 요건을 아래와 같이 정리하는 것이 적절하다고 사료한다: i) 범죄행위가 기업의 정상적인 생산과 운영에서 발생한 것이어야 한다. ii) 형사소송법에서 규정한 상대적 불기소 (기소유예)를 적용할 수 있는 정도의 경한 범죄에만 한하여 적용한다. iii) 사회에 초래하는 부정적 영향 대비 범죄 주체에 대해 불기소 처분을 하는 것이 사회적으로 득이 더 커야 한다.

[사례] 장가강시 검찰원은 현지 기업의 증치세 영수증 허위발급 사건을 처리할 때 주요책임자에 대해 형사처벌을 하면 기업생산이 정지되고 근로자들이 실직하는 등 부정적 영향이 발생할 것이라 판단하였다. 특히 해당 기업이 비교적 오랫동안 착실히 세금을 납부하였고, 주요책임자가 전과가 없으며 '인죄인

벌'[23]을 하고 있을 뿐만 아니라 자발적으로 기업 컴플라이언스 시스템 구축을 원하고 이에 적극적인 노력을 하는 경위들을 종합적으로 판단하여 장가강시 검찰원의 〈기업범죄 상대적 불기소 적용방법(企業犯罪相对不起诉适用办法)〉에 따라 불기소 결정을 내렸다.[24]

V. 결론과 시사점

중국의 컴플라이언스는 아직 법 제도화가 되지 않은 행정과 사법 정책의 시범 운영 단계에 있다. 중국에서의 컴플라이언스에 대해 학계에서는 CP 일상 모드와 CP 개혁 모드라고 칭하고 있지만, 실무적으로 분석해 보면 일상 모드는 사전(事前) CP로, 개혁 모드를 사후(事后) CP로 정리할 수도 있을 것 같다.

사전 CP의 핵심은 기업 내부적인 CP 시스템을 구축하는 것이고, 이는 기업 또는 책임자가 행정기관의 조사 또는 사법기관의 수사를 받을 때 자신이 할 수 있는 주의의무를 다하였음을 입증하여 비교적 경한 행정·형사 제재를 받는 데 활용할 수 있다.

---

23 범죄피의자, 피고인이 사실대로 자신의 범죄행위를 진술하고, 고발한 범죄사실을 승인하며 처벌의 수락에 응할 경우, 관대한 처리를 받을 것을 기대할 수 있는 제도를 말한다. 여기서 '인죄(认罪)'란 수사기관이거나 검찰기관이 추궁하는 범죄에 대한 승인을 말하고, '인벌(认罚)'란 기소단계에서 검찰이 제기한 '양형 건의(量刑建议)'에 동의하고, 심판단계에서는 상소 없이 1심 법원의 판결에 따름을 공식적으로 약속하고 이를 문서화 하는 것을 말한다. 认罪认罚 제도를 적용한 사건은 심판단계에서 최장 15일 내에 판결을 완료하는 소위 속재절차(速裁程序)' 적용이 가능하다(중국 형사소송법 제15조).

24 王小兵. 合规建设助企行稳致远. 苏州日报, 2021-5-14
http://szzjg.jsjc.gov.cn/yw/202105/t20210525_1225715.shtml

사후 CP의 핵심은 기업이 기존에 없었던 CP 시스템을 구축하거나 기존의 CP 시스템을 전반적으로 보완하여 검찰의 기업 컴플라이언스 정책을 적용 받아 불기소로 사건을 해결하는 데 있다. 따라서 해당 정책 적용요건들을 잘 이해해야 하고, 이를 대체로 정리하면 아래와 같다: i) 범죄행위가 기업의 정상적인 생산과 운영에서 발생한 것이어야 한다. ii) 형사소송법에서 규정한 상대적 불기소(기소유예)를 적용할 수 있는 정도의 경한 범죄에 한하여 적용한다. iii) 사회에 초래하는 부정적 영향 대비 범죄 주체에 대해 불기소 처분을 하는 것이 사회적으로 득이 더 커야 한다.

다만 이러한 목적 달성을 위해 기업은 자신의 실제적인 경영상황, 기업지배구조 등 핵심정보들을 제3자에게 공개해야 하는 난제에 직면할 수 있다. 특히 현재 이에 관한 규정들이 명확하지 않아서 실무에서 검찰이거나 제3자 감독평가 관련 기관이 기업운영에 과분하게 간섭할 수 있고 이에 대한 구제를 하기 어려울 수 있다.

이를 대비하여 기업은 아래의 노력을 고민할 필요가 있다고 본다. 첫째, 자신이 종사하고 있는 산업 특성과 자신의 특성에 맞는 CP 시스템을 구축하는 것을 고민할 필요가 있다. CP 시스템 구축에 있어서 중국 각 행정부서가 발표한 가이드와 지방정부 등이 선정하여 홍보하는 CP 전형사례들을 충분히 살펴보고, CP 시스템이 유효하게 작동될 수 있도록 아래 요건들을 염두에 두어야 한다: ① 회사의 헌법처럼 자리 잡은 자신의 특성을 충분히 반영한 CP 매뉴얼을 제정, ② CP 매뉴얼을 구체적으로 집행할 수 있는 직원 행동준칙을 비축, ③ CP 시스템이 상시적이고 유효하게 운영하도록 하는 체계가 마련되어 부단히 업그레이드 되는 CP 시스템으로 자리 잡음, ④ 기업의 관리가 CP 시스템 절차에 따라 운영되고 있음.

둘째, 기업운영에 있어서 특히 중국에서 가장 중요하게 생각하고 있는 국가안보와 사회안정에 영향을 줄 수 있는 부분이 있는지를 엄밀히 검토할 필요가 있다. 아무리 일상적인 CP 시스템이 잘 되었다 하더라도 기업의 행위가 국가안보와 사회안정에 부정적인 영향을 줄 수 있다면 기업 컴플라이언스 불기소 사법 정책을 적용하기 어렵다.

마지막으로 현지 사법부와 검찰기관과 CP 시스템 구축과 운영에 관하여 주동적인 교류를 할 것을 고민할 필요가 있다. 중국은 시진핑 정부가 집권하면서부터 검찰의 구속률, 기소율 등을 감소하는 것을 강조해 왔고, 사법기관이 기업의 건전한 발전을 위해 긍정적인 역할을 할 것을 촉구해왔다. 이러한 큰 흐름이 있기에 최고검찰원이 기업 컴플라이언스 불기소 사법 정책 발표와 시행이 가능하였다고 본다. 중국의 기업 컴플라이언스는 행정 또는 사법 정책의 형태를 떠나서 전국적으로 확산하여 법 제도로 자리 잡는 것이 추세이지만, 아직은 탐색 단계여서 행정부와 검찰기관 모두 열려 있고 기업과 관련 문제에 대해 적극적인 소통을 함으로써 자신들의 업무 현실에 맞는 제도를 구축하고자 하는 수요가 있다.

참고문헌

1. 저서

이준길, 2018, 『공정거래 리스크 관리』, 서울:유비북스. 陈立彤等, 2023, 『首席合规官与
企业合规』, 北京:中国法制出版社.

2. 논문

김재득, 2022, "미국의 실효적 기업 컴플라이언스 운영 유인정책과 국내 시사점", 법학
논총 제52집.

Makan Delrahim. 2019. "Wind of Change: A New Model for Incentivizing Antitrust
Compliance Programs", Department Of Justice, July. 11.

陈瑞华, 2022, "单位犯罪的有效治理——重大单位犯罪案件分案处理的理论分析", 华东
政法大学学报.

陈瑞华, 2022, "企业合规不起诉改革的动向和挑战", 上海政法学院学报(法治论丛).

邵天一, 2022. "人民法院参与企业合规不起诉改革的路径", "至正研究".

陈瑞华、李奋飞, 2022, "涉案企业合规改革二人谈(下)", "民主与法制周刊".

陈瑞华, 2023, "企业合规整改中的相称性原则", 比较法研究.

李奋飞, 2022, "涉案企业合规改革中的疑难争议问题", 华东政法大学学报.

李玉华, 2022, "企业合规本土化中的'双不起诉'", 法制与社会发展.

王小兵, 2021, "合规建设助企行稳致远", 苏州日报.

제8부

정치학

제10장

국제정치학 및 담론의 시각으로 보는 19세기 후반 한국인의 러시아인식

리민

Ⅰ. 서론

19세기 후반부터 한국의 운명은 외세의 개입과 긴밀히 연관되어 있었다. 대원군의 집정에서부터 한일합방으로 나라가 망하기까지 조선왕조의 위정자들과 엘리트들은 열강들 가운데서 '제1 적대국'을 분간해내고 그것에 상응한 '제1 협력국'을 찾기 위해 노력했다(이호재, 1994 : 서문 4-5). 러시아, 중국, 일본, 미국 등 4개 나라가 이러한 적대국·협력국 의식의 주역들이었고 그중에서도 러시아는 조선왕조 말기의 대부분의 시간 동안 한국인의 의식 속에 가장 주요한 경계대상으로 자리 잡았다.[1]

러시아는 1860년 중러 북경조약을 통해 조선[2]과 인접 국가가 되었는데 이

---

1 이 글에서 토론하고자 하는 한국인의 러시아인식은 19세기 후반을 중심으로 하고 있지만 그 연장선 위에 있는 러일전쟁 전후에 대해서도 일부 언급하고자 한다.

2 본 논문의 논술대상에는 대한제국 시기의 러시아인식도 포함되지만 서술의 편이를 위해서 '조선'으로 통칭하고자 한다.

는 동북아시아의 지정학적 구조에 있어서 획기적인 사건이라 할 수 있다. 당시의 상황에서 러시아가 한반도에 대해 침략 의도를 가지고 있다고 충분히 의심할 수 있다. 하지만 19세기 후반 조선이 느끼고 있는 러시아의 위협은 분명 현실보다 과장된 것이었고 특히 1894년 청일전쟁 이후로 러시아가 한반도에 적극적으로 개입하기 전까지는 더욱 그러하였다.

　조선의 위정자들은 러시아위협론을 맹종하지 않았고 청의 간섭과 일본의 침략에 맞서기 위해 러시아의 힘을 빌리는 시도도 여러 번 있었다. 하지만 이러한 "친러"시도는 조선의 엘리트층에 널리 깔린 공러(恐露)의식[3]에 비하면 상대적으로 미약한 것이었다. 1897년 러시아의 군사 요원으로 조선에 체류했던 스트렐비쯔키 대령에 의하면 "조선의 친러파 진영에는 러시아의 도움을 통해 일본의 팽창을 저지한다는 희망을 견지하는 확고하고 영원한 동맹자가 없었다"(한양대학교 아태지역연구센터, 2013 : 71). 조선의 언론들은 아관파천을 전후한 짧은 기간에만 러시아에 우호적이었을 뿐 얼마 지나지 않아 다시 러시아를 "시랑(豺狼)"에 비유하였고(독립신문 1898/03/31), 1904년 러일전쟁이 발발하는 시점에서도 일본이 러시아에 선전포고를 하는 것이 정당하다고 보도하였다(대한매일신보 1904/08/09). 심지어 러일전쟁 후에도 사상가 이기(李沂)는 일본이 "처음에는 의로운 것으로 하다가 끝에는 이익을 취해 동양의 러시아같이 되지 말 것"(차용주, 1993: 162-163)을 충고하면서 뿌리 깊은 반러 의식을 드러냈다.

　사실 러시아가 한반도에 대한 적극적인 개입은 1895년이 되어서야 시작되었고 그것이 이후 러일전쟁이 발발하기까지 조선의 독립에 어느 정도 위협이 된 것은 사실이다. 하지만 보다 장기적인 관점에서 볼 때 19세기 후반부터 이

3　본 논문에서는 서술의 편이를 위해서 러시아에 대한 공포심리를 공러의식으로 표현하고자 한다.

미 조선 사회에 깊이 침투된 러시아위협론은 가장 위험한 외세인 일본에 대해 경각성을 늦추는 후과를 낳았고 그로 인해 조선의 독립은 치명타를 입게 된다. 이러한 역사적 교훈에 비추어 볼 때 19세기 후반의 공러의식에 대해 재조명하는 것은 자못 의미가 크다.

한국 학계는 이미 조선왕조 시기의 대외인식이라는 틀 속에서 공러의식에 대해 어느 정도 연구를 해왔다. 이러한 연구들은 한국인이 느끼는 러시아 이미지에 대해 역사적으로 정리함으로써 후속연구에 많은 기여를 하고 있다. 하지만 기존 연구들은 대부분 미시적인 연구로서 세부적인 역사 사실들을 밝히는 데는 성공했으나 국제정치학적인 거시적 시각이 부족하다고 할 수 있다. 한 나라가 다른 한 나라를 위협으로 간주했던 역사는 역사연구의 범주이기도 하지만 또한, 국제정치학 분야의 문제이기도 하다. 특히 19세기 후반 조선의 공러의식은 현실성보다는 관념성이 더 강하다는 특점을 지니고 있다. 이러한 특점에 입각할 때, 우리는 국제정치학에서 말하는 관념적 요소에 착안하여 그 당시 조선이 느꼈던 외부위협을 거시적 시각으로 바라볼 필요가 있다. 이는 필자가 토론하고자 하는 첫 번째 문제이다.

19세기 후반은 또한, 조선의 정치인, 지식인들이 자신의 국제정치관을 재구성하는 시기이기도 하다. 중화의식에서 탈피하여 주권국가 체제를 받아들이는 과정에서 그들은 고전 속에 들어있는 '춘추전국'으로 새로운 국제정세를 이해하려 하였고 이러한 담론 체계 하에서 러시아는 포악한 '진나라'로 낙점되었다. 19세기 후반 조선 국제정치관의 과도형태로서의 '춘추전국' 담론 및 그 속에서의 러시아의 위치는 필자가 토론하고자 하는 두 번째 문제이다.

Ⅱ. 공러의식에 관한 기존의 연구성과 및 일부 결론

19세기 후반 이래로 중, 일, 러, 미 등 주변 강대국들은 조선의 운명을 좌지우지하는 중요한 변수로 작용하기 시작하였고 조선인들은 그들에 대해 다양한 인식을 얻기 시작하였다. 특히 이 과정에서 실제상황을 과장하거나 왜곡한 인식도 종종 나타났는데 - 이를테면 구한말 일본에 대한 호감과 환상, 일제 통치기 독립운동가들의 미국이거나 소련에 대한 지나친 기대 등 - 이러한 인식들은 모두 한국역사의 흐름에 큰 영향을 미쳤다. 때문에 한국인의 대외인식을 밝히는 것은 한국 대외관계사 연구에서 빼놓을 수 없는 부분이 되었고 러시아에 대한 인식도 이러한 대외인식 연구의 틀 속에서 이루어졌다.

19세기 후반 조선인의 러시아 인식에 대해 전반적으로 관찰한 연구성과로는 원재연(1999), 허동현(2002: 2005) 등의 논문이 있다. 그 외 배항섭(2008), 김지형(2008), 강동국(2004), 최규진(2010) 등의 논문은 특정된 시기거나 특정된 언론 또는 어떤 구체적인 관념을 중심으로 구한말 조선인의 대러 인식을 검토하였다. 공러의식과 직접 관련된 논문 외에 조선왕조 말기의 정치외교사 및 한러관계사를 다룬 일부 학술저작(최문형, 1990: 박태근 외, 1984)에서도 조선인의 러시아 인식은 짚고 넘어가야 할 문제로 주목되었다.

이러한 기존 연구를 통하여 우리는 19세기 후반 조선인의 대러 인식의 기본적인 면모와 변화과정을 알 수 있고 특히 방아론(防俄論)을 주요 표현형태로 하는 공러의식에 대해 일부 구체적인 결론들을 얻을 수 있다. 기타 열강에 대한 인식과 마찬가지로, 러시아에 대한 조선의 인식도 다양한 모습을 보여왔다. 개화기와 일제기를 전반적으로 살펴볼 때 러시아에 대한 우호적인 인식은 조선 독립의 옹호자, 인텔리겐치아의 나라, 따라 배워야 할 이상적 모델로서의 러시아 등이 있고 적대적인 러시아 인식으로는 문명의 주변부로서의 야만국, 침략 국가로서의 러시아 등이 있다(허동현, 2005).

이런 다양한 인식 가운데서도 러시아를 야만국, 침략국으로 보는 부정적 인 식은 19세기 후반 조선의 지식인, 정치인과 언론에 강력한 영향력을 미쳤다. 유 길준의 『언사소』(1883년)[4]와 『중립론』(1885년),[5] 박영효의 『건백서』(1888년),[6] 민영 환의 『천일책』(1894년)[7] 등은 예외 없이 러시아를 포악한 국가와 조선에 대해 가

---

4 유길준은 언사소에서 이렇게 말하고 있다. "현재 유독 우리 국가의 영토는 바로 아시아주의 인후 (咽喉)에 해당하고 인근에 막강한 러시아와 접경하였으니, 천하는 필시 쟁패를 겨루는 지역인 것 입니다. 또 러시아인은 사납기가 범이나 이리와 같아서 호시탐탐 기회만 엿보고 있는지 벌써 여 러 해 되었습니다. 러시아가 움직이지 않는 것은 단지 구실이 없기 때문인 것입니다.… 오! 위태 롭습니다." (유길준, 1987:9-11)

5 유길준은 중립론에서 "우리나라가 아시아의 중립국이 되는 것은 실로 러시아를 막는 관건(大機) 이자 또한, 아시아 대국들이 서로 보전할 수 있는 정략이 되는 것이다.…러시아라는 국가는 만여 리에 달하는 황량하고 추운 지역을 차지하고 있으며 정예 병사가 백만 명이나 되어 날마다 영토 를 확장하는 일에 진력하고 있다.…러시아는 특히 무도함이 심하므로 온 천하가 지목하여 탐욕스 럽고 흉포하다고 하는 것이다.…그렇다면 우리나라의 위태로움은 그 절박함이 경각에 달려 있다 고 할 수 있을 것이다"라는 관점을 천명함으로써 중립의 가장 주요한 목표를 러시아 방어로 정하 였다. (유길준, 1971:319-331)

6 박영효는 건백서의 첫 부분인 '우내(宇內)의 형세'에서 이렇게 말하고 있다. "만약 러시아가 동쪽 으로 침략하려고 해서 산을 깎고 길을 뚫어서 동해의 해안까지 왔는데, 여러 나라의 형세를 살피 다가 우리나라의 무비(武備) 없음을 보고 먼저 우리의 서북 지역으로 나와서 함경, 평안 두 도를 빼앗고 일본해와 황해의 수리(水利)를 차지하여 3국의 두 무릎을 꿇어버리고 아시아의 화복을 제 멋대로 한다면 우리나라의 일은 이미 그르친 것이니, 설령 분기해서 물리칠 뜻이 있더라도 어찌 할 수 없을 것입니다." (장인성 외, 2012:98-107)

7 민영환은 천일책에서 러시아에 대해 이렇게 말하고 있다. "러시아의 강함이 천하에 대적할 자 없 음은 그 지방이 30여만 리며 육군이 66만 명이고 군함이 368척인데 천하의 동북과 서북에 웅거 하고 있으니…그러므로 만국을 묘시(眇視)해서 병탄할 뜻을 가진 것이다. 그 군주 표트르 대제가 일찍이 15조를 그 자손에게 남겼는데 제1조에 타국을 빼앗아 부강을 이루라고 하고, 그 밖의 다른 조항들도 여기에 뜻을 두지 않은 것이 없다. 만약 시베리아 철로가 또 연결된다면 그 오른쪽 날개 가 모두 만들어져서 동아시아 나라들의 요해를 모두 핍박할 것이니 동아시아 나라들이 어찌 그 부

조선족 차세대 학자의 연구 동향과 전망

장 위협적인 존재로 인식하였다. 『한성순보』, 『한성주보』, 『독립신문』, 『황성신문』, 『대한매일신보』 등 근대 언론들도 방아론에 가세하여 조선 지성계에서 장기적으로 러시아를 최대의 위협으로 보는 분위기를 조성하였다.

기존 연구는 또 이러한 공러의식의 주요한 생성원인을 외부에서 유입된 '정보'에서 찾고 있다. 조러 양국은 1860년부터 국경을 접하였지만 1884년이 되어서야 국교를 수립하였고 청일전쟁 전까지 그렇다 할 직접교류가 많지 않았다. 그리고 당시 조선의 정보유입은 극히 제한되어 있었는바 주요하게 청과 일본을 통하여 외부세계에 대한 지식을 획득하였다(강동국, 2004). 즉 조선의 공러의식은 러시아와의 직접교류를 통해 생성되기보다는 주요하게 외부로부터 주입된 것이었고 그중에서도 특히 청과 일본의 역할이 중요했다.

청은 애훈조약, 북경조약으로 광활한 영토를 러시아에 할양당하고 19세기 70년대에 와서는 또 일리 사건으로 인해 반러 감정이 고양되어 있었다. 하여 조선과 서구열강의 수교를 축으로 하여 러시아를 견제하기를 원했는데 그 산물이 바로 『조선 책략』이다. 러시아를 주요 경계대상으로 삼아 "친중, 결일, 연미"(親中國、結日本、聯美國)의 대책을 제시한 『조선 책략』은 19세기 80년대 초반 조선의 공러의식을 조장하였을 뿐만 아니라 그 후 조선 지성계의 방아론에 모델을 제공하였다고 할 수 있다.[8]

리 아래의 물건이 아니겠는가? 생각건대 우리 동방(東邦)은 마침 충돌하는 길목에 있어서 반드시 그 독을 먼저 입을 것이니 실로 타국에 비할 바가 아니다." (민영환, 2000:69-108)

8 『조선 책략』은 처음부터 "지구 위에 더할 수 없이 큰 나라가 있으니 러시아라 한다. 그 땅의 넓음이 3대주에 걸쳐 있고 육군 정병이 1백여만 명이며, 해군의 큰 함정이 200여 척이다. 다만 국가가 북쪽에 위치해 있어 기후가 춥고 땅이 메마르기 때문에 빨리 그 영토를 넓혀서 사직을 이롭게 하려고 생각하였다.… 러시아가 서방 공략을 할 수 없게 되자, 번연히 계략을 변경하여 동쪽 강토를 넓히려 하였다.…조선이라는 땅은 실로 아시아의 요충에 놓여 있어 반드시 다투어야 할 요해처가

일본 또한, 19세기 중엽 이래로 고혈도, 쿠릴열도 등 북방영토문제로 인해 러시아로부터 심각한 위협을 느끼고 있었고, 그로 인해 방아론의 적극적인 유포자가 되었다. 1880년 수신사 김홍집이 보고한 대로 일본은 "온 나라가 그 문제를 절박한 걱정거리로 여기지 않는 자가 없었다(고종실록 1880/08/28)." 일본은 조선에 방아론을 전파함으로써 조선을 자국의 영향권에 두려 하였고, 공러증 이식의 매개수단으로 활용한 것이 서구 제국, 특히 러시아의 침략에 대항하기 위한 조, 중, 일 삼국의 연대, 즉 아시아 연대론이다(허동현, 2002). 또한, 일본인이 공러의식의 전파수단으로 사용한 아시아 연대론은 1900년대에 접어들어 황인종주의와 결합해 러시아를 백인종 침략 국가의 하나로 규정하고 비난하는 견해를 끌어내기도 하였다. 그 대표 인물인 윤치호는 황인종주의와 아시아 연대주의의 입장에서 1905년 러일전쟁에서 일본의 승리를 찬양하기에 이르렀다(허동현, 2005).

조선에서의 방아론 확산을 직접 주동한 국가는 비록 청과 일본이었지만 그 배후의 국제적 배경도 무시할 수 없다. 19세기 초반부터 '유럽 헌병'의 역할을 해온 러시아는 서구 열강들의 주요 경계대상이 되었고 당시 국제언론을 주도하였던 영국과 프랑스로 하여금 의도적이거나 무의식중에 공러의식의 유포자가 되도록 만들었다. 기존 연구는 최초의 러시아 경계론자로 대원군 집정기의 남종삼 등 천주교 신도들을 지목하고 있는데 이들의 공러의식은 프랑스 선교사들

되고 있다. 조선이 위태로우면 중국과 일본의 형세도 날로 급해질 것이며, 러시아가 영토를 공략하려 한다면 반드시 조선으로부터 시작할 것이다.… 그러므로 오늘날 조선의 책략은 러시아를 막는 일보다 더 급한 것이 없을 것이다"라고 주장하면서 방아론을 폈다(황준헌, 1977). 보다시피 훗날 유길준의 중립론이거나 민영환의 천일책에서 러시아에 대한 서술은 내용이나 문맥에서 『조선책략』과 많은 유사성을 보인다.

조선족 차세대 학자의 연구 동향과 전망

로부터 전해 받은 것이었다(원재연, 1999). 최문형(1990: 15-41)과 중국학자 쨩리헝 (張礼恒, 2016)은 또한, 일본과 중국에 유포된 러시아 경계론의 배후로 당시 전반 아시아 대륙에 걸쳐 러시아와 패권 다툼을 하던 영국을 지목하였다.

영국과 프랑스가 주도하던 국제여론환경에서 러시아위협론은 매우 자연스럽게 받아졌고 그것이 결국에는 방아론이 조선에서 널리 퍼지게 되는 데 큰 역할을 하게 된다. 이를테면 조선의 언론과 지식인들은 여러 차례 표트르 대제의 유언을 언급하여 러시아의 침략성을 입증하려 하였다. 1884년 2월의 「한성순보」는 러시아 관련 기사에서 "이후부터 대대로 왕위를 이은 자가 강역을 개척하기에 전력하였고, 피득(표트르) 황제는 자손에게 동쪽 지경(地境)을 전적으로 개척하라는 유언을 했기 때문에 …(한성순보 1884/02/07)"라고 보도하였으며 민영환도 천일책에서 "그 군주 표트르 대제가 일찍이 15조를 그 자손에게 남겼는데 제1조에 타국을 빼앗아 부강을 이루라고 하고, 그 밖의 다른 조항들도 여기에 뜻을 두지 않은 것이 없다"라고 말하였다. 이승만은 『옥중잡기』에 피터대제의 유언을 실었을 뿐만 아니라 그 요점을 또 『독립정신』(1904년)에서도 소개하였다.[9] 실제로는 표트르 대제의 유언은 프랑스에서 조작되었을 가능성이 농후하며 러시아 정부와 학계에서는 줄곧 그 존재 자체를 부인하고 있다. 하지만 조선에서는 서구에서 널리 알려진 표트르 대제의 유언을 자연스럽게 진실로 받아

---

9 이승만은 『독립정신』에서 표트르 대제에 대해 이렇게 평가하고 있다. "이 인군(표트르 대제)이 평생에 각국을 병탄할 욕심이 있어 사방으로 토지를 널리 확장하고 마침내 장생(長生)할 계책이 없어 욕심을 채우지 못하고 세상을 떠날 줄 먼저 생각한 지라. 미리 열네 조목 유언(遺言)을 지어 깊이 간수하고 그 후 자손으로 하여금 대대로 유전하여 비밀히 감추고 형편을 따라 본 떠 행하라 하였나니 그 중 대지가 강한 나라와 먼저 합하여 작은 나라를 나누어 없이 하고 …모든 이런 詭謫奸巧한 계책의 뜻이 가장 음험한지라.…구라파주에 모든 나라들이 아라사의 세력을 막기로 제일 긴급한 문제로 삼지 않는 나라가 없는지라"(이승만, 1999:135-136).

들였고 그것을 방아론의 중요한 근거로 사용하였다.

한마디로 개괄하면, 기존 연구는 19세기 후반 조선의 공러의식이 어느 정도 현실보다 과장되었음을 인정하면서 그 주요한 원인으로 중국과 일본의 직접적인 방아론 유포와 영국, 프랑스 등의 국제 여론 조성을 강조하고 있다. 이러한 연구들은 19세기 후반 조선의 공러의식에 대한 역사적인 그림을 펼쳐주었고 또 방아론의 생성원인에 대해서도 중요한 외부 요인들을 제시하였다. 하지만 조선이 러시아에 느꼈던 위협감을 대외관계사의 연구 범주에서만 해석하기에는 충분하지 못한 면이 있다. 한 나라가 다른 나라로부터 느끼는 위협감은 국제정치학의 연구영역이기도 하다. 때문에 사실 중심의 역사분석 외에 국제정치학적인 시각을 이용하는 것은 기존 연구에 대한 유익한 보완이 된다. 또한, 조선의 방아론을 관찰함에 있어서 외부 주입이라는 직접 원인도 중요하지만 조선 국제정치관의 시대적 변화라는 내적 요인도 홀시할 수 없다. 따라서 조선왕조 말의 관념변화를 반영하는 국제정치 담론 또한, 가치 있는 연구과제이다.

Ⅲ. 국제정치학적 시각으로 보는 공러의식

엄격한 학술의미에서의 국제정치학은 백여 년의 역사밖에 없다. 그다지 길지 않은 발전과정에서 국제정치학은 여러 가지 종류의 이론들을 배출하였는데, 대체로 실력, 실리 등을 중시하는 현실 지향적인 이론[10]과 정체성, 문화 등을 중

---

10 현실 지향적인 국제정치이론으로 대표적인 것은 패권국의 파워(power, 권력)를 주요분석개념으로 하는 한스 모겐소(Hans Morgenthau)의 고전현실주의, 국가의 안보와 국제관계의 구조를 연구의 틀로 하는 케네스 월츠(Kenneth Waltz)의 신현실주의, 복합적 상호 의존과 국제제도를

시하는 관념 지향적인 이론[11]으로 분류될 수 있다. 아래에 설명을 하겠지만 19세기 말 조선의 공러의식은 '현실성'보다는 '관념성'이 훨씬 강하다. 따라서 현실 지향적인 이론보다는 관념 지향적인 이론이 공러의식을 해석함에 있어서 더욱 적절하다고 볼 수 있다.

현실 지향적인 국제정치이론은 아직도 국제정치연구에서 주류를 이루고 있지만 그것으로는 당시 조선이 러시아에 느꼈던 두려움에 대해 새로운 해석을 주기 어렵다. 패권쟁탈이거나 안보 딜레마(security dilemma)[12] 같은 현실주의적 국제정치학에서 자주 쓰는 개념들은 19세기의 한러관계 자체보다는 당시의 영러관계에 더 적용된다. 일부 중국 연구자들이 밝히는 바와 같이 영국은 러시아의 동아시아 팽창을 견제하기 위해 청을 자신의 영향권에 넣기를 원했고 한 걸음 더 나아가 청이 조선에 대해 종주권을 강화하는 것을 지지하였다(曹中屛, 1992: 186; 潘曉伟, 2013: 78-95). 그 결과 영러대결의 국제구조하에서 영국이 가지고 있던 공러의식은 청을 통해 진일보로 강화된 후 다시 조선에 유입되었다. 이러한 결론은 기존 역사적 연구를 통해서 얻은 결론과 별반 차이가 없다.

통한 국가 간 협력을 지향하는 로버트 코헨(Robert Keohane)과 조지프 나이(Joseph Nye)의 신자유주의 등이 있다.

11 관념 지향적인 국제정치이론으로 대표적인 것은 알렉산더 웬트(Alexander Wendt)의 구성주의, 새뮤얼 헌팅턴(Samuel Huntington)의 문명충돌론 등이 있다.

12 안보 딜레마란 자국의 안보요구를 충족시키려는 노력이 자국의 의도와 관계없이 타국의 불안을 증대시키는 것으로 스스로는 방어적으로 여기는 조치들이 주변국들에는 잠재적 위협으로 인식되는 구조적 개념을 말한다. 19세기 중엽 영국은 크리미아전쟁에서 패한 러시아가 동아시아에서 보상을 추구할 것이라는 판단하에 적극적인 동아시아 정책(제2차 아편전쟁 발동 등)을 실시하는데 이에 지대한 위협을 느낀 러시아가 연해주를 다그쳐 병탄한다. 이러한 러시아의 어느정도 수동적 성격을 띤 조치가 영국에게는 다시 공격성 조치로 간주되어 적극적으로 방아론을 유포하기에 이른다.

현실 지향적 국제정치이론의 해석력이 떨어지는 더욱 중요한 이유는 조선의 공러의식 자체가 별로 '현실적'이지 못하다는 점이다. 다수의 학자들은 조선 지성계가 느꼈던 러시아의 위협이 현실보다 과장되었음을 지적하고 있다(적어도 1895년 이전까지는 그러하다고 볼 수 있다). 1860년 러시아가 광활한 연해주 지역을 병탄한 것은 가히 조선에 큰 충격을 줄 만한 사건임이 틀림없다. 하지만 그렇다고 해서 러시아가 곧바로 연해주를 발판으로 조선의 안전에 위협을 준 것은 아니었다. 러시아에 병합된 지 2, 30년이 되도록 연해주 지역의 경제, 사회발전은 극히 더뎌 1858-1897년 사이에 '러시아에 충성하는' 국내 이민 (러시아인, 우크라이나인, 벨라루스인 등)을 51,881명밖에 이주시키지 못 할 정도였다(Ващук и др., 2002: 11). 그리고 이 지역은 경제적으로 자급자족이 거의 불가능하여 대부분 물자를 러시아 내지로부터 운수해 오거나 조선과의 육로무역에 의존하였고 러시아 국내 이민보다 훨씬 더 빠른 속도로 밀려드는 중국이민[13]과 조선 이민[14]때문에 불안에 떨어야 했다. 즉 연해주는 러시아가 한반도로 진출하는 전초기지가 되기는커녕 오히려 거대한 방어 부담만 안게 하였다(최문형, 1990: 15-41).

이러한 객관조건의 제약으로 인해 러시아는 1895년 전까지 극히 조심스러운 극동 정책을 펼 수밖에 없었고 될수록 다른 대국을 자극하지 않도록 노력해야 했다(Завальная и др., 1997:165-173; Пак, 2004:20-21, 95-230.). 1895년 한반도 사무에 적극적으로 개입하기 시작한 후에도 러시아가 한반도에 대한 관심은 만주 땅의 이권이 변화함에 따라 수시로 조절되었다(崔조, 1992: 160-212). 러시아가 극

---

13 1897년 러시아의 제1차 전국인구조사에 의하면 전반 극동 지역의 중국인 수는 이미 42,823명에 달하였다(Соловьев, 1989: 38).

14 1880년대 초에 이르러 조러, 중러 국경 지역의 러시아 경내에는 이미 8768명의 조선인이 정착해있었다(Пак, 1993: 18-38).

조선족 차세대 학자의 연구 동향과 전망

동에서의 첫 번째 관심사는 무엇보다도 중국에서의 이권이었고 조선 그 자체는 러시아에 그다지 중요하지 않았다. 1880년대부터 1904년 러일전쟁까지 러시아의 한반도 정책은 결국 임기응변적인 미봉책에 불과했으며 엄격하게는 정책이라고 할 수 있는 것도 아니었다(한국정치외교사학회, 1993: 172-193). 비록 시기마다 좀 다르겠지만 19세기 후반의 대부분 시간에 있어서 러시아의 조선에 대한 침략 의도는 강하지 않았다(러시아의 한반도에서 유일한 야망은 아마 부동항 획득이라 할 수 있는데 그것마저도 1898년 여순항을 장악함으로 열정이 크게 식었다).

즉 조선에 대한 러시아의 위협은 현실적인 위협이라 하기보다는 관념 속의 위협이라 할 수 있다. 이러한 특징에 비추어 현실 지향적이 아닌, 관념 지향적인 국제정치이론으로 조선의 공러의식을 해석할 가능성을 생각해볼 수 있다. 최근 30년 동안 정체성, 믿음, 문화와 같은 관념적 요소는 국제정치연구에서 날로 중요시 되고 있다. 알렉산더 웬트의 구성주의(constructivism), 리차드 리보우(Richard Ned Lebow)의 문화이론과 새뮤엘 헌팅턴의 문명충돌론은 관념적 요소를 분석대상으로 하는 대표적인 이론들이다.

우선 웬트의 구성주의에서 말하는 '무정부 문화'로 19세기 말 조선이 직면한 관념변화를 해석해볼 수 있다. 웬트는 국제사회에서의 '실력'의 분포 못지않게 '관념'의 분포도 중요함을 천명하고 있다. 그는 국제사회의 '무정부' 상태를 인정하면서도 국제사회를 구성하는 국가들의 관념-정체성, 상호인식, 공유하는 지식, 믿음, 가치, 규범 등-이 다름에 따라 부동한 '문화'의 무정부 상태를 구성한다는 관점을 밝혔다. 그는 홉스, 로크, 칸트 등 세 명의 철학자의 이름으로 세 가지 문화의 무정부 상태를 명명하였다. 그중 홉스적 문화에서는 자국의 안보와 타국의 안보가 경쟁적인 부정적 관계에 처해있어 국가의 생존 자체가 큰 위협감을 느낀다. 로크적 문화에서는 국가들이 서로 경쟁하지만 공동한 이익이 생기면 서로 협력도 가능하다. 칸트적 문화에서는 국가 사이에 상호협조적 안보 관계가 확립되고 신뢰를 바탕으로 영구 평화로 나아간다. 즉 홉스적 문화에서 국가들은 서로를 '적'으로 보고 로크적 문화에서는 서로를 '경쟁자'로 인식하며 칸트적 문화에서는 서로를 '친구'로 받아들인다(Wendt, 1999: 246-312).

이러한 이론을 참조로 한다면, 19세기 후반의 조선은 어떤 문화 속에 처해 있었고 또 어떤 문화로 이행하고 있었을까? 주지하다시피 개항 전의 조선은 중화체제의 핵심 구성원이었다. 그러나 중화체제는 서구사회에서 17세기 이래로 발전해 온 근대적 주권국가 체제와는 완전히 다른 시스템이었고 웬트의 구성주의 이론에서 서구적 경험을 바탕으로 제시한 세 가지 무정부 문화는 그 어느 하나도 중화체제와 완전히 대응되는 것이 없다. 중화체제의 중심부에 위치한 명과 청은 조선을 놓고 말할 때 적도 아니고 경쟁자도 아니고 친구도 아니었으며 '형' 혹은 '아버지' 같은 존재였다. 19세기의 조선은 중국의 속방임을 자처하면서도 고도의 자주권을 향유하고 있는 이중성격의 국가로서 그 이중성은 처음 조선과 접촉하는 서구열강을 당혹스럽게 할 정도였다. 개항 후에도 조선은 중국에 대해서는 속방이고 각국에 대해서는 자주인 양편(兩便) 체제(김용구, 2001: 316-321) 혹은 증공국(조선)이 수공국(중국)과 타국(서구 열강)에 대해 부동한 예의를 갖추는 양절(兩截)체제[15]를 한동안 유지하면서 자체 고민에 빠지기도 하였다.

그러나 한 가지 확실한 것은 중화체제가 조선에 상대적으로 안전감을 주는 평화적 체제였다는 점이다(남궁곤, 1999). 14세기 말부터 17세기 초에 거쳐 비록 조선왕조의 건국을 에워싼 명과의 갈등을 비롯해서 임진왜란, 병자호란 등 불

---

15 유길준은 조선이 중국의 속국이 아니라 "증공국"이라고 주장하여 "수공국"인 중국이 존재함에도 불구하고 조선이 만국 앞에서 동일한 평등권리를 가지고 있는 자주독립 국가임을 천명하였다(유길준, 1971:105-119).

안정한 국면이 몇 번 있었지만 명·청이 교체되고 조선왕조가 청의 종주권을 기정사실로 받아들임에 따라 청일전쟁 전까지의 250년 동안 동아시아국가들 사이에 전쟁이 발생하지 않는 평화적 국면이 이어지게 된다. 비록 서로를 '친구'로 간주하는 칸트적 무정부 문화와 성질이 다른 체제이지만 구성원에게 안전감을 주는 면에서는 유사성을 가지고 있다.

반면 조선이 19세기 후반부터 직면하고 적응해야 할 근대조약체제는 로크문화거나 홉스문화에 맞먹을 정도로 '위험'한 환경이었다. 19세기는 아무런 제약도 없이 식민지 팽창을 진행하던 17, 18세기와 비하면 그나마 국제공법과 규범에 대한 인정도가 높아지고 침략행위에 뒤따르는 도덕적 대가가 많이 커졌다. 브루스 커밍스가 일본의 식민지경영이 일본 국내의 사회주의자와 자유주의자를 포함한 많은 사람의 눈에 시대착오적인 것으로 보이게 되었다고 평가할 정도로 식민지 개척은 17, 18세기처럼 당연한 것이 아니었다(커밍스, 1986:34). 그럼에도 불구하고 일본이 결국에는 한국을 성공적으로 병탄한 사실은 그 시대에 있어서 힘의 논리의 절대적인 우위성과 약소국의 열악했던 안보 환경을 보여준다.

즉 19세기 후반의 조선은 상대적으로 '안전감'을 주는 중화체제로부터 근대적 주권국가 체제로 이행하였는데 이는 구성주의에서 말하는 무정부 문화의 시각으로 볼 때 칸트적 문화로부터 홉스거나 로크적 문화로 이행하는 것에 맞먹는 효과를 가져다주었다. 이는 단지 조선이 주변 환경으로부터 느끼는 위협감이 급증한 것만을 의미하는 것이 아니다. 중화체제 하에서의 조선은 '문명'과 '야만'의 구분으로 세계를 보았기에 직접 침략을 당하는 경우를 제외하고는 뚜렷한 '적국' 관념이 없었다. 하지만 근대조약체제가 가져다준 홉스적 문화는 '적국'의 관념을 조선의 세계관 속에 깊숙이 심어주었다. 이 글의 뒷부분에서 다시 토론하겠지만, 조선의 지성계는 새롭게 직면한 당시의 국제환경을 '춘추전국'이라는 담론을 통해 구성하였는데 이는 조선이 '화이'의 세계관에서 점차 벗어나 '적국'과 '동맹국'의 시각으로 주변 환경을 보기 시작하였음을 시사하여 준다. 공러의식은 바로 이러한 관념적 변화를 기초로 하고 있다. 외부로부터 유입된 방아론이 러시아를 두려움의 대상으로 만들 수 있었던 것은 바로 조선이 바야흐로 '적국'의 관념을 받아들이고 있었기 때문이다.

다음으로, 우리는 리차드 리보우(Richard Ned Lebow)의 문화이론을 통해서도 유사한 결론을 얻어낼 수 있다. 그는 자신의 저작 『국제관계의 문화이론(A Cultural Theory of International Relations)』에서 아리스토텔레스와 플라톤 철학의 관점을 빌어 인류의 행위를 유발하는 기본 동기를 정신(명예, spirit), 욕망(appetite), 공포심(fear), 이성(reason) 등 4가지로 정리하였다. 정신, 욕망, 공포심은 인류 역사의 서로 다른 시기에 각각 국가 행위의 지배적 동기로 작용했다. 국제정치연구에서 장기적으로 소외되었지만, 자존(Self-esteem)에 대한 추구를 주요 표징으로 하는 정신적 동기는 전반 국제정치의 역사에서 중요한 지위를 차지해 왔고 특히 중화체제와 같은 위계 질서적인 전통국제사회에서는 더욱 그러하였다. 네 번째 동기로 간주되는 '이성'은 앞의 3가지 동기와 공존하면서 그들을 통제하고 조율해 주는 역할을 한다. 리보우는 이성이 정신이거나 욕망에 대한 통제력을 상실하는 경우, 공포심이 지배적 동기로 작용하는 국제사회가 원래의 국제사회, 즉 정신과 욕망이 지배적 동기로 작용하던 국제사회를 대체한다고 주장하고 있다 (Lebow, 2008: 43-121).

조선이 처해 있던 중화체제에서는 정신이 지배적 동기로 작용하는 국제사회의 특징들이 발견된다. 이 체제 속에 처해있는 중국과 조선은 현실적 욕망보다는 명예감에 더 집착한다. 비록 조공체계가 조선으로 놓고 볼 때 안보적으로나 경제적으로나 아주 실리적이었다는 관점도 많이 제기되고 있지만 누구도 '예의

조선족 차세대 학자의 연구 동향과 전망

지방', '소중화' 같은 정신적 동기들이 이 시대 조선의 대외정책에 대한 지배력 (적어도 표면적으로)을 부인할 수 없다. 그리고 이러한 정신적 동기는 성리학과 같은 이성적 수단을 통해 합리화되고 강화되어 왔다. 따라서 19세기 전반까지는 정신적 동기가 이성의 통제범위에서 벗어나지 않았다고 볼 수 있다. 하지만 19세기 후반부터는 중화체제 자체가 도전을 받고 화이(華夷)의 구분으로 충족 받던 자존감이 합리성과 정당성을 상실하면서 중국이나 조선을 막론하고 모두 정신적 위기를 겪게 된다. 이성적으로 명예를 획득하던 길이 막히면서 정신이 지배적 동기로 작용하던 프레임은 깨지고 공포심이 지배적 동기로 작용하는 프레임이 작동되기 시작한다. 이는 한 나라가 짧은 시간 동안에 과거 수백 년 동안 자신을 이끌어오던 동기를 상실했을 때 자연스럽게 찾아오는 위기의식이라 할 수 있다. 공포심이 지배적 동기로 작용함에 따라 공포의 대상을 분간해내는 것은 조선의 필수적인 과제로 되었다. 무정부 문화의 변화와 마찬가지로 지배적 동기의 변화 역시 공러의식의 생성에 기초를 제공하였다고 볼 수 있다.

마지막으로 짚고 넘어가야 할 문제는 19세기 후반 조선의 정체성(identity)의 재구성이다. 1990년대 웬트의 구성주의와 함께 국제정치학계의 열기 띤 토론을 불러일으킨 것이 바로 새뮤엘 헌팅턴의 '문명충돌론'이었다. 헌팅턴은 민족국가 중심의 정체성이 '문명' 중심의 정체성으로 전환되는 추세를 주장하여 물의를 일으켰다(Huntington, 1996). '국가'는 의심할 바 없이 근세 이래 가장 중요한 정체성이다. 그러나 헌팅턴은 정체성의 다층차성을 강조하면서 국가의 상위에 위치한 '문명'이라는 정체성이 날로 중요해지고 있음을 주장한다. 그만큼 정체성은 현시대의 중대한 현안으로 되었다.

19세기 후반의 조선도 정체성 즉 자신이 국제사회에서의 신분을 재구성 하여야 하는 갈림길에 처하게 된다. '화'와 '이'로써 세계를 구분하던 방법은 더 이상 적절하지 않았고 '예의지방'이라는 자아 인식도 개화파에 의해 비판 받기에 이르렀다. 신미양요 직후인 1871년 7월 당시 예문관 제학이었던 박규수는 이미 "걸핏하면 예의지방이라고 하는데, 나는 이 말을 고루하게 여긴다.…이는 중국인이 이적(夷狄) 가운데서도 이러한 나라가 있음을 가상하게 여겨서 예의지방이라고 부른 데 불과하다. 이는 본래 수치스럽게 여겨야 할 말이니 천하에 스스로 뽐내기엔 부족한 것이다(박규수, 1978: 558-559)"라고 하면서 기존 정체성에 대한 부정적 인식을 드러냈다. 즉 중화체제의 틀 안에서 '화하'(華夏)라는 문명 세계에 대한 소속감을 기본특징으로 하는 정체성이 차츰 무너지기 시작한 것이다.

기존 정체성이 파괴됨에 따라 19세기 후반의 조선은 당시의 가장 기본적인 신분이었던 근대적 민족국가의 정체성을 구축하는 동시에 그 상위에 위치한 '문명'과 '인종'의 정체성에 대해서도 적극적으로 수용하게 된다. 조선의 지식인들은 일본의 흥아회를 중심으로 형성된 아시아 연대론을 받아들이게 되고 더 나아가서는 백인종에 맞서 싸우는 황인종의 정체성도 받아들이게 된다. 이러한 자아 인식은 1895-1905년 기간 한반도에서의 러일 대결기에 가장 두드러지게 나타난다. 이 시기의 독립신문은 "대한과 일본과 청국은 다만 같이 한 아시아에서 살 뿐만이 아니라 종자가 같은 종자이기 때문에 신체와 모발이 서로 같고, 글을 서로 통용하고, 풍속에도 같은 것이 많다. 이 세 나라가 특별히 교제를 친밀히 해서 서로 보호하고 도와줘서…속히 동양 삼국이 유럽의 침범을 동심으로 막을 수 있어야 동양이 유럽의 속지가 되지 않을 것이다(독립신문 1898/04/07)"라고 주장하였다. 독립협회의 중추적 인물이였던 윤치호는 1902년에 "일본인과 한국인 사이에는 인종과 종교, 문자의 동일성에 토대한 정서적 공동체 의식과 이해관계의 공동체 의식이 있다. 일본, 청국, 한국은 극동을 황인종의 영원한 고향으로 지키기 위해서, 그리고 그 고향을 자연이 원래 의도했던 대로 아름답고 행복한 곳으로 만들기 위

조선족 차세대 학자의 연구 동향과 전망

해서, 하나의 공동의 목적, 하나의 공동의 정책, 하나의 공동의 이상을 가져야만 한다(국역 윤치호 영문일기 1902/04/07)"라고 하였고 러일전쟁의 결과에 대해서는 "한국인으로서 나는 일본의 연속된 성공을 기뻐할 특별한 이유가 없소. 일본의 모든 승리는 한국 독립이라는 관에 박히는 못이라오. 그러나 황인종의 일원으로서 … 일본의 영광스러운 성공에 자부심을 느낀다오. 일본은 우리 황인종의 명예를 높이고 있소(국역 윤치호 영문일기 1905/06/02)"라고 하면서 모순되는 감정을 드러냈다. 이러한 정체성의 재구성 과정에서 조선의 정체성과 대립되는 백인종 유럽국가 가운데서도 가장 '포악한' 이미지를 가지고 있는 러시아가 제1의 경계대상으로 지목되는 것은 아주 자연스러운 일이었다.

웬트와 리보우의 이론은 모두 거시적인 차원에서 조선왕조가 직면한 국제정치관념의 변화를 시사하여 준다. 홉스적 무정부 문화가 자리 잡고 공포심이 지배적 동기로 되어감에 따라 조선은 '적국'의 관념을 받아들이게 되고 두려움의 대상이 생기게 된다. 이러한 변화는 외부로부터 유입된 방아론이 작용을 발휘할 수 있는 전제조건이 되었고 조선이 러시아를 경계대상으로 간주하게 되는 관념적 기초를 제공하였다고 볼 수 있다. 그리고 19세기 후반 조선의 엘리트들은 자신의 정체성을 재구성하는 과정에서 문명충돌론적인 시각의 영향을 많이 받았는데 이러한 시각은 공러의식의 고착화와 이념화에 일조한다.

Ⅳ. '춘추전국'과 '진나라'의 담론

국제정치이론은 공러의식을 재조명하는 이론적 방법을 제공하였다. 하지만 이론적 해석은 지나치게 추상적이고 실제와 멀리 떨어져 있다는 지적을 피하기 어렵다. 결국은 다시 조선의 실제상황과 담론 체계 속에 돌아와서 국제정치관의 시대적 변화를 살펴볼 필요가 있다.

전통적인 중화체제에서 근대적 주권국가 체제로 이행하는 것은 결코 쉬운 과정이 아니었다. 사대교린이라는 상대적으로 간단한 대외교류 형식에 안주하고 있었던 조선은 서구 열강과 직접 대면하는 자체가 부담스러울 정도였다. 영상(領相) 이유원이 1879년 이홍장에게 보낸 서한에서 "폐방은 한쪽 모퉁이에 치우쳐 있어서(僻在一隅) 삼가 규칙과 법도를 지키고 문약(文弱)에 안주해서 방국 안에서 자치할 뿐이요, 외교를 할 겨를이 없습니다"라고 한 것처럼 조선은 근대적 외교 자체에 대해 거부 심리를 가지고 있었다(장인성 외, 2012: 47). 게다가 당시 강력한 정치세력으로 자리 잡고 있었던 위정척사파는 조선을 요, 순의 문명 세계에 남아 있는 유일한 석과(碩果, 큰 과일)로 비유하면서 '금수의 영역'에 들어서는 것을 결사반대하였다(최익현, 2006: 259-276; 채종준, 2006: 143-155; 김평묵, 1975: 100-103; 고종실록 1881/윤07/06).

이런 완고한 관념들을 극복했어야 했기에 조선의 국제정치관 변화는 신속히 이루어지지 않았다. 실제로 조선인의 근대적 국제정치관은 유길준이 『서유견문』(1889년 탈고, 1895년 출판)을 쓸 무렵이 되어서야 어느 정도 성숙한 모습을 보이기 시작했다. 유길준은 균세, 중립, 자주, 만국공법 등 개념들을 깊이 있게 해석하여 조선 지식인의 인식 수준이 한 단계 진보하였음을 보여준다. 그러나 그전까지 조선은 새롭게 다가온 근대적 국제체계를 직접 이해하기보다는 간접적인 인식 수단이 필요하였다.

자신이 이미 알고 있는 지식으로 새 사물을 해석하는 것은 인식의 일반적 과정이라 할 수 있다. 조선의 정치인과 지식인들이 자신들에게 익숙한 고전과 사서에서 새로운 상황에 대한 해석을 찾는 것은 너무도 자연스러운 일이었고 그렇게 되어 나타난 것이 바로 '춘추전국'이라는 모델이다. '춘추전국'은 조선 국제정치 담론의 과도적 형태로 자리 잡았고 19세기 후반 조선이 새로운 국제사회를 인식하는 중요한 용어가 되었다.

조선 정치인들 가운데서 가장 먼저 세계에 눈을 뜬 사람 중의 하나인 박규수는 제자인 김윤식에게 이렇게 말하였다. "돌아보건대 지금 우내(宇內)의 정세가 날마다 변해서 동서의 여러 강국들이 병치(幷峙)한 것이 옛날 춘추열국시대와 같으니, 장차 회맹(會盟)과 정벌이 어지럽게 일어남을 이루 다 말할 수 없을 것이다. 우리나라가 비록 작지만 동양의 중추에 처해서 마치 정(鄭)나라가 진(晉)나라와 초(楚)나라 사이에 있는 것과 같으니, 내치와 외교에서 기의(機宜)를 잃지 않는다면 그래도 스스로 보전할 수 있겠지만, 그렇지 않다면 무지하고 약한 나라가 먼저 망함은 하늘의 도이니 다시 누구를 탓하겠는가? (박규수, 1978: 466-469)" 1882년에 이르러 이미 개항과 임오군란의 진통을 겪은 고종은 척양(斥洋)정책을 청산하면서 척화비 철거 윤음을 내리는데 그 역시 "근년 이래로 우내의 대세가 과거와는 크게 달라져서… 조약으로 만국을 연결하며, 병력으로 상형(相衡)하고 공법으로 상지(相持) 하니 마치 춘추열국시대와 유사한 점이 있다(고종실록 1882/08/05)"라고 하였다. 박영효 역시 1888년에 올린 「건백서」에서 "우내 만국은 옛 전국(戰國)과 같다"라고 주장하였다.

'춘추전국'은 조선 국제정치관의 과도단계적 용어이자 또한, 외부세계에 대한 공포심의 표현이기도 하다. 앞에서 분석했듯이 중화체제로부터 근대적 주권국가 체제로의 이행은 조선이 외부환경에 느끼는 위협감을 크게 증가하는 효과를 낳게 되는데 그것이 조선 정치 담론에서의 중요한 표현형식이 바로 "춘추전국"의 사용이다. 「한성순보」의 기사는 이러한 체제변화를 "…동양의 국가들에 모두 중토에 신복할 것을 요구하여 화하(華夏)로 하여금 일통지권(一統之權)을 지키게

하였다. 그러나 전국시대와의 거리가 머니, 하늘이 장차 지구의 전국(全局)을 합쳐서 일대전국(一大戰國)을 만들 것이다(한성순보 1883/12/09)"라고 표현하였다.

그렇다면 이러한 "춘추전국" 인식과 공러의식은 어떤 관계일까? 이 문제를 살피기 위해서는 '춘추전국'모델 자체가 가지고 있는 특성을 살피지 않을 수 없다. 재미있는 것은 동시대 일본도 자국사에 존재했던 '전국시대'를 빌어 새로운 국제질서를 이해하려 했다는 점이다. 일본의 '전국'모델과 조선의 '춘추전국'모델은 '만국대치'를 강조하는 면에서는 유사하다. 다른 것은 '전국'모델에서는 '군웅할거'적 전투 성격이 두드러지게 표현되고 '춘추전국'모델은 '합종연횡(合縱連橫)'의 이미지, 즉 국가 간 대결과 동맹이라는 상반된 두 이미지의 결합으로 구성되었다는 점이다(장인성, 2002: 116-122).

'춘추전국'모델은 동맹 관계를 강조하는 '합종연횡'을 내용으로 한다는 면에서 일본의 '전국'모델에 비하면 덜 공격적인 편이다. 문제는 합종연횡의 의미 자체에 있다. 합종은 전국 7웅 중의 6국이 손을 합쳐 진나라를 방어하는 것을 의미하고 연횡은 가장 강한 진나라와 손을 잡아 기타 제후국을 대처하는 것을 의미한다. 합종이든 연횡이든 그 중심에는 항상 가장 위협적인 국가로서의 진나라가 존재한다. 그리고 1883년의 한성순보에서 "어째서 산동 6국은 합종을 풀고 연횡하여, 토지를 분할하고 진나라에 뇌물을 바치다가 패망을 자초한 것인가(한성순보 1883/12/09)"라고 했듯이 연횡보다는 진나라에 맞서는 합종이 훨씬 긍정적인 평가를 얻고 있었다. 즉 조선은 '춘추전국'이라는 모델을 받아들이는 동시에 '어느 나라가 진나라인가' 하는 문제에 봉착하게 되는데 이는 본질적으로 홉스적 무정부 문화에서 '제1 적대국'을 분간하는 과정이라고 볼 수 있다. 외부로부터 유입된 '방아론'은 바로 이러한 담론과 결합하여 러시아를 천하만국의 방어대상인 '진나라'로 몰고 갔다.

조선족 차세대 학자의 연구 동향과 전망

일찍 병인박해 때 대원군에 의해 처형당한 가톨릭 순교자 남종삼은 "러시아는 바로 천하의 9분의 1을 차지하고 있는 나라이며, 강력했던 옛 진나라와 같이 다른 나라들을 모두 집어삼킬 수 있는 세력을 지니고 있기 때문에, 단지 조선에만 걱정거리가 되는 것이 아닙니다"라고 하면서 1866년 시점에서 이미 러시아를 진나라에 비유하였다(전주대학교 한국고전학연구소, 2014: 41). 남종삼의 방아론이 프랑스로부터 영향을 받았음을 고려하면 공러의식이 외부로부터 주입될 때부터 이미 "진나라"라는 표현형태를 사용하였음을 알 수 있다.

중국에서 유입된 방아론도 "진나라"라는 표현을 사용하고 있었다. 1880년 7월 주일청국공사 허루장(何如璋)은 김홍집에게 "현재 서양 사람들은 공리(功利)를 다투고 러시아 또한 횡포스럽기가 호랑이와 이리 같은 전국 때의 진나라를 닮았습니다"[16]라고 말하였고 미구하여 조선에 들어온 『조선 책략』 또한 "선대 표트르 왕 이래로 새로 강토를 개척한 것이 이미 10배가 넘는데 …천하가 모두 그 뜻이 작지 않음을 알고 왕왕 합종해서 이를 막는다.…아! 러시아가 이리 같은 진나라가 되어서 힘껏 정복하고 경영한 것이 300여 년인데, 처음엔 유럽에서 시작했다가 중앙아시아로 이어졌고, 금일에 이르러선 다시 동아시아로 옮겨졌는데 조선이 마침 그 폐해를 입게 되었다"라고 하면서 '진나라', '합종' 등 표현형식을 함께 사용하였다. 훗날 조선의 지성계에서 『조선 책략』의 기본 문맥을 그대로 계승하였다. 이렇듯 공러의식의 유입은 단순한 정보유입이 아니라 담론체계 자체의 유입이었다.

『조선 책략』 후에도 '춘추전국'의 표현은 조선의 국제정치 담론에서 여러 번 나타났고 또 거의 번마다 '합종연횡'과 '진나라'의 비유와 수반되면서 포악한

---

16   「大淸欽使筆談」, 『修信使記錄』(全), 국사편찬위원회(영인), 1958, 7월 21일 자.

진나라를 러시아의 고정적 이미지로 만들어 갔다. 「한성순보」를 계승한 「한성
주보」는 1886년 10월 당시의 세계형세에 대해 "여러 대국이 병탄과 잠식(鯨呑蠶
食)의 마음으로 상호 겸병하고 상호 의심하고 또 상호 구원하는 것이 춘추오백
(春秋伍伯)이 패권을 다투던 시대와 흡사하다"라고 평가하면서 "훗날 러시아는
여러 나라의 꺼리는 대상이 되었기 때문에 그 꺼림으로 인하여 질투심을 일으
켜 합종연횡을 하니 마치 전국시대에 제후들이 연합하여 진나라를 배척하던 국
세(局勢)와 같다"라고 보도하였다(한성주보 1886/10/11). 민영환의 「천일책」에서도
아래와 같은 내용이 나온다. "그(표트르 대제) 자손이 조상의 가르침을 물려받아
폴란드를 멸망시키고 터키를 침략해서 중앙아시아를 취하고 유럽국가들의 일
에 간섭했는데, 일찍이 이를 제후를 잠식하는 것이라 여기지 않다가 다시 금세
의 영진(嬴秦)이 나타나게 되었던 것이다. (민영환, 2000: 70)"이러한 표현들은 모
두 청일전쟁 전, 즉 러시아가 적극적으로 한반도에 진출하기 전에 나타났다. 그
리고 1899년, 즉 한반도에서의 러일양국 대결기에 「황성신문」은 "오늘날 천하
5대주의 여러 방국은 춘추의 대전국"이라는 전제를 깔아 "러시아의 행위는 오
로지 자신의 힘만을 믿고, 다른 사람들을 복종시키려 하는 것이 중국의 진나라
와 같다(황성신문 1899/08/15 사설)"라고 보도하면서 포악한 "진나라"로 비친 러시
아 인식을 드러냈다.

'춘추전국'은 19세기 후반 조선의 엘리트들이 새로운 국제질서를 이해하는
과도적 용어인 동시에 새롭게 직면한 홉스적 무정부 문화와 공포심을 지배적
동기로 하는 국제사회가 조선의 국제정치 담론에서 구체적으로 표현된 것이기
도 하다. 그리고 제1 적대국을 분간하는 과정은 바로 춘추전국의 모델 하에서
'진나라'를 찾는 것으로 나타난다. 외부의 방아론은 바로 이러한 담론 체계와
결합하면서 조선의 공러의식을 이끌어 나갔다. 춘추전국과 진나라의 담론은 공

조선족 차세대 학자의 연구 동향과 전망

러의식의 직접적인 원인은 아니지만 공러의식의 촉매제와 표현형태의 작용을
하였다.

V. 결론

19세기 후반 조선의 공러의식에 대하여 기존 연구들은 이미 그 직접 요인들
을 밝히고 있다. 조선이 러시아에 가졌던 위협감은 현실성보다는 관념성이 강
했다. 러시아는 조선의 안전을 위협할 수 있는 현실적 조건이 결핍하였고 한반
도에 대해서 부동항 획득 이상의 목표를 가지고 있다고 보기도 힘들다. 공러 관
념의 산생과 전파는 외부로부터의 주입이 직접 요인으로 작용했는데 동아시아
에서의 주요한 유포자는 중국과 일본이었고 세계적 범위에서는 영국과 프랑스
였다. 필자는 이러한 기존 연구성과를 토대로 하고 국제정치 이론과 국제정치
담론의 시각을 결부하여 공러의식의 생성원인을 더욱 전면적으로 분석하고자
하였고 다음과 같은 결론들을 얻을 수 있다고 본다.

국제정치학적 시각으로 볼 때 19세기 후반의 조선왕조는 홉스적 무정부 문
화와 공포심이 주요동기로 작용하는 국제사회를 차츰 받아들였고 이는 공러의
식이 생성될 수 있는 전제조건을 제공하였다. 그것은 새로운 관념체계 하에서
만 '적국' 인식이 가능하고 외부의 방아론이 힘을 발휘할 수 있기 때문이다. 중
국, 일본, 영국, 프랑스가 유포한 방아론은 물론 공러의식의 직접적인 원인이었
지만 이러한 정보유입이 '춘추전국', '진나라' 등과 같은 담론 체계와 결합한 형
태로 조선에 영향 주었다는 점 역시 간과할 수 없다. 그리고 당시의 조선인이
정체성을 재구성하는 과정에서 받아들인 문명충돌론적인 세계관은 공러의식

을 더 한층 강화하였다.

조선이 현실보다 과장된 공러의식을 갖고 있었던 19세기 후반의 역사는 '외부위협'이 객관성과 주관성을 동시에 가지고 있음을 보여준다. 한 나라가 외부에 느끼는 위협감은 주변국의 실력과 의도 등 객관적 요소도 봐야 하겠지만 동시에 주관적 요소, 즉 관념의 영향도 고려해야 한다. 관념은 한 나라의 정체성과 특정 국가에 대한 편견 등 자체적 요인일 수도 있고 또 웬트가 주장하는 바와 같이 그 나라가 처해있는 국제체제의 문화일 수도 있다. 이러한 객관적 요소와 주관적 요소를 복합적으로 고려해야만 외부위협에 대해 실제에 부합하는 판단을 할 수 있고 안보 환경을 정확하게 파악할 수 있다.

러시아를 경계하는 인식이 우위를 점했음에도 불구하고 고종을 비롯한 조선의 부분적 정치 엘리트들은 실제상황에 근거하여 인아책(引俄策)을 폈었다. 이는 여론적 분위기와 실제 정책의 제정이 별도로 진행될 수 있음을 시사한다. 아쉬운 것은 비록 구한말 적지 않은 조선인들이 관념의 울타리를 초월하여 명철한 사고를 할 수 있었지만 결과적으로 망국의 운명을 면치 못한 것이다. 오늘날의 한국도 안보 면에서 명철한 사고가 필요하다. 동북아시아 지역은 세계적으로 유일하게 대국이 소국보다 많은 지정학적 구조를 이루고 있고 또 핵 문제와 같은 많은 불안정 요소를 안고 있다. 이러한 형세 하에서 한국은 주변 환경의 객관 실제에 주목하는 동시에 자신의 대외인식에 영향 주는 관념들도 검토하고 재구성할 필요가 있다. 자신이 처해있는 국제관계의 문화를 파악하고 자아 인식과 타자 인식을 규정해주는 정체성 및 자신을 지배하고 있는 담론 체계를 정시하고 초월하는 사유를 가진 국가는 먼 미래를 내다보는 힘을 갖게 된다. 그리고 사회여론의 풍향에 관계없이 실제에 가장 부합되는 정책을 펼 수 있는 결단력도 절실히 필요한 시대이다.

조선족 차세대 학자의 연구 동향과 전망

참고문헌

『고종실록』

『독립신문』

『대한매일신보』

『한성순보』

『한성주보』

『황성신문』

『修信使記錄』(全). 1958. 국사편찬위원회(영인).

강동국. 2008. "조선을 둘러싼 러 · 일의 각축과 조선인의 국제정치 인식: '공아론(恐俄論)'과 '인종 중심의 국제정치론'의 사상연쇄(思想連鎖)." 『일본연구논총』 제20호, 163-197.

김용구. 2001. 『세계관의 충돌과 한말 외교사, 1866-1882』. 문학과 지성사.

김지형. 2008. "《독립신문》의 대외인식과 이중적 여론 조성-'한글판'과 '영문판' 비교를 중심으로." 『한국근현대사연구』 제44호, 94-120.

김평묵. 1975. 『重菴先生文集』. 宇鍾社.

남궁곤. 1999. "동아시아 평화체제에 관한 연구: 조선사행록을 통해 본 18세기 조공체제." 『한국정치학회보』 33(3), 219-240.

민영환. 2000. 『민 충정공 유고』. 일조각.

박규수. 1978. 『朴珪壽全集』 상. 아세아문화사.

박태근, 최문형 등. 1984. 『韓露關係100年史』. 韓國史研究協議會.

브루스 커밍스 저. 김자동 역. 1986. 『한국전쟁의 기원』. 일월서각.

배항섭. 2008. "아관파천 시기(1896-1898) 조선인의 러시아 인식." 『한국사학보』 제33호, 337-370.

유길준. 1971. 『유길준 전서』 제4권. 일조각.

유길준 저. 허동현 역. 1987. 『유길준 논소선』. 일조각.

윤치호. 2015. 『국역 윤치호 영문일기』. 국사편찬위원회.

이승만. 1999. 『독립정신』. 독립기념관 한국독립운동사연구소.

이호재. 1994. 『韓國人의 國際政治觀』. 法文社

원재연. 1999. "19세기 조선의 러시아 인식과 문호개방론." 『한국문화』 제23호, 185-220.

장인성. 2002. 『장소의 국제정치사상』. 서울대학교출판부.

장인성, 김현철, 김종학 엮음. 2012. 『근대한국 국제정치관 자료집: 개항·대한제국기』. 서울대학교출판문화원.

전주대학교 한국고전학연구소. 2014. 『추안급국안』. 흐름출판사.

차용주 역주. 1993. 『한국고전문학전집 9: 양원유집/ 해학유서/ 명미당집/ 소호당집/ 심재집』. 고려대학교 민족문화 연구소

채종준. 2006. 『신편국역면암최익현문집 1』. 한국학술정보(주).

최규진. 2010. "러일전쟁 전후 한국인의 러시아 이미지 형성 경로와 러시아 인식." 『마르크스주의연구』, 7(3), 211-240.

최문형. 1990. 『제국주의 시대의 列强과 韓國』. 민음사.

최익현. 2006. 『勉菴集』. 면암학회·화서학회 공편.

한국정치외교사학회, 『한국외교사 I』, 집문당, 1993.

한양대학교 아태지역연구센터. 2013. 『역사 속의 한국과 러시아-상호인식과 이해』. 선인.

허동현. 2002. "1880년대 한국인들의 러시아 인식 양태 -恐露症(Russophobia)의 감염에서 引俄策의 수립까지." 『한국민족운동사연구』 제32호, 25-56.

허동현. 2005. "개화·일제기 한국인의 러시아 인식에 보이는 고정관념." 『한국민족운동사연구』 제42호, 29-77.

황준헌 원작. 조일문 역주. 1977. 『조선 책략』. 건국대학교 출판부.

曹中屛(Cao Zhongping). 1999. 『东亚与太平洋国际关系——东西方文化的撞击(1500-1923)』. 天津大学出版社

崔丕(Cui Pi). 1992. 『近代东北亚国际关系史研究』. 东北师范大学.

潘晓伟(Pan Xiaowei). 2013. 『俄国与朝鲜关系问题研究：1860-1910』. 黑龙江大学出版社

张礼恒(Zhang Liheng). 2016(22). "俄国威胁论与19世纪80年代英国远东政策." 『历史教学』, 58-65.

Alexander Wendt. 1999. Social Theory of International Politics. Cambridge: Cambridge University Press.

조선족 차세대 학자의 연구 동향과 전망

Richard Ned Lebow. 2008. A cultural Theory of International Relations. Cambridge, UK; New York: Cambridge University Press.

Samuel Huntington. 1996. The clash of civilizations and the remaking of world order. New York : Simon & Schuster.

Ващук А.С. и др. 2002. Этномиграционные процессы в Приморье в XXвеке. Владивосток.

Завальная Л.А. и др. 1997. История внешней политики России(вторая половина XIX века). М.: Междунар. Отношения.

Пак Б.Д. 1993. Корейцы в Российской империи. М.

Пак Б.Д. 2004. Россия и Корея. М.: Институт востоковедения РАН.

Соловьев Ф.В. 1989. Китайское отходничество на Дальнем Востоке России в эпоху капитализма. М.:Наука.

제9부

예술학

제11장

중국 조선족무용의 역사적 변천과 작품 경향

조영

I. 서론

중국의 조선족은 조선반도로부터 중국의 동북지방으로 이주하여 온 재중 한인 디아스포라로, 그 뿌리를 한반도에 두고 있다. 과거 봉건시대 통치자들의 부패와 무능, 인민들에 대한 학대로 인해 조선변방의 일부 농민들이 중국 동북지방으로 이주하기 시작하였고, 일본의 조선 침략으로 생활이 어려워지자 동북지방으로의 이주가 더욱 빈번해지며 새로운 삶의 터전을 잡기 시작했다. 이러한 역사적 사실을 바탕으로 조선족 문화·예술 분야에서도 한민족과의 상당한 동질감을 찾아볼 수 있다. 조선족무용은 원형 그대로 전해 내려왔으며, 간혹 인명 또는 지명들이 바뀌면서 일부 무용들이 약간의 변화를 보이기도 하였지만, 한민족의 뿌리에 바탕을 두고 발전시킨 창작무용이다[1]. 따라서 그 유산에는 한 민족의 고유한 심리와 정서, 예술적 기호 그리고 창조적 슬기와 재능이 배

---

1   최미선. "중국 조선족무용을 통한 역사적 변천과 작품 분석", 세종대학교 대학원 체육학과 석사학위 논문, 1998.

어있으면서도, 조선족만의 역사와 생활이 반영되어 있는 독특한 형태의 무용예술이다. 또한, 조선족무용은 오랫동안 한자권 속에 속해있으면서도 한반도의 사회발전에도 영향을 받았으며, 자신이 거주하는 지역의 지리적 환경 및 생활특성에 맞는 생존방식이 깊이 스며져 있다. 중국은 여러 민족과의 교류를 통해 독특하고, 고유한 예술 양식을 탄생시켰다. 전통문화의 계속적인 발전과 계승을 위해서는 정체성의 확립이 중요하고 서양을 비롯한 타문화 무용의 수용이 다각적으로 이루어지고 있는 요즘 무분별한 타문화의 수용으로 본래의 전통문화 본질이 흔들리는 현상이 나타나기도 한다. 따라서 중국 조선족무용의 지속적인 발전을 위해서도 조선족무용이 어떠한 역사적 기반을 바탕으로 현재 어떠한 위치에 있는지를 알아볼 필요가 있다고 본다. 중국 조선족무용의 뿌리, 즉 정체성을 명확히 이해한 후에 타문화를 수용하면, 춤의 본질이 흐려지는 사태를 방지할 수 있고 무용수도 작품구성을 하는데 중국 조선족만의 정신을 보여줄 수 있는데 더욱 도움이 될 것으로 보인다.

1945년 8월 15일, 일본으로부터의 해방 이후 조선은 외세(外勢)의 영향과 함께 자본주의와 사회주의라는 이념의 대립으로 인하여 남과 북으로 분단되었으며, 현재까지도 휴전선을 사이에 두고 극명한 체제 대립의 양상을 보이고 있다. 남한과 북한은 서로 간의 이념적 대립 속에서 상대적 우위를 획득하고자 지속적인 경쟁을 보이면서도, 민족 통합의 염원을 소망하는 이율배반적 모습을 보이고 있다. 이에 남한과 북한의 문화와 예술은 이질적이면서도 동질적인 모습을 띠고 있다. 이러한 특징은 무용에서도 극명하게 보인다. 남한의 무용은 전통무용의 표현기법을 새롭게 수용하여 재창조하였으며, 무용공연을 위한 극장 시설을 만들고, 음악선정에 있어서도 작품에 특성에 따라 다양하게 적용하여 무용작품의 표현적 확장을 끌어냈다. 반면 북한의 무용은 중국의 민속무용과 러시아의 발레와 같은 외국 무용을 수용하여 무용의 기교에 중점을 두어 사회주의 이념을 절도 있는 동작 등으로 나타내는 움직임이 돋보였다.

한편 중국의 조선족은 역사상 한반도에서 중국으로 들어온 한인들이 중국에 정착하여, 중국 사회에서의 예술이 지향하는 방향과 일치하는 주제로 무용이 창작되었다. 특히 최승희 무용체계의 영향을 많이 받았으며, 중국의 타민족 및 구소련을 비롯한 외국 무용의 영향을 많이 받았다. 다양한 무용의 수용을 통해 조선족 특유의 전통적인 생활방식 등을 가미하여 민족적이면서도 향토적인 특징이 나타나며, 애국주의와 민족단결의 주제를 바탕으로 발전되어 왔다.

조선족은 자신들만의 고유의 언어와 문화를 유지 및 발전시키며 조선족으로서의 정체성을 유지하도록 부단히 노력하였다. 그러나 최근 연변 조선족 자치주를 중심으로 동북 3성(랴오닝성, 흑룡강성, 길림성)에 거주하던 약 200만 명의 조선족 가운데, 상당수가 일자리를 찾아 한국으로 떠나고, 남아있는 조선족 역시 중국의 경제발전에 따라 타주로 이주하여 연변 조선족 자치주의 조선족 비율이 약 30%대로 떨어지게 되었다.[2]

이에 본 연구에서는 중국 조선족무용의 개념 및 형성과정을 파악하여 주요 역사적 사건을 기점으로 조선족 작품을 분석하여 시기별 무용의 특징을 알아보고자 한다. 연구방법은. 선행연구 분석을 통한 해석이 주를 이루어 조선족무용의 개념 정의를 실시하고 무용사의 시기를 4단계(형성 시기, 발전 시기, 이변 시기, 전환 시기)로 구분하여 각 단계별 무용수 또는 대표작품을 선정한 뒤 중국 조선족무용의 역사 및 형성과정을 파악하여 중국 조선족무용의 근간을 알아보았다.

---

2 김해금. "중국 조선민족무용의 문화사적 변모 양상", 중앙대학교 대학원 무용학과 한국무용전공 석사학위 논문, 2008.

Ⅱ. 중국 조선족무용의 개념과 형성개념

1. 중국 조선족무용의 개념

1928년 7월 9일 중국공산당 제6차 전국대표회의에서 통과된 「민족문제에 관한 결의문」에서 조선 민족을 중국의 소수민족으로 인정했다는 것을 최초로 확인할 수 있으며, 그 이후의 문서에서도 동일하게 중국 조선 민족을 중국 소수민족으로 명시하고 있다. 다만 민족의 명칭을 '고려인', '한국인', '조선인' 등으로 사용하였다.

조선 민족의 이주가 집중되던 시기에 동북지역은 중화민국 정부에 귀속되는 동북 군벌 정권에 의해 지배되었고, 해당 행정기관은 조선 민족을 중국 소수민족으로 불인정하여 외국 거류민으로 취급하였다. 1945년 항일전쟁승리 후, 절반에 가까운 조선인이 자의에 의해 광복된 조국으로 돌아가, 귀국하는 사람들과 남아 있을 사람들이 완전히 구분되지 않은 상황에서 중국공산당 중앙 동북국은 그 당시 동북에 거주하는 조선 민족을 '한류 거주민', '조선인'으로 규정하기도 했다. 그러나 이민현장에 남아 영주할 결심을 한 조선족 구성원들은 토지개혁을 통해 토지를 제공 받았고, 지방 정권수립에 참여하여 참정권도 갖게 되었다. 이러한 과정에서 그들은 '조선인'에서 '조선족'으로 점차 탈바꿈 하게 되었다.

후에 1950~1954년 사이에 중국정부는 제1차 민족 식별작업을 실시하였으며, 문화인류학적 이론에 따라 40여 민족의 족속(族屬)과 민족 성분을 확인했고, 민족명칭을 규범화 했다. 즉 민족명칭 뒤에 '족(族)'으로 '인(人)'을 대체하여 중국국민을 분류했다. 규범화된 민족명칭은 '족(族)'이 붙으면서 국민 아이텐티티와 민족 아이텐티티가 함께 내포된 명칭으로 되었다. 중국의 55개 소수민족 가운데 30여 개의 과계민족(跨界民族)'이 있는데, 중국 내의 민족은 '○○족'으로,

그리고 국경선 밖에 있는 그들 겨레는 '○○인'으로 규범화되었다.[3]

아직도 '조선족'이란 호칭을 '조선 민족'의 약칭으로 이해하는 사람들이 적지 않으나 정확히 말한다면 '조선족'이란 중국 국적을 가진 조선 민족에 대한 전문호칭, 즉 국적과 민족의 출신을 동시에 표시한 호칭이다.

중국 조선족무용 문화는 한반도의 무용 문화를 기본토대로 한 이질 문화권과 중국 정치체제 속에서 독창적인 길을 걸었다. 중국공산당의 영도 아래 사회주의와 민주주의의 충돌 속에서 한민족 고유의 정서를 쪽박에 담아 중국 땅에 전파하였다. 또한, 한민족의 고유한 심리와 정서, 예술적 기호와 창조적 슬기와 재능을 새로운 환경에 적용하여 자체적인 무용 예술의 기틀을 마련하기도 하였다. 이로써 오늘날의 조선족무용은 중국의 역사와 정치적 배경, 그리고 투쟁의 현장과 민족 생활양식이 반영된 독특한 형태의 예술이라 할 수 있다. 즉 한민족의 고유한 움직임의 멋이 일맥상통하면서도 특유의 색채와 향기가 있는 무용 예술이 되었다.

2. 중국 조선족무용의 형성개념

중국은 통일된 다민족(56개 민족)의 사회주의국가로, 각 민족은 모두 자기 민족의 생활양식과 풍속습관을 갖고 있다. 중국 조선족은 본래의 전통문화를 유지하면서도 중국 사회와 문화에 대한 적응을 시도하였으며, 한반도 문화와는 구별되는 조선족 특유의 문화를 생성할 수 있었고, 이러한 새로운 문화는 민속놀이, 무용, 음악 등 다방면의 예술 분야에 영향을 미쳤다. 조선족은 가무를 즐겨 하는 낙천적인 민족으로 다양한 문화 활동이 존재하였다. 조선족에는 고래

---

3 北京大学朝鮮文学研究所. 中国朝鮮族文化界, 艺术史, 中国 : 中国民族出版社, 1994.

조선족 차세대 학자의 연구 동향과 전망

(古来)로부터 다양한 민속놀이를 즐겨왔는데, 그 민속놀이는 농사와 밀접한 관련이 있으며, 공동체 구성원들 간에 친목과 유대를 다지는 목적이 크게 작용하였다. 이처럼 조선족의 오락문화는 즉흥적이고, 격식이 갖추어져 있지 않은 자유분방한 것으로 전통적이며, 서민적인 성격이 강하게 나타난다. 농사를 지으며 힘든 일이나 즐거운 일이 있을 경우 의례적으로 농악을 치게 되었는데, 이 놀이의 구성은 노래와 춤이 동반되었다. 따라서 농악무는 조선족이 중국에 이주하며 가장 널리 보급된 무용 형태라 할 수 있다.

반면 시대적 흐름에 따라, 전통춤에 타민족 및 외국 무용의 수용이 이루어졌으며, 대표적으로 최승희의 무용체계는 새로운 형태의 전통무용을 선보였다. 발레가 지니고 있는 서양적인 기법을 전통무용에 접목했는데, 마치 중국의 경극과도 같은 상징적이며 과장된 형태로 보였다.

또한, 최승희는 1944년 북경의 북해 부근에 '동방무용연구소'를 설립하면서 본격적으로 중국의 전통적인 문화와 예술 양식을 연구하기 시작했고, 중국고전무용의 체계를 정립하였다. 중국 조선족무용은 중국의 고전무용이 최승희 무용과 결합하면서 신중국무용의 형태로 탄생하기 시작하고 후에 개혁·개방이란 역사적인 대변혁 속에서 80년대 후반부터 90년대 초반에는 새로운 문화를 자기 특성에 맞게 수용하여 창작에 대한 표현 형식의 변화를 주려는 노력이 강하게 나타났다. 조선족의 새로운 역사 시대의 생활과 새로운 무용 문화의 수용 작업으로 발전하면서 오늘에 이르러서는 예술적 문화를 창조하였다.

Ⅲ. 중국 조선족무용의 변천 과정 및 시기별 대표작품

1. 조선족무용 문화의 형성 시기(이주 시기~1949년)

중국에 이주한 날부터 해방의 순간을 맞이하기까지 은근과 끈기에 의한 투쟁의 결과들이 이어져 왔으며, 이러한 역사 속에서 꽃 피워온 조선족무용 문화는 조선족의 생활양식과 투쟁의 현장이 고스란히 반영되며 그 자체로 보존과 계승, 발전이 이어져 왔다. 중국 동북지방의 척박한 농촌에 정착하여 개척의 생활을 시작한 조선족은 강렬한 생존의식을 동반하였고 그들의 민간·민속 무용에는 강한 삶의 정신이 담겨 있었다. 당시에 중국으로 이주를 시작한 조선족들은 한반도의 문화와 중국 본토의 문화 흡수와 충돌을 겪었다. 상이한 두 문화를 겪으며 조선족은 오랜 시간 동안 만들어져온 한반도의 문화와 중국의 문화를 융합하여 조선족 문화라는 새로운 문화를 중국 본토에 뿌리내렸다.[4] 또한, 조선족들은 이주 시점부터 중국에서 한반도의 민속무용을 널리 알렸다. 조선으로부터 익혀온 본래의 춤의 형태를 보존하고 전파하였으며, 이것은 조선족들이 집거한 농촌뿐만 아니라 도시에서도 시행되었다. 조선반도의 민간예인들 역시 중국 내 조선족 밀집 지역으로 다수 합류되어 조선의 민속 무용들의 다양한 유형들이 혼합되어 새로운 공연형태를 보이게 되었다. 그 당시 대표적인 민간 춤들은 농악춤, 탈춤, 아박춤, 학춤, 수박춤, 삼삼이춤, 접시춤 등이 있으며, 고향에 대한 그리움을 달랠 때 추어진 춤이다. 그러나 단순히 놀이나 오락성에만 초점이 맞추어지지 않았으며, 조선족으로서의 개척정신, 단결의 의지 등이 강하게

---

4 박정희. 경극과 노의 비교를 통한 동양무용의 미적 탐색, 한국무용연구 26권 2호 pp. 103~121, 2008.

나타나는 것뿐 아니라 토지개혁, 전선 지원 등과 같은 정치적 동참의 역할도 함께 보였다.

1910년 '한일합병' 이후 조선은 일본 제국주의의 식민지배를 받게 되었다. 일본의 가혹한 통치 속에 격렬한 항거를 시행한 조선은 부분적으로 반일전사들이 동북 간도로 이동하여 투쟁을 실시하였다. 1920년 비로소 간도에 반일무장대와 독립군 대오가 나타나 일본군에 막대한 타격을 주기도 하였다. 이 시기에 만들어진 무용들을 살펴보면 '가무 단심줄', '총춤', '곤봉춤', '재봉대원춤', '가병대춤', '붉은 수건춤', '붉은 봄 돌아왔네', '산딸기춤', '총동원가춤', '경축대최종곡 무장춤', '근거지의 춤' 등이 있으며, 혁명전쟁 시기에 활발히 전개된 무용의 창작 활동과 공연 활동을 토대로, 재능있는 무용 인재들이 다수 등장하였다. 또한, 무용공연을 할 수 있는 공간들이 점차 늘어나면서, 이러한 공간을 중심으로 조선족의 무용창작 활동과 공연 활동은 더욱 성행하게 되었다.

항일무장투쟁과 인민무장대 내 예술문화 활동은 중국 조선족 예술문화가 향후 중국 조선족 예술의 도약을 위한 토대가 되었다. 항일전쟁 이후 대군 문공단의 설립으로 조선족들은 직업예술인으로 성장할 수 있었고, 이 시기에 탄생한 작품들은 기존의 즉흥적인 창작양식에서 벗어나 체계적인 예술창작의 정형성을 연구하기 시작하였다. 항일 무장대원은 혁명적인 문예인들의 산실이었으며, 전투로 향한 행군 노정과 전투를 마친 후의 휴식터나 숙영지는 전사들은 위한 훌륭한 공연무대가 되기도 하였다. 그 가운데 전투의 승리 시에는 가장 활기가 넘치는 대중적인 춤판이 벌어지기도 하였다. 중국 내에서 실시된 외국 예술가들의 공연은 중국 조선족 가무 단체를 비롯한 예술영역 전체에 큰 영향을 미쳤다. 예술 무용이 극장 무용 예술로 확대되었고, 수많은 관객을 끌어들여 예술의 확장을 이끌었고 외래무용의 흡수에 큰 역할을 한 인물은 중국 조선족무용 체계의 창립자인 최승희 선생이다. 그는 수년간 프랑스, 독일, 이탈리아 등의 문화 선진국에서 유학을 하며 서양무용 체계를 흡수하였고, 후에 상하이(上海), 텐진(天津), 선양(沈阳), 하얼빈(哈尔滨) 등에서도 여러 차례 공연하며 뛰어난 연기로 중국 관객을 사로잡았다.

1945년 8월, 선전대의 무용대장을 맡은 최혜련(崔惠莲)은 창작 활동을 더욱더 활발히 하였다. 이 시기는 인민해방 전쟁연대의 사기진작을 위한 무용 활동을 통하여 조선족무용의 참신한 골간들이 나타난 것으로 보인다. 또한, 그들에 의해 조선족의 무용창작이 본격화되고, 극장 예술 무용창작으로의 전이가 성행했던 시기이다. 이 시기의 무용 활동으로 인해 향후 민족무용의 발전의 번영을 위한 실천적 토대가 다져졌음을 알 수 있다.[5]

중국 조선족무용은 한 세기 동안 민족 고유의 무용 문화를 유지하며 왔으며, 1950년대 초반 연변문공단의 설립으로 다수의 무용작품이 탄생하였고, 문예경연과 공연을 통해 예술 무용창작의 질을 향상시켰다. 서정성과 플롯의 결합이 조선족무용 예술창작의 주류를 이뤘고, 춤 창작은 단순한 플롯에서 스토리를 가진 무용작품으로 발전해 플롯 창작 분야를 개척했다. 다음은 이 시기의 춤 공연에 관한 내용이다.

(1) 곤봉춤(1930년 아동단 공연)

군무이며, 1930년 전반기에 유격구에서 많이 추게 되었고, 아주 간단한 줄거리를 엮어 적의 무기를 빼앗는 유격대원들의 지혜와 용감성을 표현하고 있

---

5   송정은. 시대별로 본 중국 조선족무용 발달사, 한국무용교육학회지 제11집 제2호(통권 제14호). pp. 45~55, 2000.

다. 이 춤은 생동한 이야기 전달을 통해 이악하고 교묘하게 달라붙으면 적의 무기를 빼앗을 수 있으며, 또 기어코 빼앗아야 한다는 주제를 강력히 드러냄으로써 유격대원들과 광범한 인민 대중들이 무기 탈취 투쟁에 궐기하도록 고무 격려하였다.

(2) 재봉대원춤(1930년 东满游击区 공연)

여자 군무 재봉대원춤은 항전 고난 속에서 여재봉대원들이 앞선 전사들을 위해 군복을 만드는 노동의 정경과 혁명 승리에 대한 확신과 낭만 생활에 대한 절절한 비전을 구체적으로 보여준다.

(3) 가병대춤(1930년 东满游击区 공연)

군무 가병대춤은 항일 유격대원들이 말을 타고 산을 넘나들며 기동력 있게 적을 향해 돌진하는 전투를 그린 작품이다. 배우들이 말을 타고 앞으로 달리는 동작부터 등장하고, 채찍을 휘두르며 칼춤을 추고, 칼과 칼이 서로를 비난하는 분위기 속에서 펜싱 장면을 연출하며 배우들이 말을 타고 사격하는 장면을 유도했다.

(4) 무장춤(1930년 东满游击区 공연)

무장춤은 노래 총동원가에 맞춰 만들어진 춤으로 유격대원들의 높은 의지와 낭만적인 생활 정서를 반영한 무용작품이다. 전사들이 승리하고 개선한 뒤 유격대원들이 모닥불을 둘러싸고 앉아 전투 경위를 이야기하며 흥분을 주체할 수 없는 한 병사가 총을 들고 춤을 추자, 주변 대원들은 그와 함께 손뼉을 치며 박수를 쳤다.

(5) 단심줄(1930년 아동단 공연 가무)

가무 단심줄은 왕청현 유격구 어린이 단원들이 노래와 춤을 접목해 단결을 주제로 한 작품이었다. 무대 중심에 세워진 붉은 기둥 꼭대기에 리본이 채색으로 묶여 있고, 배우들은 노동자, 농민, 해방군, 학생, 학자 등의 의상을 입고 사회 각 계층을 대표하여 한반도 각 지역의 지도를 손에 들고 등장한다. 이렇게 기둥 꼭대기에 점점 매달린 채 늘어선 채색 리본을 꼬아 만든 배우들이 무대 중심에 모이면서 작품은 사회 각계각층의 단합에 호소하는 것을 상징한다.

(6) 양산도춤(1946년 안무: 김금덕 조선의용군 제1지대선전대 공연)

독무 양산도춤은 조선족의 전통민요인 양산도의 독무를 단 한 사람이지만 출연자의 손에는 물장구를 들고 풍부한 율동으로 다양한 리듬을 연주하며 흥겨움을 표현한다. 조선족의 줄타기 놀이처럼 줄이 오르내리면서 춤을 춘다. 경쾌하고 운율적으로 기복이 있고, 여유로움을 느낄 수 있으며, 정서적으로 명랑하고, 동작이 매끄럽고, 상지 동작이 부드럽고, 유연하며, 호흡마다 밝고, 경쾌하고, 점프하는 스타일의 특징을 보여준다.

(7) 절구춤(1947년 연변행정전업원도찰서민족사무처문공단 집체창작, 공연)

군무인 절구춤은 조선족들이 '8·15'를 맞아 해방되고, 자신들이 열심히 일해 풍년을 거둔 벼를 절구통에 넣어 전통적인 방식으로 찧는 노동 생활 장면으로 노동 풍년의 기쁨을 표현한 춤이다. 안무가는 조선족의 전통적인 춤 방식을 바탕으로 여성들이 손에 들고 있는 절구봉은 장단 리듬에 맞춰 절구봉을 돌리고, 교대로 곡식을 찧으며, 교차적으로 찧는 등 다양한 리듬을 때마다 경쾌한 춤 동작과 연결하였다.

(8) 빨래춤(1947년 연변행정전업원도찰서민족사무처문공단 집체창작, 공연)

빨래춤은 조선족 여성들이 빨래하는 생활 장면을 바탕으로 편성된 춤으로, 사람들이 모든 구사회의 먼지를 씻어내고 새로운 사회로 진출하는 것을 상징하며 인민 생활의 행복을 그린 무용작품이다.

(9) 조선무용(1948년 안무: 김인해 조선의용군 제1지대선전대 공연)

군무 조선무용은 조선족무용의 전통적인 특징을 핵심으로 한 훈련성 작품이며, 무용수 10명이 조선족의 전통을 대표하는 여성 복식인 황상복에 붉은 치마, 머리에 정교한 머리 장식을 달고 무대 중심에 모여 느린 속도로 진행되는 불교의 장단에 맞춰 춤을 추기 시작했다. 이곳에서 전통적인 '돌방석' 동작과 한쪽 다리를 꿇고 앉는 자세, 그리고 팔걸이를 핵심 동작으로 삼아 내성적일 뿐 아니라 유연한 조선족무용의 특징을 발전시켜 가는 정서가 섬세한 동작에서 잘 드러난다.

2. 조선족무용 문화의 발전 시기(1950년~1965년)

1949년 10월 1일 중화인민공화국의 창건을 계기로 중국의 새로운 역사를 열었으며, 중국 여러 곳에 흩어져 있던 조선족 무용가들이 공화국 창건 전야와 직후에 모두 연길로 모여들기 시작하며 또 한 번의 문화발전이 기대되는 시기였다. 또한, 조선족무용 예술가들의 지칠 줄 모르는 강인한 노력과 분투로 차분하게 자기발전을 하며 뚜렷한 성과를 쌓아 올렸다. 해방 후에도 조선 민족의 직업예술단체들이 속속 등장하며, 예술 무용창작이 다시 한번 성행하고 공연 활동도 활발해졌다. 이 시기가 조선족무용의 발전기라 할 수 있다.[6]

1950년대 초반 연변문공단의 설립으로 다수의 무용작품이 탄생하였고, 문예 경연과 공연을 통해 예술 무용창작의 질을 향상시켰다. 서정성과 플롯의 결합이 조선족무용 예술창작의 주류를 이뤘고, 춤 창작은 단순한 플롯에서 스토리를 가진 무용작품으로 발전해 플롯 창작 분야를 개척했다.

1951년 조선족 무용극 '영원한 평화와 행복을 위하여'(조득현 안무)는 해방 이후 조선족들의 실생활을 소재로 조선족이 항미원조에 맞서는 국제주의 애국정신을 표현한 작품이다. 이 작품은 서정 무용으로서 조선족 무용사뿐만 아니라 중국 무용사에서도 인민의 실생활에 대한 감정을 표현한 첫 번째 무용극이다. 즉, 조선족무용 창작사뿐 아니라 중국의 무용극 발전사에서도 빼놓을 수 없는 역할을 하고 있으며, 이후 조선족들의 서정 무용이 탄생할 수 있는 발판을 마련해 주었다.

1952년 역사 이야기를 소재로 한 궁무(조득현 안무)는 전설 속 이야기를 소재로 한 작품으로, 전통춤 동작을 기반으로 현대적 기법을 가미시킨 최초의 플롯 댄스다. 1950년대 초 연변가무단의 춤 창작은 농촌, 인민 생활에서 소재를 삼아 극장 예술 무용으로 변모시켰으며, 기존의 전통적인 형식을 충분히 적용하여 새로운 생활과 당대인의 감성을 반영하도록 하였다.

1948년에 성립된 연변문공단은 1953년에 연변가무단으로 개칭되고 뒤따라 동북 3성에는 조선족의 예술단들이 성립되었다. 연변의 각 현 소재지에는 모두 문공단이 섰고, 뒤를 이어 장춘 길림성 민족가무단, 흑룡강성 목단강시 민족가

6 　최삼룡. 중국조선족 문학과 감성, 민족혼, 1989.

무단, 랴오닝성 단동시 민족가무단 등이 세워져 무용일꾼들의 대오가 집중되고 확대되었다. 당시 연변문공단에서 나온 대표작품들로는 '절구춤', '지게춤', '집체농장', '빨래춤', '승리경축부' 등을 들 수 있다. 또한, 소박하고 호방하며 낙천적인 무용 언어들이 만들어졌으며, 생활미가 짙고 형식미가 뚜렷한 것이 작품들의 특징이다.

한민족의 전통문화에 토대를 두고 중국 조선족의 특색을 입혀 새로운 창작무용을 발전시켰다. 이 시기는 작품들을 도식화하였으며, 창작 방법과 기법이 형식화 되었다. 그러므로 조선족의 무용 예술이 자체의 발전의 길을 걷는 시기라고 볼 수 있었다.

무용의 형식 면에서 독무, 2인무, 3인무, 군무, 무극 등 다양한 장르가 탄생하였으며, 표현기법에 있어서도 상징, 비유, 의인화, 과장 등 다채로운 양상을 보여줌으로써 기존의 단일한 루틴에서 벗어날 수 있었다. 또한, 기존의 전통무용을 기반으로 하여 무용 소품들을 추가하였고, 작품에 현실적 소재를 사용하여 무용극 형식의 창작무용을 뿌리내리게 되었다.[7]

한민족의 전통문화에 토대를 두고 중국 조선족의 특색을 입혀 새로운 창작무용을 발전시켰다. 이 시기는 작품의 내용을 도식화하였으며, 창작 방법과 기법이 형식화 되었다. 그러므로 조선족의 무용 예술이 자체의 발전의 길을 걷는 시기라고 볼 수 있었다. 무용의 형식 면에서 독무, 2인무, 3인무, 군무, 무극 등 다양한 장르가 탄생하였으며, 표현기법에 있어서도 상징, 비유, 의인화, 과장 등 다채로운 양상을 보여줌으로써 기존의 단일한 루틴에서 벗어날 수 있었다. 다음은 이 시기의 춤 공연에 관한 내용이다.

---

7   中国中央东北局. 关于东北时局的具体主张, 民族问题文献创编, 中央党校出版社. p. 751, 1991.

(1) 영원한 평화와 행복을 위하여(1951년 극본: 崔才 안무: 조득현 연출: 연변문공단)

무용극 영원한 평화와 행복을 위하여는 항미원조를 배경으로 조선족들의 높은 애국주의, 국제주의 정신을 실감 나게 표현한 작품이다. 작품들은 항미원조라는 시대적 주제를 붙잡고 실생활에 입각한 평화와 전쟁 대립 갈등의 무대 이미지를 보여주며 비약적인 극의 변화를 보여주며 평화, 행복에 대한 우리 민족의 염원과 애국주의, 국제주의를 부각시켰다.

(2) 농악무(1951년 안무: 조득현 연출: 연변문공단)

무인 농악무는 조선족 전통무용인 농악에 의해 민족무용 사상예술에 처음 녹아들어 전례 없는 예술작품으로 각색된 것으로 중국 조선족무용의 발전 과정에서 전통무용이 예술 무용으로 발전했음을 의미한다.

(3) 활춤(1952년 안무: 조득현 연출: 연변문공단)

무극 창작의 뒤를 이어 1952년에는 쌍무 활춤을 창작하여 새로운 이미지를 부각시켰다[8]. 이 춤은 외래 침략자를 반대하여 싸운 조선 인민들의 역사 이야기에서 소재를 얻어 창작한 무용이다.

(4) 부채춤(1954년 원작: 양창운 개편: 김주봉, 최금성 연출: 아마추어무용단)

간결하고도 소박한 춤 동작과 구도를 통하여 조선 민족의 행복한 생활 정서와 미래로 펼쳐 나가려는 숭고한 지향을 정서 깊게 재현하였으며, 중앙가무단에서 다시 재안무되었다.

(5) 물동이춤(1955년 안무: 이인숙 연출: 연변가무단)

군무 물동이춤은 조선족 부녀들이 물독을 머리에 얹고 강변에 물 받으러 가는 전통적인 생활 습성을 묘사하였다. 조선족 여인들의 고유한 내성적 성격미와 외부적 형태미가 아주 자연스럽게 조화되었다.

(6) 독보조노인들(1964년 원작: 김용준 개편: 마문호 연출: 아마추어무용단)

군무 독보조노인들은 새해 식량 증산을 위해 이른 봄부터 조선족 노인들이 밭에서 일어나 비료를 주는 작업을 하는 모습을 묘사해 억만 농민의 높은 사회주의 건설 적극성을 보여준다.

3. 조선족무용 문화의 이변 시기(1966년~1977년)

1966년부터 1976년에 이르는 문화대혁명기에는 반혁명집단에 의해 중국공산당의 민족정책에 많은 변화가 생겼는데 이것은 조선족무용 발전사에 있어서 일대 수난기였다. 건국 후 조선족의 예술은 정치에 종속되어야 한다는 좌·적 정치 경향의 영향으로 교란을 받았으며, 예술인들도 본보기극을 공연해야 했다. 한때 조선족 예술 무대에는 본보기극만이 판을 치는 비참한 국면이 나타나게 되었다.

1966년 5월에 시작된 '문화혁명'으로 문학예술이 주요 비판의 대상으로 뒤바뀌며 새로운 국면을 맞이하게 된다. 문화대혁명 시기는 민족문화혈통론에 대한 비판으로 조선족무용 예술에 대한 탄압을 실시하였으며, 건국 후 17년간 이룩한 눈부신 성과를 부정하고 조선족무용 예술에 대한 전문적인 독재가 시작되었다. 그러나 무용수들의 오기를 자극하여 무용 예술의 맥이 끊이지 않고 계속

유지될 수 있었던 힘이 되기도 하였다. 조선족무용 예술의 문화유산에 대한 수집 및 정리사업이 중단되고, 그 안에서 싹트고 자라온 무용들이 모두 '이국 문화'로 낙인찍히게 되었다. 이후로 민족형식을 내비친 무용들은 모두 사형선고를 받아 무대로부터 밀려났고, 그 어떠한 무용수도 작품에 민족의 정신, 형식, 품격 등을 감히 언급할 수 없게 되었다. 심지어 조선족들이 그토록 즐기던 '농악무' 또한, 지주계급의 노리개춤이라 힐난하고, '상모돌리기' 또한, 당에 의심이 있어 머리는 돌리는 행위라 매도하였다. 뿐만 아니라 '장구춤' 역시 중국의 노리개춤의 일종이니 공연하지 말라는 명령이 내려졌다. 이 시기의 무대는 우리 민족 춤 형식의 하나인 소도구를 이용한 춤들, 즉 '상모', '장구', '북' 춤 등이 밀려나게 되었고, 심지어 무대의상과 장식물까지도 사용하지 못하게 되었다. 이렇듯 민족적인 색채가 짙은 대중적 무용 활동을 활발히 진행해오던 조선족들은 남녀노소 할 것 없이 이른바 '충성무'를 출 수 밖에 없는 형국이었다. 10년 동란 시기의 조선족의 무용창작은 소기의 성과는 달성하였으나, 전제적인 틀에서 봤을 때에는 전례 없는 재난을 입은 시기이다.

1976년 10월 4인 무리가 무너지자 문화대혁명이 결속되고 중국은 사회주의 현대화 건설의 새로운 역사가 시작되었고, 개혁과 개방의 심화로 대내외 무용교류가 더욱 빈번해지게 되었다. 적극적인 외래무용의 수용으로 조선족무용 문화가 급격히 발전을 이루었으며, 이에 따른 무용이론과 평론사업도 활발히 전개되어 문화의 개방으로 조선족무용 예술이 그 어느 때보다도 질적으로나 양적으로나 폭넓게 발전한 황금 시기라 할 수 있다. 대표작품들로는 '도라지꽃', '새봄', '논물 관리원', '고사리 풍년' 등이 있으며, 작품창작에 있어서 자유화, 민족화, 개성화, 현대화 등 방향으로 추진되어 각자마다 자신의 독특한 개성과 뛰어난 창조적인 영감으로 마음껏 창작 구상하게 되었다. 조선족 예술가들은 험난

조선족 차세대 학자의 연구 동향과 전망

한 역경 속에서도 은근의 끈기로 조선족 예술발전사에 획을 그을 만한 수많은 작품을 만들어냈었으며, 연변가무단은 '물 쓰는 관리원', '수확', '우정의 노래', '积肥打令' 등의 작품을 만들어냈다.

조선족무용은 군무 '군정을 가지다', '붉은 매화송', '장구춤', '벌목꾼', 독무 '돼지 키우는 처녀', 4인무 '장백산 아래 新愚公'; 남성 군무 '유쾌한 건설공'; 2인무 '老两口送饭' 등, 풍부하고 단조로운 무대를 오랫동안 회복해 조선족 가무의 예술, 특히 민족적 특색으로 칼 군무 '벌목꾼'처럼 연변의 우거진 숲을 배경으로 생기가 넘치는 남자의 동작을 창작하면서 조선족 벌목꾼의 성격으로, 동시에 내적인 강인한 성격을 표현하여 오랫동안 빈약한 조선족무용을 위해 끊임없이 연구 발굴하는 조선족 시대적 특징을 지닌 발판을 마련한 춤을 바탕으로 탄탄한 한편은 시대, 민족적 특색을 모아 지방 민족 특색을 갖춘 대표작이다. 또한, 무용 '경풍년'은 기존의 '농악무' 무용을 바탕으로 조선족 춤 고유의 '장구무', '손북춤', '상모춤'의 어휘를 하나로 묶고, 조선족 민간민속행사예술의 무용화를 향상시켰다.

조선족 예술창작은 조선족 예술가의 끈질긴 노력에서 일부 성과를 거두었지만, '문화대혁명'이라는 극좌 사상의 영향 하에 주제 창작에서는 여전히 수령과 사회주의에 대한 과찬에서 벗어나지 못하고, 노동 장면을 반영한 예술창작에서도 혁명의 전투성을 때때로 나타내며, 예술 자체가 갖는 심미적 특징을 약화시킴으로써 이 시기의 무용을 만들었다. 다음은 이 시기의 춤 공연에 관한 내용이다.

(1) 拥军菜(1972년 안무: 최옥주 출연: 연변가무단)

무용 拥军菜는 농촌 처녀들이 아모니의 안내로 군인들에게 조선족의 전통요리인 '김치'를 담그는 삶의 줄거리를 담아 군과 인민의 깊은 정을 표현한 작품이다.

(2) 홍매송(1972년 원작: 화룡현문공단집체 개편: 윤경자 출연: 연변가무단)

당시 사회정치적 분위기와 주제선행론의 영향으로 공연에 치중해 조선족 부채춤의 특징을 살리지 못했지만 작품의 내용이 발전하는 감정선을 잡아가며 예술적으로 형상화했다는 점에서 당시 무용작품의 창작의식의 새로운 흐름을 보여준다.

(3) 돼지 키우는 처녀(1973년 안무: 최옥주 출연: 연변가무단)

독무 '돼지 키우는 처녀'는 처녀가 양식작업 과정에서 평범한 직장에서 집단양돈사업에 헌신하는 신세대 청년의 경업 정신을 형상화한 작품이다.

(4) 풍년을 경축하세(1974년 안무 및 출연: 이록순)

군무 '풍년을 경축하세'는 전통적인 농악무의 형식을 발전시킨 여러 군상의 무용을 농악에 통합하여 비교적 활발하고 약동적인 무대 공간을 쟁취한 것이 특징적이다. 즉 조선 민족의 고유한 장구춤, 소고춤, 상모춤 등의 다양한 무용 형식들을 도입하여 춤의 민족적 채취를 더욱 농후하게 하면서 약동하는 시대적 맛을 짙게 구현한 것이다.

(5) 벌목공(1975년 안무: 최옥주 출연: 연변가무단)

시대정신, 민족품격, 지방 특색이 잘 통일된 생동한 무용으로 사람들의 인기를 끌었다. 무용언어 구사에서도 일정한 혁신을 보여주었던 바, 특히 조선 민족무용에서 미약한 부분인 발춤을 다양하게 발굴하여 그 양상을 두드러지게 한 것은 이후 조선족무용에서 어떻게 시대정신에 맞게 무용언어를 부단히 혁신 발전시키는가 하는 데 대하여 시사점을 주게 된 작품이다.

4. 조선족무용 문화의 전환 시기(1978년~현재)

1978년 8월 연변조선족자치주 직속 문화부에서는 억울한 누명을 쓴 예인 55명의 명예회복을 위해 연극 '장백의 아들', 평극 '붉은 자매', 무용 '농악' 등을 무대에 올렸다. 이로써 중국 사회는 새로운 역사적 시기를 맞이하며 문화예술 사업 또한, 빠르게 변모하였으며, 1987년까지 총 11개의 전문예술단체가 설립되어 직업 예인이 2,500명이 이르렀고, 연변문련과 중국 작가협회 연변지회 산하 음악, 무용, 연극, 미술, 사진 등 협의회의 영향력이 높아졌다. 또한, 이 시기 무용창작은 그 내용 면에서 안무가의 자아의 개성을 뚜렷이 내세우며 인간의 가치와 삶의 문제, 도덕적인 미와 오묘함, 안건의 심층구조를 파악하며 인생천리를 조명하는 데 무용창작의 기초를 두었다. 창작에 나타난 하나의 유형은 우리 춤의 표현성을 강화하기 위하여 생활객체와 안무가의 창작주제의 유기적인 결합에 의하여 선명한 예술형태를 창조한 것이다. 1980년대의 조선족의 무용창작은 표현성 예술의 높은 차원에 올라서서 새로운 탐구와 혁신으로 그 발전의 활주로를 더욱 폭넓게 개척하였음을 간파하게 된다.

근대 전체 무용창작의 흐름은 세기가 바뀔 무렵의 춤 창작의 흐름, 즉 근대 조선족무용의 창작 방향에 영향을 미치는 중국무용의 발전과 영역 외에 동민족무용의 발전 방향을 가리키는 것이다. 그 결과 무용창작의 큰 흐름에서 중국 고전무, 중국 민간무용, 중국 현대무용 등 구도에서 다양한 장르의 안무 작품까지 장르가 흐릿해져 최근 몇 년 사이 '신무용'(신풍무)으로 흐르고 있다.[8]

---

8 이애순. "건국 전 중국 조선무용 발전 맥락에 대한 초보적 고찰(1)", 중국:예술세계 2기, 1992a.

특히 한중 수교 이후 활발한 춤 교류가 이뤄졌던 90년대 한국 창작무용이든, 실질적인 교류가 없었던 80년대 한국 창작무용이든, 그 병행 발전된 20년 된 창작무용이 중국 창작무용과 유사하다. 예를 들면, 국내에서는 70년대 말에 형성되기 시작해 80년대 말에 초보적인 틀을 완성한, '신무용'의 창작 품격보다 좀 더 혁신적인 '창작 춤'이라고 생각하고 있다. 그 발전 과정에서 나타난 현상은 아래와 같다. 전통무용의 원형에 가깝게 따라가는 동시에 기존 창작무용에서 벗어나 춤 동작의 세련됨과 장식성에 중점을 두고, 춤 주제의 동작을 표현하는 중요성을 더 강화하고 무게감과 더불어 달라진 역동감을 만들어내려고 한다.

중국 조선족무용은 극장 무용 예술을 창작무용의 중심으로 교육 무용을 기반으로 하면서 발전하는 특징을 가지고 있고 창작무용에서는 궁중무용, 민속무용, 교방무용의 복합성을 띤 전통무용을 토대로 예술화 하는 방향으로 발전하는 양상을 나타내었다. 중국 조선족무용이 발전하는 과정에서 형성 시기, 발전 시기, 이변 시기, 전환 시기의 단계를 거쳐 그의 시대적 변화, 새로운 자연환경 요소의 영향을 받으면서 중국 사회의 변화로 인해 생성된 무용 예술관념과 민족문화의 변화에 따른 심리적 요소로 하여 중국 조선민족무용의 특수한 훈련체계를 형성하게 되었다. 이것은 사회적, 문화적 환경과 외래무용문화의 예술관념의 영향이라 볼 수 있다. 다음은 이 시기의 춤 공연에 관한 내용이다.

(1) 논물 관리원(1978년 원작: 남일권 개편: 최옥주 출연: 연변가무단)

조선족의 사회주의 노동 적극성을 보여주기 위하여 노동에서 느끼는 기쁨과 행복, 노동에 대한 희열과 긍지 등이 생생한 동작 표현을 통해서 구체적이고 사실적인 무용 동작으로 표현되었다. 또한, 사실주의와 낭만주의를 잘 결합하고 서정적이고 과장된 표현기법을 적절하게 배합하여 자연미와 인간미가 균형 있게 통일된 예술적 형상을 창조할 수 있었다.

(2) 분배받은 기쁨(1980년 원작: 김득현 개편: 최옥주 출연: 연변가무단)

군무 '분배받은 기쁨'은 안무자가 예리하고 민감한 예술적 감각으로 시대변화의 본질을 파악하고 새로운 시대의 농민들의 정신 변화를 무용형상으로 집약한 작품이다.

(3) 벼 이삭 설렐 때(1980년 안무: 이승숙 출연: 연변가무단)

애정을 다룬다고 하여도 이른바 혁명의 반려를 표현하는 개념에서 벗어나 정도 있고 생활도 있는 진실한 사랑을 진지하게 표현하여 형상화하였다는 데 의의가 있었다.

(4) 도라지꽃(1980년 안무: 박용원 출연: 최미선)

독무 도라지꽃은 연변 산천 어디서나 피고 지는 청순한 도라지꽃의 아름다움에 조선족 여성 내면의 미를 내포하고, 그 어떤 역경 속에서도 굴하지 않고 살아가는 의젓한 생의 보람을 꽃피워 가는 조선족 여성들의 미덕을 찬미한 것이다.

(5) 푸른 숲 설레네(1981년 안무: 최옥주 출연: 연변가무단)

군무 '푸른 숲 설레네'는 한 편의 아름다운 서정시로 이루어진 작품이다. 무대 공간의 구도와 선의 사용에 있어서 그동안 다른 작품에서 나타난 평형과 균형, 대칭 등의 2분법적인 고정된 틀에서 벗어나, 무대 공간의 불평형 기법을 과

감히 도입하여 울창하게 솟은 장백산 미인송들의 형태미와 입체미를 자연 그대로의 진실성 속에서 실감 나게 그려준 것이 생동감 있게 표현되었다.

(6) 참된 사랑(1981년 안무: 이인순 출연: 중앙가무단)

사랑의 비극을 심층적인 심리묘사와 섬세한 동작으로 표현하고, 만민의 상봉과 그들의 행복을 위해서는 자신의 사랑의 고통은 소리 없이 가슴에 묻어두고 다른 이들에게 축복의 미소를 보내는 조선족 여성들의 내면적인 특성이 생동적이고 진실 되게 표현되었다.

(7) 수양버들(1986년 안무: 이승숙 출연: 현순녀)

우리 민족 여성들의 미덕을 표현하며 현대 의식의 각성을 불러일으키는 주제를 표현하였다. 민족무용의 새로운 형상을 창조한 것이며, 그 형상창조에서도 서로 조화시켜 자연물과 인간의 합일을 보여주는 이중적인 성격, 즉 부드러움과 강인함을 보여주었다.

(8) 바다의 노래(1986년 안무: 손용규 출연: 북경무용학원)

1985년에 창작된 남성 3인무 '바다의 노래'는 파도를 가로지르며 노를 저어가는 뱃사공들의 모습을 통하여 그 어떤 역경 속에서도 굴하지 않고 인생의 행로를 낙관적으로 개척해 가는 조선 민족의 불굴의 정신과 굳건한 의지를 보여주고 있다.

(9) 기쁨(1987년 안무: 이승숙)

군무인 기쁨은 조선족 전통무용인 화동무의 이미지와 춤 동작의 특징, 춤의 흥겨운 분위기를 배경으로 개혁개방의 오늘을 생생하게 표현한 사람들의 행복한 삶을 대표하는 작품이다.

(10) 처녀지(1989년 안무: 이승숙)

군무 처녀지는 추상적 상징적인 수단을 주된 공연 수법으로 시대적 창조 정신을 형상화해 주인공의 내면세계를 표현한 작품이다.

(11) 춘향전(1990년 안무: 최옥주 출연: 연변가무단)

역사적으로 우리 민족의 마음속에 자리 잡은 춘향의 모습에서 인생의 보편적인 진리를 재조명해내고, 복잡한 서사적 내용을 서정적인 춤 예술로 재창조하면서 무용 예술의 미적 매력으로 오늘날 우리 민족의 심리적이고 심미적인 공헌에 이바지하였으며, 무극 창작의 새길을 개척하는 데 혁신적인 역할을 하였다고 할 수 있다.

(12) 심현(1995년 안무: 송미라 출연: 연길시조선족예술단 동옥선)

독무 심현은 조선족 전통악기 가야금 현과 이 현이 튕겨 나오는 처량한 악성을 배경으로 한 소재로 조선족 여성들의 인생행로 중 희로애락을 생생하게 그려낸 작품이다.

(13) 呐(2002년 안무: 김영화 출연: 연변대학교예술학원)

3인무 呐는 낡은 사상과 이념에서 벗어나려는 주제의 작품으로, 조선족무용의 기본 표현방식은 새로운 현대무용 창작사로와 표현수법을 삽입해 인간적 이념과 무용 예술의 이미지를 표현한 작품이다.

(14) 풍년가(2001년 안무: 손용규 출연: 연변가무단)

남자 군무 풍년가는 농경문화를 주제로 조선족 전통의 생태문화를 배경으로 예술적 차원에서 추상적인 내용을 춤 동작으로 표현한 고전이다. 안무가의 독창적인 사고방식은 조선족의 전통적인 생존의식을 문화적으로 현대적인 시각으로 구현하여 사실적이고 생생한 예술성을 반영하였다.

(15) 서혼(2007년 안무: 김희 출연: 연변가무단)

남자 군무 서혼은 숭배 문화에 이어 학문을 존중하는 중국 조선족의 우수한 전통을 주제로 선비 이미지로 지식과 지성의 염원을 숭상한 현대 조선족의 정신적인 모습을 담아내어 더욱더 예술성이 생동한 표현의 작품이다.

Ⅳ. 결론

중국 조선족은 한민족으로써 첫발을 중국에 내디딘 시기부터 현재에 이르기까지 격동하는 시대적 상황 및 혁명의 투쟁 속에서 눈물겨운 업적을 남겨왔다. 급변하는 중국의 사회, 정치, 경제, 그리고 문화환경에 적응하면서도 조선족만의 역사와 생활특성이 무용 예술 전반에 깊숙이 반영되어 있는 한민족무용과는 확연히 다른 독특한 풍격을 갖추게 되었다. 그리하여 조선족무용은 민속적이고, 동적이며, 조형과 형식미가 강조되는 복합적이며 다원적인 민족예술의 형태로 발전하였다.

사실 중국 조선족의 무용발전을 자세히 살펴보면 그 뿌리가 두텁지 않다고 볼 수 있다. 중국으로 이주할 시기에 조선무용의 세부적인 부분까지 옮겨오는 데 한계가 따랐다.

본 연구는 상기의 한계점에도 불구하고 유구한 역사를 지켜온 조선족무용의 정체성을 파악하고, 역사적 흐름 속에 대표 무용가 및 작품들의 탄생배경을 알아보고자 하였으며 결과는 다음과 같다.

첫째, 조선족무용은 역사적 배경에 따라 독특한 특징을 지닌다. 중국 조선족무용의 역사는 백의 겨레들이 온갖 설움과 역경을 이겨내어 지켜온 민족무용이며, 기본 베이스는 한반도의 전통무용과 유사한 성격을 지닌다.

둘째, 조선족무용의 역사적 변천 과정은 총 4단계로 나뉘며, 각 시대별 대표적인 작품이 분석되었다. 조선족무용 형성 시기에는 조선족의 생활과 투쟁의 역사발전에 따라 자립적인 무용 문화가 형성되기 시작했던 때로, 삶의 수단으로 되어 민간예인들에 의하여 전수되었는데 이러한 것들은 모두가 중국 조선족 예술 무용의 토대를 마련하여 주었다. 발전 시기에는 1950년대 초반 조선족무용이 극장공연예술 형태로 발전하며, 무대에서 공연될 수 있는 다양한 작품들이 쏟아져 나왔다. 이변 시기의 중국 조선민족무용 예술은 1966년 5월부터 시작하여 10년 동안이나 지속된 '문화대혁명'이라는 역사적 사건에 의해 다른 장르의 문화예술과 함께 비극적인 수난기를 겪게 되어 가장 쇠퇴하고 발전이 없었던 시기이다. 마지막으로 전환 시기에서는 1990년대에 시작된 개혁·개방정책의 일환으로 외국과의 교류가 빈번히 이루어지게 되며, 창작 활동은 일대 부흥기를 맞이하게 되었다.

셋째, 각 시대별 조선족무용의 특징을 살펴보면, 조선족무용의 형성 시기의 작품들은 민족의 삶의 의식, 단결의식, 향토의식, 반일의식 등 민족의 해방과 문명개화를 지향하는 정서들이 다분히 내포되어 있다. 한반도로부터 이주를한 직후라 본래의 한반도의 문화와 전통을 온전히 계승하지 못한 채, 중국이라는 새로운 사회문화적 체계를 수용함으로써 조선족무용만의 독특한 형태를 만들어냈다. 발전 시기에는 해방 후에도 조선 민족의 직업예술단체들이 속속 등장하며, 예술 무용창작이 다시 한번 성행하고 공연 활동도 활발해진 시기이다. 이번 시기에는 당시 중국사회의 정치적 압력으로 인해 작품에 조선족의 민족정신, 민족풍격(民族風格)을 표현하는 데 상당한 제약이 따르며 표현기법이 탄생하며 비극적 시대 상황에서도 발전하는 양상을 보였다. 전환 시기에서는 문화대혁명의 시기를 벗어나 문화예술 분야의 비약적 발전을 이룬 시기이다.

이처럼 중국 조선족무용은 단순한 춤이 아닌, 저변에 깔린 조선 민족의 정서를 담고 있고 표출하고 있다는 점에서 큰 의미를 가지며, 또한, 조선족무용에 대한 연구는 동북아 시대를 맞이하여 지속적인 교류 및 상호이해를 바탕으로 소통할 수 있는 수단으로써 큰 역할을 할 것으로 보인다.

따라서 조선족무용의 인지도를 높이기 위해서, 나아가 세계적인 명성을 얻기 위해서는 조선춤이라는 고귀한 유산을 폭넓게 이해하고 실체를 파악하는 정체성의 확립이 가장 우선시 되어야 할 것이다. 또한, 그 특성을 체계적으로 받아들이고, 다른 춤과의 동질성을 찾아내어 현대적인 미감으로 발전시킨다면 조선족무용의 재창조가 올바른 방향으로 이루어질 것으로 사료 된다. 또한, 조선족무용을 더 많은 지역에 알리려는 노력을 부단히 해야 할 것으로 보인다.

참고문헌

최미선. "중국 조선족무용을 통한 역사적 변천과 작품 분석", 세종대학교 대학원 체육학과 석사학위 논문, 1998.

김해금. "중국 조선민족무용의 문화사적 변모 양상", 중앙대학교 대학원 무용학과 한국무용전공 석사학위 논문, 2008.

北京大学朝鮮文学研究所. 中国朝鮮族文化界, 艺术史, 中国：中国民族出版社, 1994.

박정희. 경극과 노의 비교를 통한 동양무용의 미적 탐색, 한국무용연구 26권 2호 pp. 103~121, 2008.

송정은. 시대별로 본 중국 조선족무용 발달사, 한국무용교육학회지 제11집 제2호(통권 제14호). pp. 45~55, 2000.

최삼룡. 중국조선족 문학과 감성, 민족혼, 1989.

中国中央东北局. 关于东北时局的具体主张, 民族问题文献创编, 中央党校出版社. p. 751, 1991.

이애순. "건국 전 중국 조선무용 발전 맥락에 대한 초보적 고찰(1)", 중국:예술세계 2기, 1992a.

삼강포럼 총서 Ⅲ
조선족 차세대 학자의 연구 동향과 전망

초판인쇄 2023년 12월 08일
초판발행 2023년 12월 08일

지은이 강설금 · 김명자 · 김부용 · 리민
       리위 · 리해연 · 신선희 · 심란희
       오창학 · 장지화 · 전은주 · 조영
펴낸이 채종준
펴낸곳 한국학술정보(주)
주 소 경기도 파주시 회동길 230(문발동)
전 화 031-908-3181(대표)
팩 스 031-908-3189
홈페이지 http://ebook.kstudy.com
E-mail 출판사업부 publish@kstudy.com
등 록 제일산-115호(2000. 6. 19)

ISBN 979-11-6983-847-4 93300